从零开始
学K线
◣实战操练图解版◢

老 牛◎编著

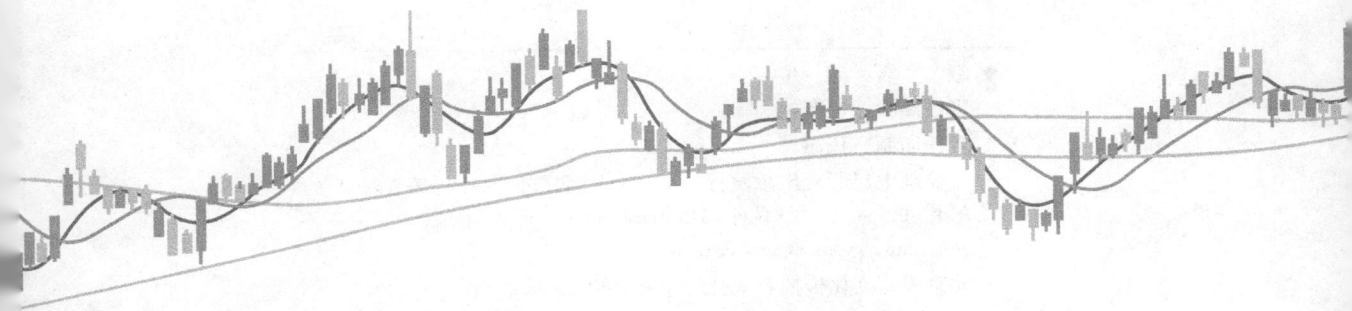

人民邮电出版社

北 京

图书在版编目（CIP）数据

从零开始学K线：实战操练图解版 / 老牛编著. --
北京：人民邮电出版社，2017.2（2021.11重印）
ISBN 978-7-115-44695-4

Ⅰ. ①从… Ⅱ. ①老… Ⅲ. ①股票投资－基本知识
Ⅳ. ①F830.91

中国版本图书馆CIP数据核字(2016)第319833号

内 容 提 要

在股市如此繁荣的今天，你是否想进入股市大展身手？作为股市新手，你是否因为无法读懂复杂多变的K线图而手足无措？作为股市老手，你是否因无法准确预测大盘走势而备感焦虑？

《从零开始学K线（实战操练图解版）》由浅入深地介绍了有关K线的基础知识，详细阐述了K线图在实战操作中的应用，包括如何从K线图上捕捉买卖点、判断主力动作意图等，同时分析了怎样综合运用K线形态与其他理论模型来判断大盘的走向，做出投资决策。本书难度适中、实战性强，并配有大量最新的典型K线图，相信广大读者在阅读完本书后，一定会受益匪浅，对K线图有更加深刻的理解和认识。

本书既适用于对K线知识不甚了解的新股民，也适用于有一定炒股经验的老股民，以及其他对股票投资感兴趣的人士阅读。

◆ 编　著　老　牛
　　责任编辑　贾淑艳
　　责任印制　焦志炜

◆ 人民邮电出版社出版发行　　　北京市丰台区成寿寺路 11 号
　　邮编 100164　　电子邮件 315@ ptpress. com. cn
　　网址 http://www. ptpress. com. cn
　　北京虎彩文化传播有限公司印刷

◆ 开本：787×1092　1/16
　　印张：12.5　　　　　　　　　2017 年 2 月第 1 版
　　字数：200 千字　　　　　　　2021 年 11 月北京第 9 次印刷

定　价：39.00 元

读者服务热线：（010）81055656　印装质量热线：（010）81055316
反盗版热线：（010）81055315
广告经营许可证：京东市监广登字 20170147 号

前　言

近年来，随着股指期货、融资融券以及 ETF 期权的推出，我国 A 股市场的各项机制日益完善，股价走势所体现的市场信息也越来越充分。在对股价走势的分析中，K 线图无疑是最基础、最直观、最有效的工具。

K 线图也叫蜡烛图，起源于 18 世纪的日本。1990 年，美国人史蒂夫·尼森把它引入西方金融界，随即被广泛运用。同样，自 A 股市场成立以来，K 线图也备受我国证券技术分析人士推崇。

K 线图以或阴或阳的线段，直观明了地展示和记录了一支股票在每个交易日的最高价、最低价、开盘价和收盘价，是一个特定时间段内股价波动最直接的反映，是股票技术分析的核心，因此，投资者要想在股市中有所收获，就必须掌握 K 线的分析方法和技巧。

K 线图形看起来很简单，基本只有阳线和阴线两种，但是这简单得甚至有些枯燥的图形背后，却有着复杂多变的形态和组合，各种形态和组合的市场含义差别巨大，给出的买卖信号也是瞬息万变。因此，大多数投资者的感受是：K 线分析虽然实用，但是却不易掌握。为此，我们精心编写了这本《从零开始学 K 线（实战操练图解版）》，从多个角度全方位讲解 K 线图的基本知识以及实战应用技法，希望读者能够通过本书，熟悉 K 线图、用好 K 线图。

学习 K 线图大致可以分为三个层次。

第一个层次是学习 K 线图的基础知识，这首先要从单根 K 线开始，了解大阳线、大阴线、上影线、下影线等诸多具体 K 线类型的特点和具体含义；之后，还要知悉一些经常在关键位置出现的典型的 K 线组合，敏锐判断其发出的各种信号；最后，还要深入了解股票中长期走势中，众多连续 K 线形成的各种形态，包括矩形整理形态、上升三角形等。

第二个层次是学习 K 线图的应用方法，包括如何运用 K 线知识判断趋势的反转，如何准确捕捉 K 线图上发出的股票买卖信号，如何通过 K 线图的走势分析主力的吸筹、拉升、洗盘、出货等各项动作。

第三个层次是学习将 K 线图与其他分析方法融会贯通地综合运用。这一部分主要包括 K 线图与移动平均线的综合运用，以及 K 线图与大盘走势和个股分时图的综合运用。

为了让读者更好地理解和运用本书的内容，我们在编写过程中，力求做到如下三点。

1. 难易适度，容易掌握。由于 K 线及其组合复杂多变，不易掌握，本书从最基本的 K 线基础知识出发，逐步深入地讲解 K 线经典组合的应用以及一些实用的操作技巧，为投资者揭开了 K 线的层层面纱，让投资者能够快速掌握 K 线分析的奥秘所在，并在实战中一显身手。

2. 内容全面，实战性强。本书几乎囊括了与 K 线有关的各个知识点，内容全面丰富，讲解深刻透彻。

3. 图文并茂，条理清晰。为了使读者能更容易地掌握 K 线形态，本书选取近期最为活跃的股票，配用大量典型的 K 线图形，使读者能直观了解 K 线的实战情形。本书循序渐进、由浅入深，对 K 线知识做了完整系统的讲解，各个章节都有自己的理论精华和实战技巧，条理清晰明了。

在编写过程中，我们借鉴了很多具有科学依据的文献资料，在此，向各位作者和编者表示感谢！同时，我们一如既往地欢迎各位读者给这本书提出宝贵的意见，并希望和广大读者一起，继续为股票投资者奉献自己的力量。

目　录

— 1 —

一、K线图的本质及构成要素

单根K线及K线组合图形的背后，体现的是市场参与者的心理变化和行动。投资者可以通过观察上升趋势或下降趋势中的K线排列组合方式，来分析市场主流群体一段时间以来的意图、行动，进而看清市场的真相，从中找到买入和卖出的正确时机。

目前来说，国内股市的博弈关系主要体现为主力机构和散户之间的博弈，K线图的形态也主要是由这些参与者及其心理变化决定的。

（一）市场参与者

股票市场的参与者就是主力和散户，K线是市场参与者心理行为的记录，是对市场参与者中的主力与主力以外的投资者心理行为博弈结果的记录。主力的存在使K线的分析、研究、判别更加复杂化，此时，投资者若要通过K线读懂市场参与者的意图和行动，应该把重点放在主力的意图与行动上，这也是跟庄操作必备的技能。因为主力控制了个股的大部分筹码，具有主导股价涨跌的能力，所以散户投资者应该透过K线注意主力的动向。

1. 主力选股的根据

总体来说，主力选股也是以基本面和技术面为依据的。

基本面主要是指对于大势的考虑，股市俗语说："选股不如选时，选时不如选势。"从这句话里可以看出选势的重要性。此外，公司业绩好、有想象空间的股票也是比较好的选择，比如生物制药股之类。

从技术方面考虑的话，被主力选中的股票必须是有利于炒作的，比如盘子的大小要与操作者本身资金量相匹配，太大的资金炒作太小的股票会感到池水太浅、不能容身，太小的资金炒作太大的股票会感到力不从心，推不动盘口。

筹码分布情况也是主力考虑的一个要素，所谓筹码分布，既是指筹码在不同价格上的分布，又是指筹码在不同投资者手中的分布。从筹码分布状况中可以看出上方套牢区主要集中在什么部位，在哪一类投资者手中。个股目前的走势也在主力的考虑范围之内。

除了以上几个因素外，如果主力认为技术面上该股适于炒作，那么还要对公司情况做出调查，了解其背景，看看有没有什么隐藏的利空，或者有没有可供炒作的题材。

2. 主力吸筹的时机

主力在做了非常细致的调研和其他各类准备工作之后，就会进行第一个实质性动作——吸筹。吸筹工作一般是在极秘密的状态下进行的，否则一旦消息泄露，散户会立刻与主力争夺低位筹码，这是主力最不愿意看到的情况。但是，只要是大规模的吸筹，主力便很难做到不留痕迹，总会有一部分中小投资者进货成本同主力是一样的，这就是跟庄盘。而只要这些跟庄盘的规模在一定的范围之内，主力一般都可以承受。

3. 主力的操作手法

主力在市场上的作用主要是点火、煽动、带动人气、引起股价的波动。一般来说，主力的操作手法包括控制筹码、洗盘、大幅拉升、出货等，如图1-1所示。

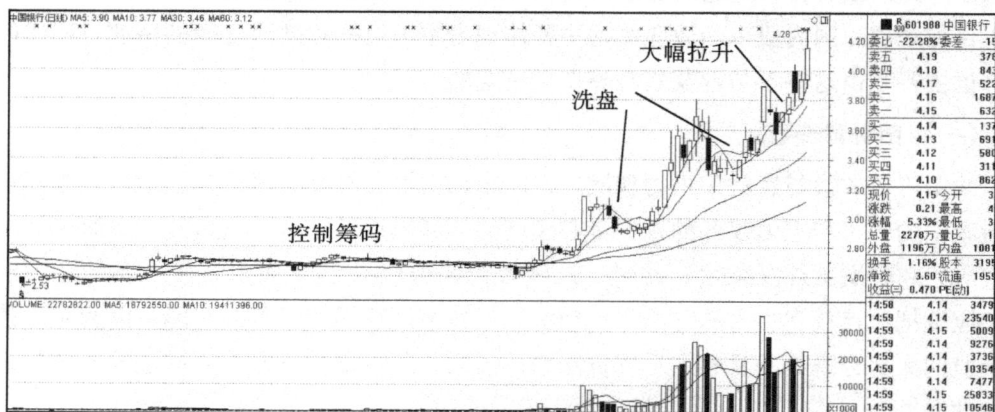

图1-1　主力拉升蓝筹银行股——中国银行

（1）控制筹码

股市中筹码指的是在市场中可供交易的流通股。筹码的锁定程度决定了股价波动强烈与否。主力如果想获取利益，首先要做的就是控制筹码，也就是说，他必须透过市场吸收筹码，而且必须与上市公司相协调，以免上市公司与之作对。当主力完全掌握了筹码主动权之后，才能在阻力不大的情况下操纵股价。

所以，投资者在选股时必须特别注意主力的动向及其操作方法，才能精确判断其做空或做多的企图。通常主力机构在制订操作计划之后，即在市场中默默吸货，直到能够控制大局之后，才会进行拉升。在吸货期，主力常以散布利空消息或打压的方式来吓出散户筹码，反复震荡吸货，之后才有可能拉出大阳线，令股价迅速远离吸货成本区。

在拉升一小段后，主力要进行洗盘操作，使投资者对涨势半信半疑，不敢坐顺风车，这时市势震荡加剧，令人不安。主力在洗盘时，常故作弱势状，以诱出信心不坚定

者的筹码，令市场平均成本提高。

（2）洗盘

主力收集到一定的股票筹码后，为防止跟风盘或原持有股票的人搭乘顺风车，要进行打压洗盘。其具体做法是先把股价大幅度杀低，使大批小额股票投资者（散户）产生恐慌而抛售股票，然后再抬高股价，以便趁机渔利。

主力洗盘的目的主要是让低价买入股票的中小散户出局，以减轻股票上升时的抛售压力。

持股者的平均成本上升，可以使庄家在最终出货时顺利逃跑；主力在洗盘时高抛低吸，还可以降低自己的持仓成本，最大限度地提高自己的盈利。具体操作方法是，在股价拉升到某一阶段，突然打压股价，使投资者误以为庄家在出货，纷纷卖出股票，而庄家则在低位全部吃进，等到卖盘稀少时，再往上拉抬股价，并促使前期出货的投资者在高位重新买回筹码。一般一支股票在拉升过程中，会经过多次洗盘。

当洗盘接近完成的时候，股价波动越来越小，短线客无利可图，筹码自然稳定，很有利于主力发起另一波攻势。

（3）大幅拉升

洗盘完成之后，主力就要开始拉升，迫使空头加补，这就是常说的轧空行情。这一阶段股价上升猛烈，令人不得不去追涨，这往往就是行情的主升阶段。

主力拉升股价的方法包括：散发小道消息、勾结传媒，利用大成交量突破整理区使技术派人士跟进，或者与上市公司合作，发布利多消息，号召散户追高。这一时期筹码锁定程度很高，股价极容易飞涨。

（4）出货

主力为了套现，就必须出货。在主升阶段的末期，主力开始分批出货。主力出货时会形成各种各样的K线头部，依照出货量的多少或者股票盘子大小而各有不同，有的是M头，有的是头肩顶，有的单日转向。总之，主力出清手中持股之后便会撒手不管，股价自然难以维持。

在我国现行的股票市场上，影响股价涨跌的各种因素中，排在首位的是人为因素，公司业绩与经济环境都排在之后。因为大户主力握有两个有力武器，其一是雄厚的资金，其二是媒体关系。这两点在很大程度上决定了个股价格是否可以被操纵。

没有主力的个股，因为失去了主导股价涨跌的力量，市场参与者群体就会因为群龙无首而迷失方向，从投资收益的立场考虑，没办法吸引主力关注的个股，也可以说是烂到极点的连投机价值都没有的垃圾股。

（二）市场参与者的心理

K线既然是市场参与者的心理与行为的记录，那么市场参与者的心理变化、情绪波动也必然会包含在 K 线的形态中。

市场参与者的心理可分为情绪化和理性，其中情绪化的操作往往表现在散户群体身上，虽然散户中也有投资高手，但毕竟凤毛麟角。散户的情绪化心理主要体现在以下几个方面。

1. 从众心理

在股市中，从众心理也被称为"羊群效应"。一般来说，羊群总是散乱的，平时在一起经常是盲目地左冲右撞，可是，一旦有只头羊动起来，其他的羊就会不假思索地一哄而上，全然不顾旁边可能有的狼和不远处更好的草，这就是"羊群效应"。

投资者的"羊群效应"或从众行为，是股票投资中一种比较典型的现象。从众行为让投资者放弃自己的独立思考，成为了无意识的投资行为者，这其中蕴藏着极大的风险。

社会心理学家研究发现，影响从众心理的最重要因素是持某种意见的人数多少，而不是这个意见本身的对错。人多本身就有说服力，很少有人会在众口一词的情况下还保持自己的不同意见。传媒经常充当"羊群效应"的煽动者，一条经不住考究的股评、博客或者传闻，经过报纸、网络就会成为公认的事实，股市操纵者无不是在借助"羊群效应"。

当市场处于低迷状态时，正是进行投资布局、等待未来高点收成的绝佳时机。不过，由于大多数投资人存在从众心理，当大家都不看好时，即使具有最佳成长前景的投资品种也无人问津；而等到市场热度增高，投资人才争先恐后地进场抢购，一旦市场稍有调整，大家又会一窝蜂地杀出，这似乎是大多数投资人无法克服的投资心理。

2. 恐惧心理

恐惧是证券投资者普遍的心理现象，经过一些投资失败的投资者往往会形成一定的恐惧心理，这是造成下一步投资失败的一个重要的心理误区。比如，经过一次深度套牢的股民在下次买入股票后就会变得比较敏感，庄家一震仓往往就惊慌失措，赔钱卖出了。同样，刚刚在低位放掉一匹黑马的股民下一次也会变得比较惜售，从而很容易再错失一次真正的出货良机。另外，有的新股民在买入股票之前缺乏足够的心理准备，在少量亏损的时候尚不认卖，随着股票价格越跌越低，投资者的心理也变得越来越脆弱，最后几乎成了惊弓之鸟，当终于有一天承受不住对股价进一步下跌的恐惧的时候，在极低的价位也会卖出股票，从而造成巨额亏损。

恐惧具有感染性。在股市上，当大家认识到熊市终于来临时，一些人开始恐惧，其他人也随着这些股民的恐惧而恐惧。而事实上，当每一个普通股民都感到恐惧的时候，熊市通常已接近它的尾声。

恐惧有很强的记忆能力，绝大部分股民在这个时候都没有胆量逆大众的心理而动，

恐惧使投资者在应该进场的时候反而割肉出场了。可见股市里的少数派要能够"众人皆醉我独醒",还要顶住舆论、其他股民和家人对其行为的蔑视和反对,才能成为抄底大师。

3. 贪婪心理

追求炒股利润的最大化,是投资者共同的心愿。但是,很多情况下,投资者却又败在了追求最大化这一目标上。很多股民在一起讨论的时候,最常说的话就是:"本来买入这个股票后,我有百分之多少多少的获利了,可是还没有涨到我的理想价位,所以没卖,结果又跌了回来被套了。"可以说,投资者手中大部分被套的股票,在起初介入的时候,都有过或多或少的盈利,正是由于我们的贪婪,没有及时止盈,最终转盈为亏,直至深套。因此,戒掉贪婪在股票投资中非常重要。

贪婪还会使投资者在股市里失去理性判断的能力,让他们不顾股市的具体环境,甚至不惜借钱勉强入市。贪婪会使投资者忘记了入市资金也可能亏掉的风险,有不少短线客不顾股市的环境条件,马不停蹄地在股市里跳进跳出,这正是一种不能控制自己贪婪情绪的股市新手的典型症状。

贪婪会使人忘记量力而行,入市后总想自己能赚多少钱,忽略了股票下跌时自己该怎么办。这类股民未量力而行,博得太大,看到亏损或盈利一天天地增加,心理负担也会变大,每天都睡不好觉,以至于损害了健康。

无论是从众、贪婪还是恐惧,被其左右之后,股民都会出现非理性的情绪化反应,所以K线中的棱角、凹凸就有很大一部分来自于冲动的操作行为。投资者需要注意的是,主力攻击的目标就是散户群体中的情绪化行为。

主力在底部吸筹就是利用散户群体中的恐惧,使他们恐慌抛售,然后自己从容不迫地捡便宜货,如图1-2所示。主力在顶部出货就是利用散户群体的贪婪,使他们争相买入,然后自己大肆出货。实际上,主力的每一次策划运作都是借助市场参与者群体中人性弱点的力量来达到功成身退的目的。K线的本质之一就是体现市场参与者群体中的人性心理变化,所以散户投资者要深刻认识市场参与者群体中的人性心理变化规律,进而达到成功操作的目的。

K线实战

主力吸筹的位置大部分是在股价的低位区,所以主力喜欢低位的筹码,因此主力的吸筹大多发生在熊市期间。这样做的原因有二:其一,熊市的股票都比较便宜;其二,熊市是散户恐慌的季节,散户会因为害怕股价可能会跌得更低,而纷纷把股票抛出去,以便在更低的价位抄回来,降低自己的成本,于是主力就有了吸筹的机会。

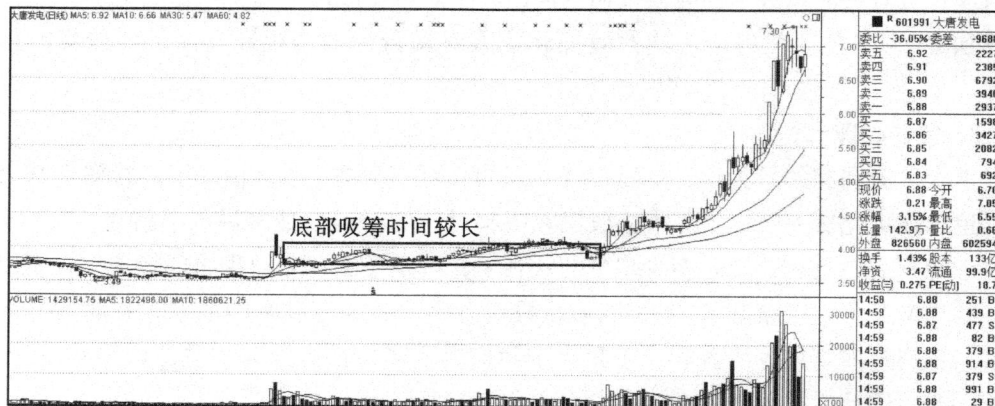

图 1-2　底部吸筹

二、认识 K 线图

（一）K 线图的起源

K 线图也叫蜡烛图，起源于 300 多年前的日本，当时日本粮食市场上有一位叫本间宗久的商人为了能够预测米价的涨跌，每天仔细地观察市场米价的变化情况，以此来分析预测市场米价的涨跌规律，并将米价波动用图形记录下来，这种图形就是蜡烛图最初的雏形。

1990 年，美国人史蒂夫·尼森以《阴线阳线》一书向西方金融界引进"日本 K 线图"，立即引起轰动，他在该书中第一次向西方金融界展示了日本长期以来具有强大生命力的四种技术分析手段，破解了日本金融界投资人的秘密，展示了蜡烛图的魅力。史蒂夫·尼森因此被西方金融界誉为"K 线之父"。

一根 K 线记录的是股票在一天内的价格变动情况，将每天的 K 线按时间顺序排列在一起，就组成了股票价格的历史变动情况，称为 K 线图。K 线是将买卖双方力量的增减与转变过程及实战结果用图形表示出来。经过近百年来的使用与改进，K 线理论已被投资人广泛接受。

（二）日 K 线

日 K 线是根据股价（指数）一天走势中形成的四个价位——开盘价、收盘价、最高价、最低价绘制而成的，如图 1-3 所示。下面先介绍一下阳线和阴线。

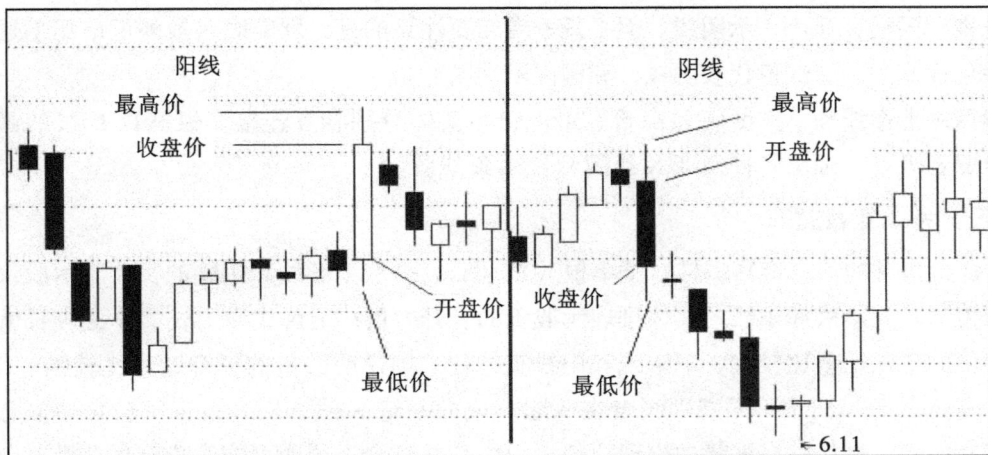

图 1-3　日 K 线

阳线指的是收盘价高于开盘价的 K 线，在 K 线图中用红线标注，表示上涨。K 线最上方的一条细线称为上影线，中间的一条粗线称为实体，下面的一条细线称为下影线。当收盘价高于开盘价，也就是股价走势呈上升趋势时，我们称这种情况下的 K 线为阳线，中部的实体以空白或红色表示。这时，上影线的长度表示最高价和收盘价之间的价差，实体的长短代表收盘价与开盘价之间的价差，下影线的长度则代表开盘价和最低价之间的差距。

投资者需要注意的是，通常所讲的股票的涨跌指的是当日收盘价与上个交易日收盘价之间的比较，而 K 线为阳线时，只是表示当天收盘价高于当天开盘价。

一般而言，阳线表示买盘较强，卖盘较弱，这时，由于股票供不应求，会导致股价的上扬。

阴线指的是开盘价高于收盘价的 K 线。K 线图上一般用绿色标注，表示股票下跌。当收盘价低于开盘价，也就是股价走势呈下降趋势时，我们称这种情况下的 K 线为阴线。此时，上影线的长度表示最高价和开盘价之间的价差，实体的长短代表开盘价比收盘价高出的幅度，下影线的长度则由收盘价和最低价之间的价差大小所决定。

阴线表示卖盘较强，买盘较弱。此时，由于股票的持有者急于抛出股票，致使股价下挫。

单根 K 线是以每个分析周期的开盘价、最高价、最低价和收盘价绘制而成。

以绘制日 K 线为例，首先要确定开盘和收盘的价格，把它们之间的部分画成矩形实体。如果收盘价格高于开盘价格，则 K 线被称为阳线，用空心或红色实体表示；反之称为阴线，用黑色实体或绿色实体表示。

目前很多软件都可以用彩色实体来表示阴线和阳线，在国内股票和期货市场，通常用红色表示阳线，绿色表示阴线。但是投资者需要注意的是，欧美股票及外汇市场上通常用绿色代表阳线，红色代表阴线，和国内习惯刚好相反。

然后用上影线和下影线将最高价、最低价与实体分别相互连接。根据日 K 线的画法，投资者也可以画出各种短期 K 线图和长期 K 线图。

（三）K 线的意义

K 线所包含的信息丰富多样，就单根 K 线而言，一般上影线和阴线的实体表示股价的下压力量，下影线和阳线的实体则表示股价的上升力量；上影线和阴线实体比较长就说明股价的下跌动量比较大，下影线和阳线实体较长则说明股价的扬升动力比较强。K 线组合是由多根 K 线按不同规则组合在一起形成的一组 K 线，K 线组合所包含的信息更加丰富多样。例如，在涨势中出现顶部大阴线 K 线组合，说明可能升势已尽，投资者应尽早离场；在跌势中出现底部大阳线 K 线组合，说明股价可能见底回升，投资者应不失时机地逢低建仓。可见，各种 K 线形态正以它所包含的信息，不断地向人们发出买进和卖出的信号，为投资者看清大势、正确地买卖股票提供了很大的帮助，从而使它成为投资者手中极为实用的操盘工具。

（四）K 线的优缺点

K 线图的优点：直观、立体感强、携带信息量大；蕴含着丰富的东方哲学思想，能充分显示股价趋势的强弱、买卖双方力量平衡的变化，预测后市走向时较准确；投资者从 K 线图中，既可看到股价（或大市）的趋势，也同时可以了解到每日市况的波动情形。

K 线图的缺点：绘制方法十分繁复，是众多走势图中最难制作的一种；阴线与阳线的变化繁多，对初学者来说，在掌握分析方面会有相当的困难，不及柱线图那样简单易懂。

K 线实战

单根 K 线代表的是多空双方一天之内的战斗结果，不足以反映连续的市场变化，而 K 线组合则能更详尽地表述多空双方一段时间内"势"的转化。多空双方中任何一方突破盘局获得优势，都将形成一段上涨或下跌的行情，这也就是所谓的"势在必行"。而这种行情的不断发展，又为对方积攒着反攻的能量，也就是"盛极而衰"。研究 K 线组合图谱的目的，就是通过观察多空势力强弱盛衰的变化，感受双方"势"的转化，顺势而为，寻找并参与蓄势待发的底部，抱牢大势所趋的上涨股票，规避强弩之末的顶部风险。

投资者在研究 K 线图谱时，可以结合成交量和移动平均线，如图 1-4 所示。成交量是多空双方搏杀过程中能量损耗的表述，移动平均线则是双方进攻与退守的一道道防线。这种图形组合能提高研判的准确性。

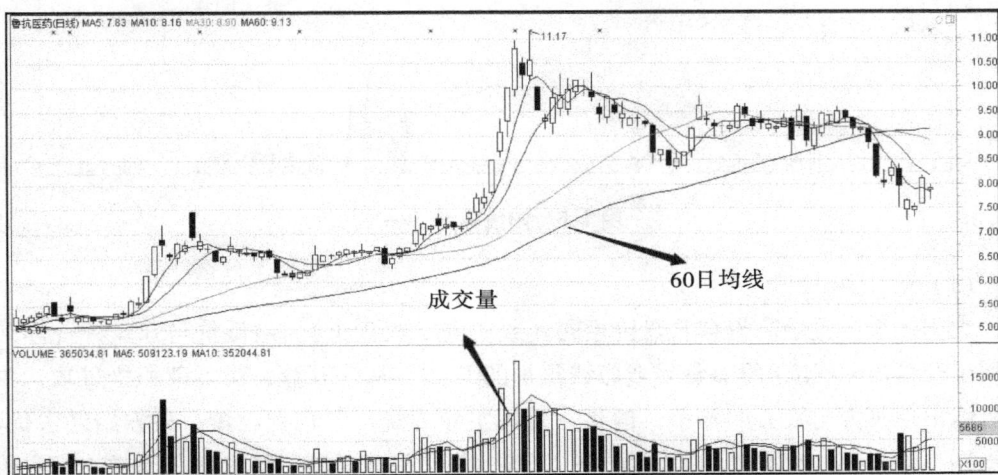

图1-4　移动平均线与成交量

三、K 线的分类及应用

（一）阳线、阴线和同价线

K 线从形态上可分为阳线、阴线和同价线三种类型。

1. 阳线

阳线是指收盘价高于开盘价的 K 线，阳线按其实体大小可分为大阳线、中阳线和小阳线，如图 1-5 所示。阳线还可以分为上影阳线、下影阳线、穿头破脚阳线、光头阳线、光脚阳线、光头光脚阳线等类型，如图 1-6 所示。

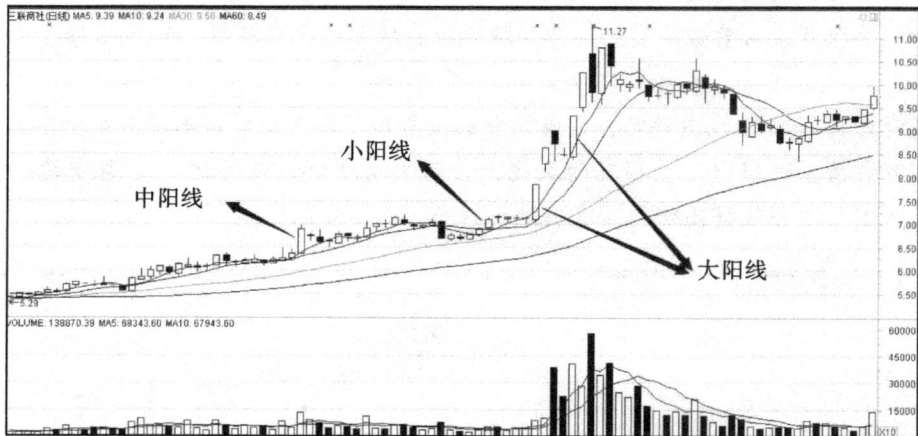

图1-5 阳线种类（一）

（1）大阳线

大阳线指的是最高价与收盘价相同（或略高于收盘价），最低价与开盘价一样（或略低于开盘价），上下没有影线或影线很短的K线。从一开盘，买方就积极进攻，中间也可能出现买方与卖方的斗争，但买方发挥主导力量，一直到收盘，买方始终占优势，使价格一路上扬。此类阳线表示强烈的涨势，股市呈现高潮，买方疯狂涌进，不限价买进。握有股票者，因看到买气的旺盛，不愿抛售，股票出现供不应求的状况。

大阳线的特征包括：无论股价处于什么态势都有可能出现；阳线实体越长，则买方力量越强，反之，则力量越弱；在涨停板制度下，最大的日阳线实体可达当日开盘价的20%，即以跌停板开盘、涨停板收盘。

大阳线的作用包括：如果股价刚开始上涨时出现大阳线，则表明股票有加速上扬的意味，投资者可买入；如果出现在股价连续上涨过程中，则要当心多方能量耗尽股价见顶回落；如果在连续下跌过程中出现大阳线，则表明股价有见底回升的兆头，此时投资者可逢低适量买入。

（2）中阳线

中阳线的出现说明多空双方经过一天的战斗之后，多方把价格推高的幅度不如大阳线，多方占据的优势也不如大阳线那样大，只能说多方占据明显优势。中阳线的波动范围在1.6%～3.5%。

中阳线经常出现在盘整末期股价开始上扬初期的交汇点附近，或股价的上涨过程中以及股价大幅下跌后的强势反弹中。它表现为买方占据了优势，并且对卖方给予了强大的反击，卖方在这种情况下受到的挫折很大。

这种K线一般出现在强势中，但如果在股价大幅下跌过程中出现此种K线，也只

是暂时性的止跌，股价并不会立即出现反转迹象。

（3）小阳线

小阳线是阳线实体较短、带有短上下影线的K线。上下影线可以有不同的变化，如上长下短、上短下长等，出现此类阳线表示多空两方的小型对抗，消化获利盘和解套盘，趋势一般仍会持续，当连续出现或次日出现成交量放大的阳线时，即可以跟进买入股票，股价必将有一段上涨行情。

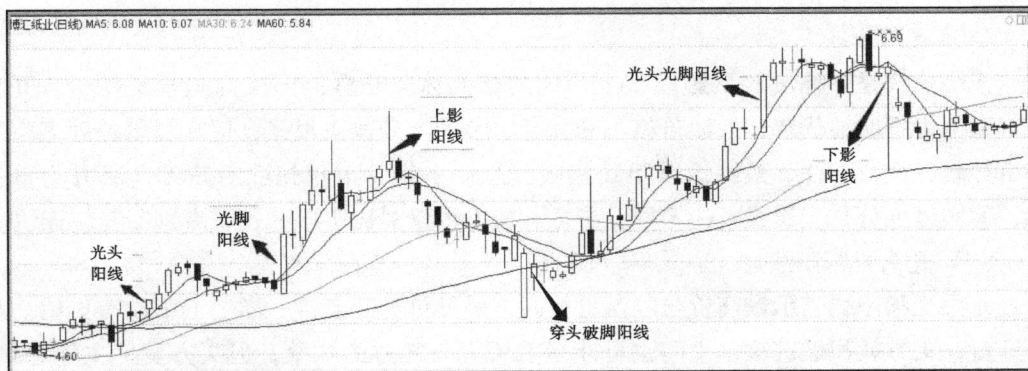

图1-6　阳线种类（二）

（4）上影阳线

上影阳线是带有上影线的阳线，这种阳线有股价下跌的含义。上影阳线是一种带上影线的红实体。一开盘买方强盛，价位一路上推，但在高价位遇卖方压力，使股价上升受阻。卖方与买方交战结果为买方略胜一筹，具体情况仍应视实体与影线的长短而定。

上影阳线形成的原因包括：开盘时由于多方力量的过于强大导致股价被抬高，然而这也触及了空方敏感的神经，导致众多空方开始抛售股票，形成了供过于求的局面，从而导致股价下跌。

（5）下影阳线

下影阳线是一种带下影线的红实体。一开盘卖方强盛，股价表现出一路下跌，但在下探过程中成交量萎缩；当下跌到某一价位后，股价开始止跌回升，随着股价的逐步盘高，成交量均匀放大，并最终以阳线报收。

如果在低价位区域出现下影阳线，表明该股票的股价探底成功，多方的攻击沉稳有力，股价先跌后涨，行情有进一步上涨的潜力。其中，下影线越长，说明后市上涨力度将越强。

（6）穿头破脚阳线

穿头破脚阳线是一种上下都带影线的红实体。开盘后价位下跌，很快遇买方支撑，双方争斗之后，买方增强，价格一路上推，临收盘前，部分买者获利回吐，在最高价之下收盘，这是一种反转信号。如在大涨之后出现，表示高挡震荡，如成交量大增，后市可能会下跌；如在大跌后出现，后市可能会反弹。

（7）光头阳线

光头阳线是指没有上影线的 K 线，最高价与收盘价相同。开盘后，卖气较足，价格下跌；但在低价位上得到买方的支撑，卖方受挫，价格向上推过开盘价，一路上扬，直至收盘，收在最高价上。总体来讲，出现先跌后涨型，买方力量较大，但实体部分与下影线的长短不同，也说明了买方与卖方力量的对比不同。

（8）光脚阳线

光脚阳线是一种没有下影线带上影线的红实体。开盘价即成为全日最低价，开盘后，买方占据明显优势，股票价格不断盘升，表示上升势头很强，但在高价位处多空双方有分歧，股价下跌，最终仍以阳线报收。总体来讲，出现先涨后跌型，买方力量占优，但实体部分与上影线长短不同，买方与卖方力量对比不同，投资者判断时应谨慎。

（9）光头光脚阳线

光头光脚阳线表示最高价与收盘价相同，最低价与开盘价一样，上下没有影线。从一开盘，买方就积极进攻，中间也可能出现买方与卖方的斗争，但买方发挥主导力量，一直到收盘，买方始终占优势，使价格一路上扬。

2. 阴线

阴线是指收盘价低于开盘价的 K 线，阴线按其实体大小也可分为大阴线、中阴线和小阴线，如图 1-7 所示；此外，还可以分为上影阴线、下影阴线、光脚阴线、光头阴线、穿头破脚阴线、光头光脚阴线等类别，如图 1-8 所示。

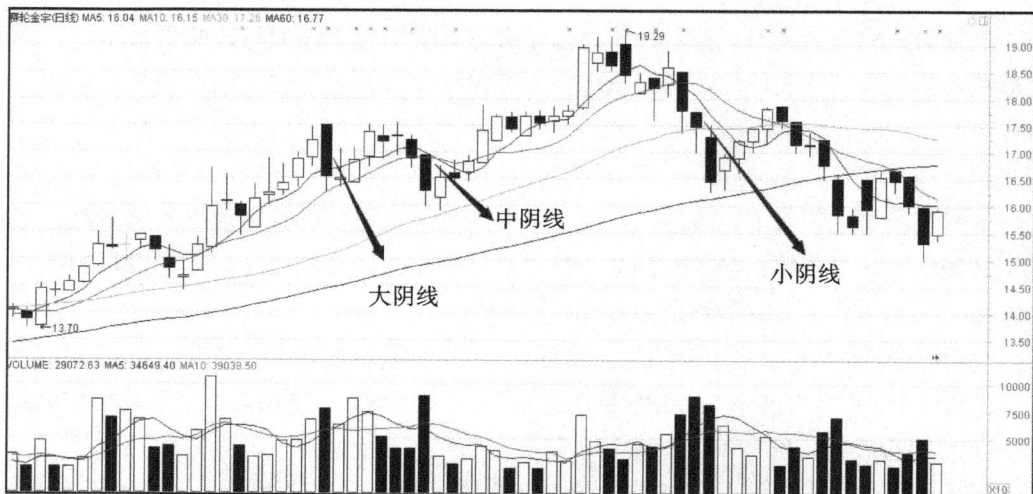

图 1-7　阴线种类（一）

（1）大阴线

大阴线指的是最高价与开盘价相同（或略高于开盘价），最低价与收盘价一样（或略低于收盘价），上下没有影线（或上下影线短）的K线。从一开始，卖方就占优势，股市处于低潮。握有股票者不限价疯狂抛出，造成恐慌心理。市场呈一面倒，直到收盘，价格始终下跌，表现出强烈的跌势。

大阴线具有如下几个方面的特征：

- 无论股价处于什么态势都有可能出现；
- 阴线实体相对较长，并可稍带上下影线；
- 阴线实体越长，则力量越强，反之则力量越弱；
- 在涨停板制度下，最大的日阴线实体可达当日开盘价的20%，即以涨停板开盘，以跌停板收盘。

大阴线的作用包括：如果股价有一段较大涨幅后出现大阴线，意味着市场杀跌能量大，后市看跌，投资者此时应考虑卖出脱身；如果股价刚开始下跌时出现大阴线，是对跌势的确认，有助跌作用，表明后市将下跌，投资者应立即清仓退出；如果在下跌过程中出现大阴线，则表明后势仍有下跌空间，投资者应继续看空、做空；如果股票在连续下跌的情况下出现大阴线，则意味着空方要作最后一击，往往是股价见底的信号，后市行情可能会有逆转，这时候投资者应做好买进准备。

（2）中阴线

中阴线说明全日股票价格波动范围明显增大，卖方占据一定上风，表明行情发展正朝着有利于卖方的方向发展。中阴线的波动范围在1.6%～3.5%。

中阴线常在股价下跌初期或股价上升回荡时出现，具有较强杀伤力。其表现为买方当天受到严重的打击，买方在卖方强大的攻势面前显得毫无办法，而且节节败退，显示出买方的无奈与卖方的强大。投资者在遇到此种K线时应当谨慎对待，并采取相应的措施保住自己的成果。

（3）小阴线

小阴线是指开盘价与收盘价波动范围较小的阴线。小阴线在盘整行情中出现较多，也会在下跌和上涨行情中出现，表明多空双方小心接触，空方略占上风，呈打压态势，但力度不大。单根小阴线研判意义不大，应结合其他K线形态一起研判。

（4）上影阴线

上影阴线是一种带上影线的阴实体。一开盘，买方与卖方开始征战。买方占上风，股价一路上升，但在高价位遇卖压阻力，卖方组织力量反攻，买方节节败退，最后在最低价收盘，卖方占优势，并充分发挥力量，使买方陷入"套牢"的困境。具体情况有以下三种。

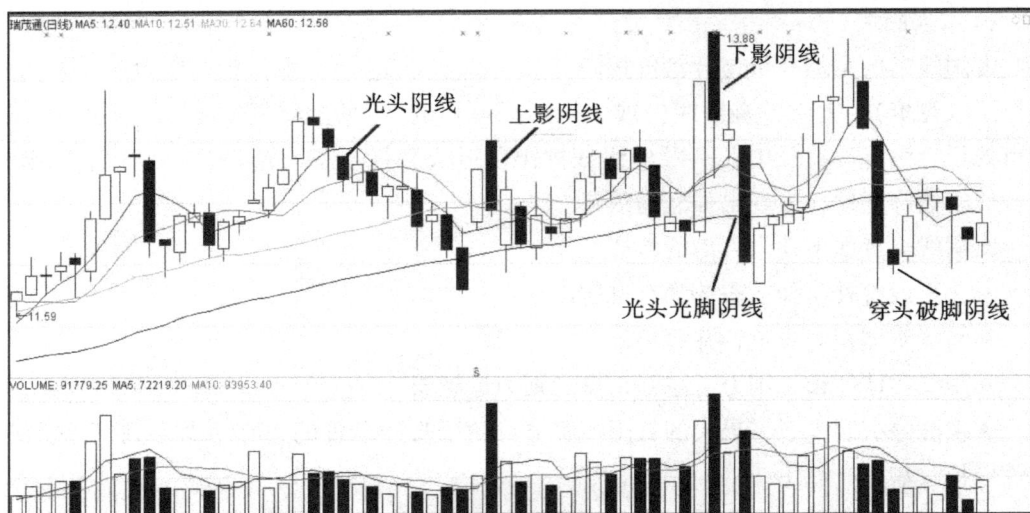

图1-8 阴线种类（二）

第一，阴实体比影线长，表示买方把价位上推不多，立即碰到卖方强有力的反击，把价位压破开盘价后乘胜追击，再把价位下推很大一段。卖方力量异常强大，局面对卖方有利。

第二，阴实体与影线相等，表示买方把价位上推，但卖方力量更强，占据主动地位，卖方具有优势。

第三，阴实体比影线短，表示卖方虽将股价下压，但优势较小，明日入市，买方力量可能再次反攻，阴实体很可能被攻占。

这种线型倘若出现在高价位区，说明上挡抛压严重，行情疲软，股价有反转下跌的可能；倘若出现在中价位区的上升途中，则表明后市仍有上升空间。

（5）下影阴线

下影阴线是一种带下影线的阴实体。一开盘，卖方强盛，股价一路下跌，但在下探过程中成交量萎缩；当下跌到某一价位后，股价开始止跌回升，随着股价的逐步盘高，成交量均匀放大，但收盘价仍无法达到开盘价之上，最终以阴线报收。根据实体部分与下影线的长短不同，该线型也可分为以下三种情况。

第一，实体部分比影线长，说明卖压比较大。一开盘，大幅度下压，在低点遇到买方抵抗，买方与卖方发生激战。影线部分较短，说明买方把价位上推不多。从总体上看，卖方占了比较大的优势。

第二，实体部分与影线同长，表示卖方把价位下压后，买方的抵抗也在增加，但可以看出，卖方仍占一定的优势。

第三，实体部分比影线短，卖方把价位一路压低，在低价位上遇到买方顽强抵抗并

组织反击，逐渐把价位上推，最后虽以阴线收盘，但可以看出卖方只占极小的优势。后市很可能买方会全力反攻，把小阴实体全部吃掉。

（6）光脚阴线

光脚阴线是一种没有下影线带上影线的阴实体。收盘价即成为全日最低价。开盘后，买方稍占据优势，股票价格出现一定涨幅，但上挡抛压沉重。空方趁势打压，使股价最终以阴线报收。

（7）光头阴线

光头阴线是一种没有上影线带下影线的阴实体，开盘价是最高价。一开盘，卖方力量就特别强大，股价一路下跌，但在低价位上遇到买方的支撑，后市可能会反弹。根据实体部分与下影线的长短不同，也说明了买方与卖方力量的对比不同。

（8）穿头破脚阴线

穿头破脚阴线是一种上下都带影线的阴实体。在交易过程中，股价在开盘后有时会力争上游，随着卖方力量的增加，买方不愿追逐高价，于是卖方逐渐占据主动，股价逆转下跌，在低价位遇买方支撑，买气转强，不至于以最低价收盘。有时股票在上午以低于开盘价成交，下午买意增强，股票又会回至高于开盘价成交。临收盘前，卖方又占优势，以低于开盘价的价格收盘。

这也是一种反转试探。如在大跌之后出现，表示低挡承接，行情可能反弹；如大涨之后出现，后市可能下跌。

（9）光头光脚阴线

光头光脚阴线表示开盘价即成为全日最高价，而收盘价成为全日最低价，上下没有影线。股价从一开始，卖方就占绝对优势，握有股票者不限价疯狂抛出，造成恐慌心理。市场呈一面倒，价格始终下跌，最终以全日最低价收盘。

这种K线图形表明空方在一日交战中最终占据了主导优势，多方无力抵抗，股价的跌势强烈，次日低开的可能性较大。如果在股价的高位区出现此种图形，投资者最好在第一时间将手中持有的股票抛光，尽可能先回避风险。

3. 同价线

同价线是指收盘价等于开盘价，两者处于同一个价位的一种特殊形式的K线，同价线常表现为"十"字形和"T"字形，故又被称为十字线、T字线。同价线按上、下影线的长短、有无，又可分为长十字线、十字线和T字线、倒T字线、一字线等，如图1-9所示。

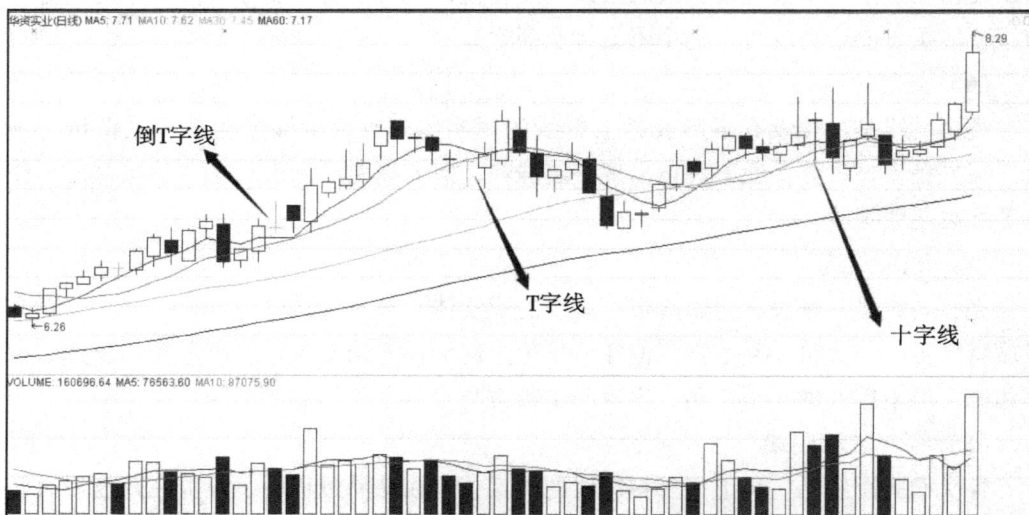

图1-9 同价线

（1）十字线

十字线指的是开盘价、收盘价几乎相同，上下影线较短的K线。十字线的应用包括如下几个方面。

第一，十字线可视为反转信号，若出现在股价高挡时，且次日收盘价低于当日收盘价，表示卖方力道较强，股价可能继续下跌；若出现在股价低挡时，且次日收盘价高于当日收盘价，表示买方力道较强，股价可能上扬。

第二，出现十字线虽然代表市场有"疲惫"的意思，但不能将十字线视为独立的买进或卖出信号，因为十字线的顶端经常代表压力，但随后的价格如果穿越十字线的高价，上升趋势应该可以继续发展。当十字线出现时，投资者应该等待一两个交易时段，观察行情的发展。

第三，在上涨途中出现，继续看涨；在下跌途中出现，继续看跌。信号可靠性不强，应结合其他K线一起研判。

（2）T字线

T字线在K线图中又称蜻蜓线，它的开盘价、最高价和收盘价几乎相同，K线上只留下影线，形状像英文字母"T"，故称为T字线，即使有上影线也是非常短的。T字线信号强弱与下影线成正比，下影线越长，则信号越强。

T字线的应用需注意如下几点。

• T字线若出现在股价有较大涨幅之后，则是见顶信号。

• T字线若出现在股价有较大跌幅之后，则是见底信号。

●T字线若出现在股价上涨过程中，则技术上是继续上涨的信号。

●T字线若出现在股价下跌过程中，则技术上是一种继续下跌的信号。

T字线是一种庄家线，它完全是由庄家控盘所造成的。在T字线上，投资者处处可以看到庄家做的手脚。

第一，在高位拉出的T字线，其实就是庄家为了掩护高位出货释放的一颗烟雾弹。通常市场涨幅已经很大时，股市若出现大抛盘，散户都会非常惊慌，马上要逃跑。但是由于庄家一早就以不计卖价的大卖单抛出，所以散户根本就来不及溜走，而正当散户惊慌失措的时候，尾市又突然出现了一股神秘力量，大笔买单将股价重新拉到开盘价位置。这种操盘手法显然不是散户行为，只有控盘庄家才能做得到。庄家之所以这么做，是为了让散户产生一种错觉，觉得这种先抑后扬的"T"形走势是股价拉升过程中的一种洗盘行为。这会迫使一些抛出筹码的短线客再度追涨买进，让持筹的散户放心做多。紧接着第二天或第三天股价高开，更会使一些股民戒心全无，这时庄家见诱多成功，就会趁机大量出货，在投资者一片看好之中，神不知鬼不觉地实现胜利大逃亡。因此，这种在高位出现的T字线后面，与之相伴的多数是高开低走的大阴线。

第二，股价连续下跌后出现T字线，反映的是庄家在低位建仓后，利用先抑后扬的T字线走势来稳定军心的一种迫切心情。如果这种止跌信号被市场认同，庄家就会在T字线后面拉出几根阳线，或让盘面演化成阴阳交错的攀升走势。若股价走势出现上述情况，可大致推断庄家的操盘意图，此时投资者可采取适量买进策略，与庄共舞。

第三，股价在上升过程中出现T字线，这是庄家利用T字线走势在洗盘，而绝不是"出货"。如果投资者认准了是上升过程中的T字线，就应该继续持仓，不要让庄家骗走筹码。但是究竟如何识别是上升中的T字线还是上升到顶的T字线呢？这里关键要看两点。

首先，股价上升幅度大不大。假如上升幅度已经很大，出现高位T字线的可能性较大；反之，出现高位T字线的可能性就较小。其次，T字线之后股价重心是上移还是下沉。如果是上移，则是庄家利用T字线在洗盘；如果是下沉，则是庄家利用T字线在出货。

第四，股价在下跌过程中出现T字线，这是被套庄家利用T字线走势制造的一种止跌企稳的假象，以此来吸引买盘，派发手中的筹码。

当投资者不明就里买进后，就会落入庄家的圈套，股价仍会义无反顾地向下滑落。投资者会发现，股价在下跌途中出现的T字线和在下跌底部出现的T字线，是很容易混淆的，具体的区别方法包括如下几种。

首先，看股价下跌幅度，如跌幅已很大，出现底部T字线的可能性较大；反之，则可能性很小。

其次，看 T 字线之后股价重心是上移还是下沉。如果 T 字线后股价重心在上移，很有可能是庄家利用 T 字线稳定军心，正在策划一轮上攻行情，这个 T 字线就是见底回升信号，此时投资者可考虑适量买进；如果 T 字线是为投资者设置的一个多头陷阱，这个 T 字线就是继续下跌的信号，股价在这之后仍会有较大下跌幅度，此时投资者一定要耐心观望，绝不可盲目买进。

总之，T 字线真实地反映了庄家的操盘意图，投资者只要认真分析 T 字线出现的时间、位置，再结合其他技术分析指标，就能识破庄家的阴谋，在与庄家的争斗中取得胜利。

（3）长十字线

长十字线指的是开盘价与收盘价几乎相同，但最高价与最低价拉得很开的 K 线。与十字线相比，上下影线都很长。

长十字线的应用主要有以下三个方面。

第一，在涨势中出现长十字线，尤其是股价有了一段较大涨幅之后出现，预示股价见顶回落的可能性极大。

第二，在跌势中出现长十字线，尤其是股价有了一段较大跌幅之后，出现见底回升的可能性极大。

第三，在上涨途中出现，继续看涨；在下跌途中出现，继续看跌。虽然长十字线的技术含义与一般的十字线相同，但其信号的可靠程度远比后者高。

（4）倒 T 字线

倒 T 字线的开盘价、收盘价、最低价粘连在一起，成为"一"字，但最高价与之有相当距离，因而在 K 线上留下一根上影线，构成倒"T"字状图形。

倒 T 字线的应用要点主要有以下几个方面。

第一，在上升趋势中出现倒 T 字线称为"上挡倒 T 字线"又称为"下跌转折线"，表明在空方打击下，多方已无力将股价推高，股价将要反转下跌，此时投资者应退出观望为宜。上挡倒 T 字线一旦被市场认同，股价下跌势在必行。它对多方打击力度与其形成的时间长短有很大关系，也就是说，一天形成的上挡倒 T 字线与其一周形成的倒 T 字线作用大小是不一样的。形成的时间越长，威力就越大。

第二，在下跌末期出现是买入信号，特别是末期下跌三连阴后出现倒 T 字线，或二阴夹一阳后出现倒 T 字线，如第二天出现大阳线，组成早晨之星或身怀六甲，是一个非常好的买入点。

第三，在上涨途中出现，继续看涨；在下跌途中出现，继续看跌。

第四，倒 T 字线上影线越长，力度越大，信号越可靠。

（5）一字线

一字线是 K 线图中的典型图形，其特征是开盘价、收盘价、最高价、最低价粘连在一起呈"一"字形，如图 1-10 所示，这就是平时说的以涨停板或跌停板开盘，全日基本上都以涨停板或跌停板价格成交，一直到收盘为止的一种 K 线走势。在未实行涨跌停板制度前，一字线被视为市场交投极为清淡的标志，而在目前我国实行涨跌停板的制度下，一字线反而成为投资者关注的焦点。

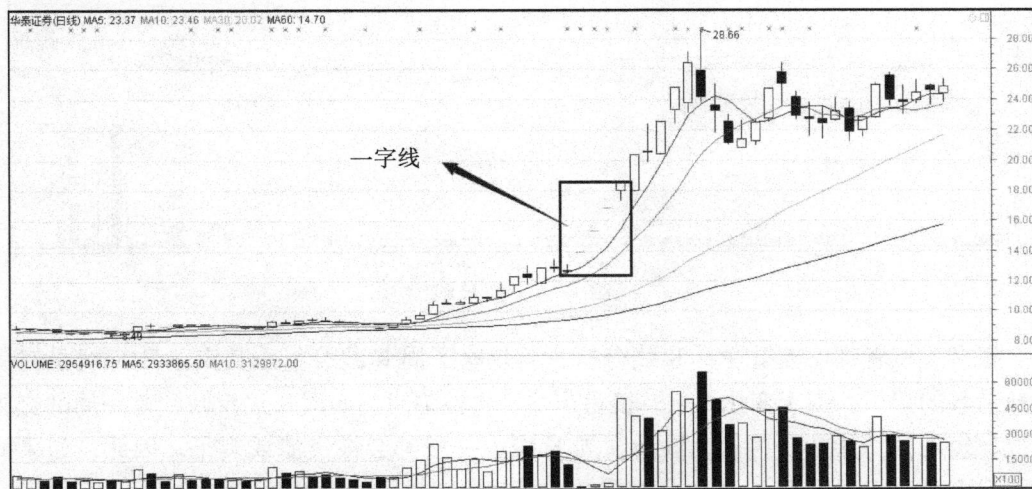

图 1-10　一字线

（二）日 K 线、周 K 线、月 K 线、年 K 线和分时 K 线

K 线从时间上分，可分为日 K 线、周 K 线、月 K 线、年 K 线，以及将一日内交易时间分成若干等份，如 5 分钟 K 线、15 分钟 K 线、30 分钟 K 线、60 分钟 K 线等。这些 K 线都有不同的作用。

日 K 线在上一节中有所介绍，下面主要介绍其他 K 线。

1. 周 K 线

周 K 线是指以周一的开盘价、周五的收盘价、全周最高价和全周最低价来画的 K 线图，如图 1-11 所示。

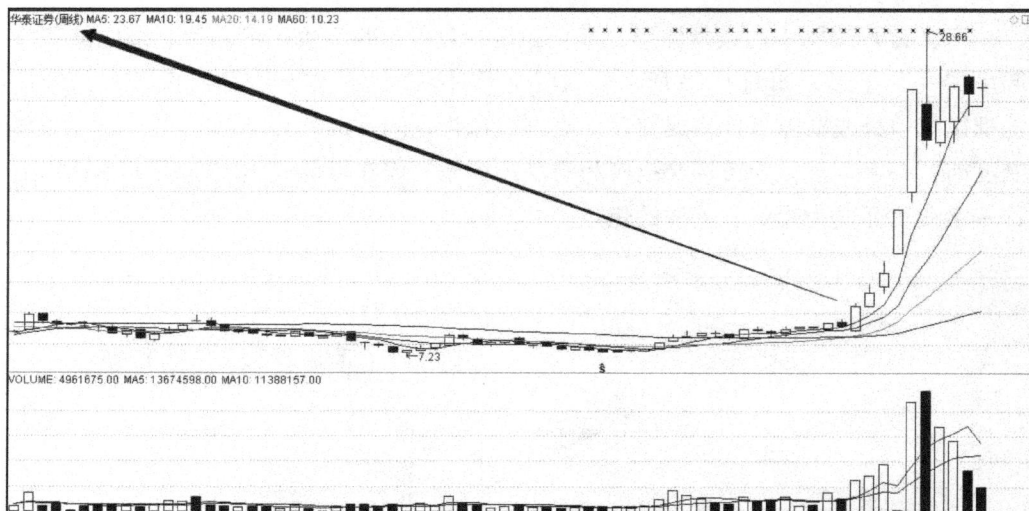

图 1-11　周 K 线

很多投资者都比较重视日 K 线分析，而忽略了周 K 线分析。其实，日 K 线是对一个交易日的记录，由于变化太快，极易出现技术性陷阱。而周 K 线反映的是一周的交易状况，短期 K 线上出现的较大波动在周 K 线上一般都会被过滤或熨平。因此，如果能够将日 K 线的分析和周 K 线的分析相结合，对操作指导的效果会更好。

投资者如果仅仅依靠日 K 线的组合来判断短线的操作方向，难免会面临较多的不确定性风险，同时也容易形成追涨杀跌的习惯，在强势的行情中往往会过早抛掉手中的获利筹码，在弱市行情中又由于反弹力度时强时弱难以掌握，很容易被套。所以，投资者可以将日 K 线、周 K 线结合起来使用。在实际操作中，对于买卖时机的把握，首先要分析周 K 线是否安全，然后再分析日 K 线的组合和量价关系配合是否合理，最后才能在适当的时机选择操作方向。一般而言，投资者若能将两者结合起来分析，操作上可以避免很多失误。

2. 月 K 线

月 K 线是根据一个月的第一个交易日的开盘价、最后一个交易日的收盘价和全月最高价与全月最低价来画的 K 线图，如图 1-12 所示。月 K 线常用于研判中期行情。

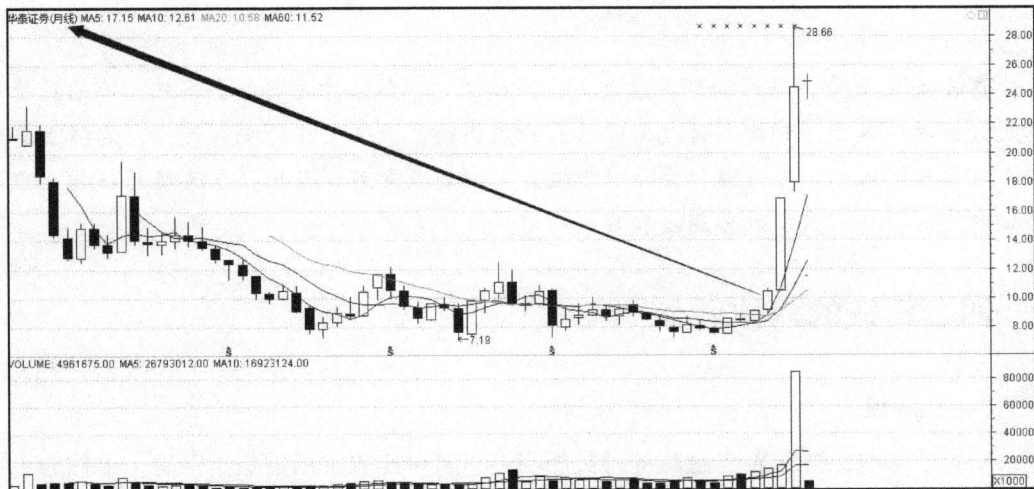

图1-12 月K线

3. 年K线

年K线是根据一年的第一个交易日的开盘价、最后一个交易日的收盘价和全年最高价与全年最低价来画的K线图。年K线常用于研判长期行情。

4. 分时K线

5分钟K线（如图1-13所示）、15分钟K线、30分钟K线、60分钟K线反映的是股价超短期走势。对于短线操作者来说，这些K线也具有重要的参考价值。

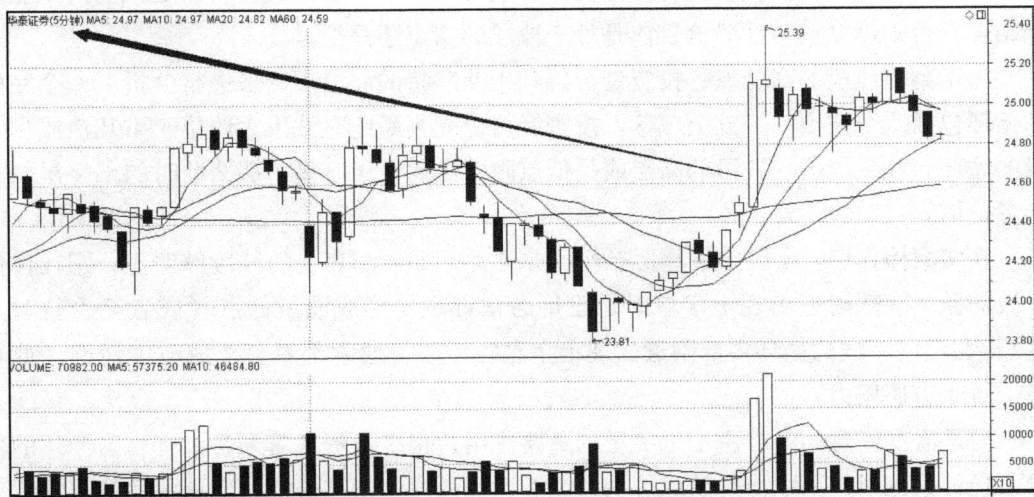

图1-13 5分钟K线

K线实战

在各类 K 线中，月线的可信度最大，周线次之，然后才是日线。当然，有的投资者喜欢分析年线或者分钟线。月线出现看涨的组合时，未来上涨的概率最大，周线上涨的组合可信度也很高，而日线骗线的概率较大，但是很常用。因此，在运用 K 线组合预测后市行情时，日线必须配合周线和月线使用，效果才能更好。

四、K 线的六种形态

（一）星线

K 线形态中，被称为"星"的种类相当多，其中比较常用的是十字星，也称为十字线。十字星是一种只有上下影线，没有实体的 K 线图。开盘价即是收盘价，表示在交易中，股价虽然出现高于或低于开盘价成交，但收盘价与开盘价相等。其中，上影线越长表示卖压越重，下影线越长表示买盘越旺盛。通常在股价高位或低位出现十字线，可称为转机线，意味着出现反转。

一般来说，十字星具有如下两种含义。

1. 当股价在涨升状态下出现十字星时，暗示涨势结束。

2. 当股价在下跌状态下出现十字星时，暗示跌势结束。

显而易见，大众投资者对于十字星的观点，在时空的观念上非常模糊。由于股价具有周期循环的特性，因此，股价无论在涨势或者跌势中，其 K 线分析都必须与周期循环相结合，否则没办法估计股价目前是处于波段的高点还是低点。

为了判断波段的高低点，投资者可以利用艾略特的波浪理论来进行分析。一个完整的循环包括八个波浪——五上三落。投资者可以先判断此时波段大约位于第几浪或哪一段的循环。如果股价在波段的高点或是低点附近出现了十字星，那么此时的十字星较具参考价值。

在实战操作中，K 线十字星形态作用非常大，如果图表上的波段够明显，则在任何一波的循环底部附近出现十字星时，股价通常都容易形成波段低点（或者至少暂时止跌）；在任何一波的循环顶部附近出现十字星时，股价通常都容易形成波段高点（或者至少暂时遭遇压力）。

但是需要注意的是，由于十字星的重要作用，很多投资者对十字星有相当严重的依赖心理，这也引起了主力的注意。主力为了引诱散户达到其进货或出货的目的，常常利用十字星进行骗线。对此，投资者需要注意以下几个方面。

1. 主力骗线

十字星形态的骗线，最常发生在小型股或股性偏好投机的股票上。由于市场上为数众多的股民，经常盲目地崇拜"技术形态"，因此，庄家往往利用这种"技术心理"，与散户反向对做，如图1-14所示。

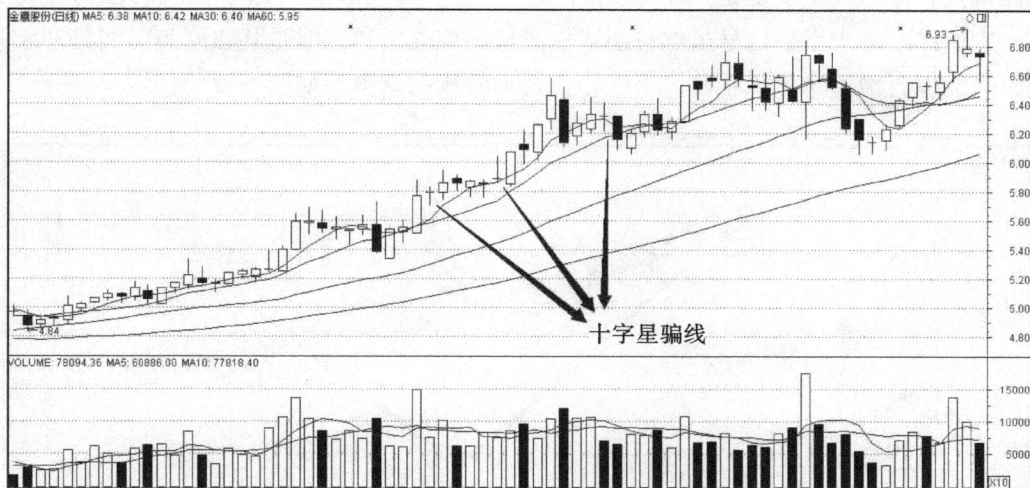

图1-14 十字星骗线

例如，庄家为了达到低价进货和控制市场浮筹的目的，通常在股价上涨一段距离之后，刻意让股价以十字星形态收盘。不知主力目的的散户误以为股价将反向回挡，而将股票卖出，正好中了庄家调虎离山之计。庄家在诱使散户零乱地抛出筹码之后，由于市场的浮筹及潜在卖压减少之故，此股开始了一轮主升行情，让卖筹的散户后悔不已。

相反地，股价在下跌一段时间之后，庄家为了达到其出货的目的，也会刻意让股价以十字星形态收盘。当散户误以为股价已经止跌之后，庄家正好趁此机会，大笔抛出所持股票，让散户措手不及。其主要的目的在于先套牢散户，让股价再大跌一段，以便在更低的价位回补股票，借以赚取价差。

投资者辨别主力十字星骗线的最有效的方法就是判断其波段的循环。

一般而言，主力营造十字星形态的时机，大都与波段循环高低点的位置不符，因此，细心的股民可以根据波浪理论发现其破绽。另外，如果读者是专业的股民，平常有时间长期盯着盘面上的行情波动，那么可以注意其收盘的走势，倘若收盘的那一刹那，突然有天外飞来的几笔大买卖单，说巧不巧的，正好让股价以"十字星"收盘，此时应警觉！庄家做线的可能性相当大。

2. 技术巧合

股价在遭遇技术线的压力或支撑时，经常会出现十字星的K线形态。例如，平均线压力、前波段的套牢区、平均线支撑等技术线型区。以K线与平均线的关系为例，当股价在涨升途中，恰逢遭遇平均线反压的压力时，股价通常会留下一根上影线，表示上挡卖压沉重，此时，十字星是其中常见的一种形态。无论股价遭遇平均线的压力还是支撑，它所产生的十字星信号虽然也会造成股价回挡或反弹，但是其幅度与时间都非常短暂，只能以行情暂时休息看待，不能将其视为波段的结束，如图1-15所示。

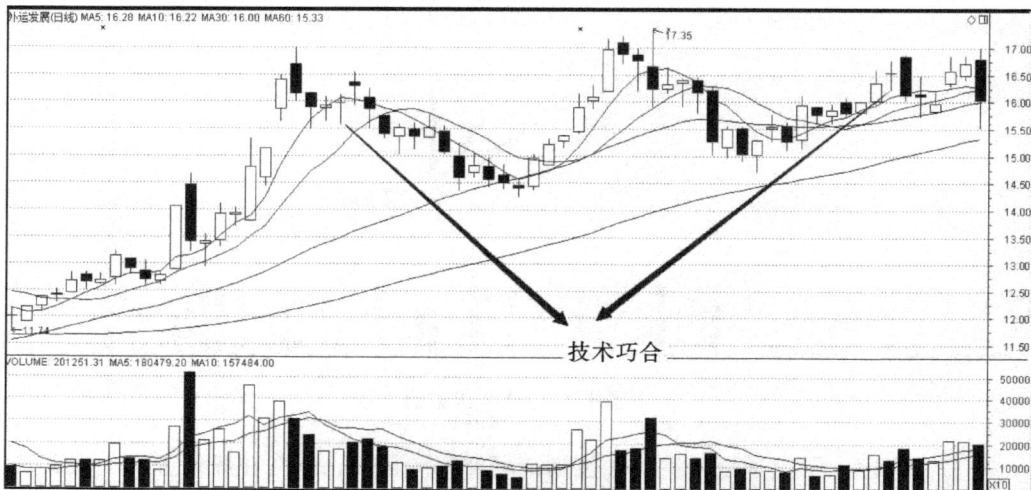

图1-15　技术巧合

（二）吊线

吊线是指实体部分较小、下影线较长的K线。吊线的特征是实体部分占的比例相当小，而下影线的长度比实体的长度大了好几倍。标准的形态中不会出现上影线（见图1-16），就算有，也只能凸出一点点，如果上影线太长，则不能称为吊线。

吊线可以出现在底部区，也可以出现在头部区。出现在头部的吊线，市况见顶回落的可能性非常大。吊线出现在头部的原因主要有以下两个。

1. 散户卖压涌现

当散户卖压涌现时，主力的筹码还没有来得及卖出。因此，主力会刻意在尾盘做价拉抬，让散户产生"卖错了"的错觉。然后，在第二天以高价开盘，营造股价强势的假象，诱使散户回头抢补股票，再伺机一股脑儿地将股票倒给散户。

2. 主力达到目的

当股价已经到达高位后，庄家会突然出货，股价会瞬间下跌。庄家采取先下手为强的策略，先让散户来不及卖出，然后再花少量的资金，将股价往上推升，推升后再往下一波急杀，再向上急拉。如此往复几次之后，散户已经搞不清楚，庄家到底是在洗盘还是出货，然而就在这连续几波杀盘中，庄家手中的股票已经清仓大半。股价最终收盘时仍留下长下影线，散户误以为庄家只是在进行洗盘，正庆幸自己的判断相当明智之际，第二天，股价往往从开盘之后便一蹶不振了。

行情下跌了一段时期之后出现吊线形态，通常是一种止跌信号。吊线的信号出现在波段低点时，代表股价在此形成底部的机会大增。此时，股民应留意当时的气氛，观察是否有那种"总卖出"的肃杀味道。但是，吊线的形态也可能出现在非波段低点的位置，此时，吊线形态也会造成股价反弹，不过，只是反弹而已，可能两三天，也可能六七天。总之，如果不是在循环周期的低点出现的吊线，不能将其视为底部信号。

图 1-16 上吊线

（三）孕线

孕线是由两根 K 线组合成的图形。第一根 K 线是长线，第二根 K 线为短线，第二根 K 线的最高价和最低价均不能超过前一 K 线的最高价和最低价。这种前长后短的组合形态，形似怀有身孕的妇女一样，所以称为孕线。孕线孕育着希望，趋势随时都可能会反转向上，如图 1-17 所示。

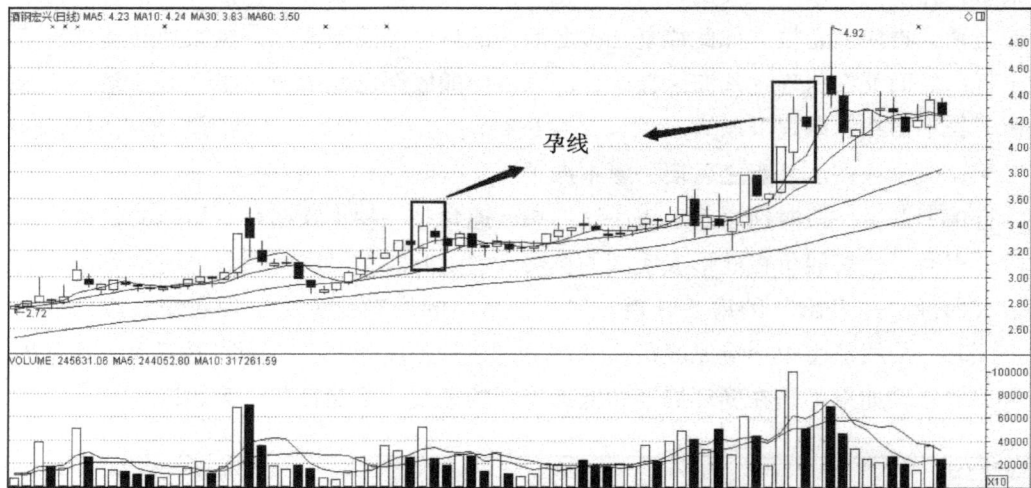

图1-17　孕线

在上升趋势和下跌趋势中所出现的孕线，其形态有一些差别，作用也有点不同。上升趋势中所出现的孕线，其左方的K线通常是阳线；下跌趋势中所出现的孕线，其左方的K线通常是阴线，这虽然不是硬性规定，但是，这种现象所传递的信号较为可靠。

处在双底走势的右底低点处的孕线是强烈的买入信号，如果高位出现孕线则是明显的见顶信号。然而，K线理论最难的地方就在于，它并不是很生硬的学问，经常会有例外及变形产生，下面是其中几种典型的情况。

1. 左方的K线也可以带一点上、下影线。

2. 右方的K线不见得一定是十字星，只要其实体较小，另外带着上、下影线也可以。

3. 一般来说，孕线都与行情先前的方向相同，而且是发生在趋势的中途，但是孕线也可以发生在头部或底部区，其中又以发生在底部区的机会较多，头部区较少出现。当高位出现孕线时，股价会下跌；当低位出现孕线时，股价会上升。不过投资者需要注意的是，低位的孕线，其行情的复苏通常非常缓慢。

4. 孕线如果发生在波浪理论所称的"第四浪"，其孕线将可能不只有两根K线，而是数根K线不断地育"孕"。

（四）抱线

抱线也称为穿头破脚、吞并线或者包线，是见底信号中最常见的K线组合，如图1-18所示。很多个股的底部反转都是从这种形态开始的，所以研究好抱线有助于对底部信号的把握，提高胜算。

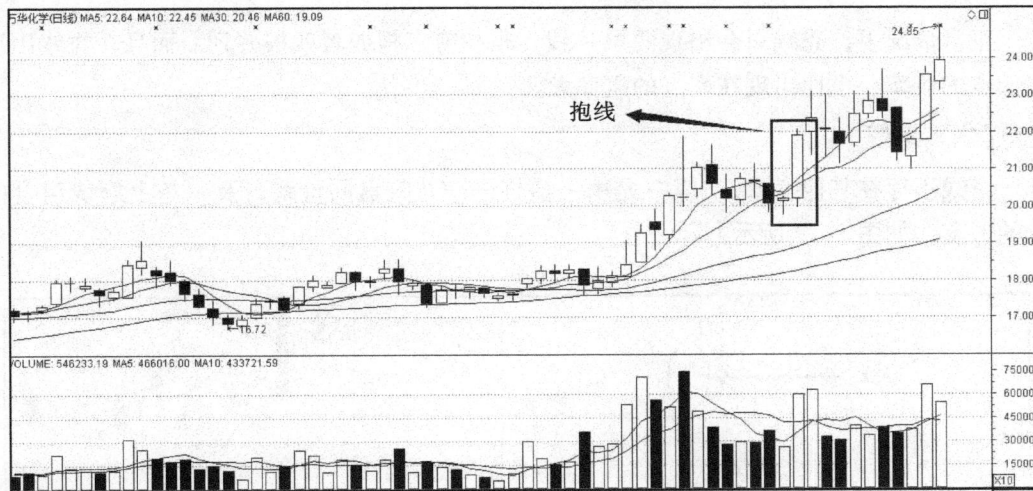

图1-18　抱线

　　抱线与孕线的形态相反，抱线右方的 K 线包覆了左方的 K 线。抱线必须发生在波段循环的高点或低点才有意义，它是一个反转信号。股价经过一段时期的上涨，突然间成交量大增，并且以一根大阴线，包覆了左方的 K 线，这种现象被视为上升波段结束的信号。相反地，股价经过一段时期的下跌，突然间以一根大阳线包覆了左方的 K 线，这种现象被视为下跌波段结束的信号，此时的成交量不需要大幅增加。

（五）秃线

　　秃线指的是没有上下影线的 K 线，从另外一个角度解释，秃就是两根 K 线并列，其高、低价位相同，不会凸出去的意思。这两根 K 线是阴线还是阳线，基本上没有太大区别。

　　严格地说，标准的秃线是不能有上、下影线的，但是，从过去的历史行情中我们发现，有些不怎么标准的秃线，一样也能发挥功效。例如，两根 K 线的长度有时略有高低差别，或者各自带有一些影线，虽然各自留有一些影线，但是其高低价位置相差不会太远。所以，在实战分析中，投资者只能尽量寻找标准的形态，以便将失误的概率降至最低。

　　一般来说，秃线会出现在头部区、底部区，也可能出现在一般的小低点及小高点，一般出现在小低点及小高点的概率较大。秃线带有"再确认"的意思，例如股价在下跌行情中，越跌越快，最后出现一根长阴线。这根长阴线还不能确认短期底部已成立，直到隔天再收一根与长阴线长度相同的阳线，此时，由于最低点连续被碰触两次，经此再确认程序，股价短期底部才宣告成立，也就是两根 K 线同时到达一个低点或高点价位。

正常情况下，秃线只会出现两根K线，很少有三根或者四根并列。而且，秃线出现在低点的概率，也比出现在高点的概率大。

（六）塔线

塔线不存在其他变形，"塔"是由一横杠——开收盘同价线，及一条上影线组合而成的形态，如图1-19所示。

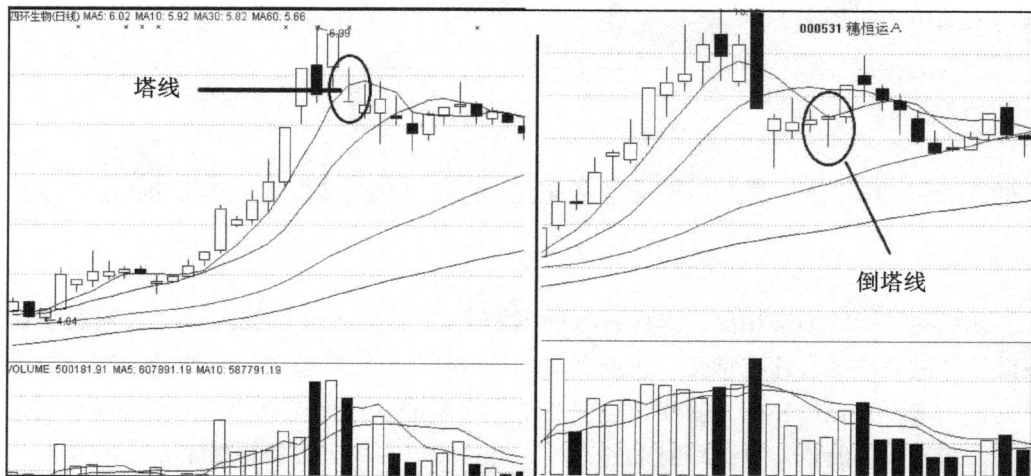

图1-19　塔线

塔线的上影线可以看作"卖压""拉高出货"或者"压低吃货"。股价在波段循环高点出现"塔"时，可以看出，价格从开盘后立刻向上拉升，一副行情即将喷出的模样，这种态势很明显就是庄家设计散户的"请君入瓮"手法。当散户受不了诱惑而跳进市场买入股票时，庄家正好来一招"金蝉脱壳"，一股脑儿地把股票倒给散户。因此，整个盘势在尾盘变成残局，留下长长的上影线，庄家拉高出货之后，上升行情宣告结束。

当塔线形态出现在波段低点时，也是代表"停止"的意思，空头卖方到此为止、禁止通行，股价即将上涨。此处所出现的"塔"，与在波段高点出现的"塔"一样都残留一条上影线，然而，在波段高点残留的上影线称为拉高出货，在波段低点出现的上影线则称为压低吃货。

当股价已经下跌一段明显的波段之后，显然必定会吸引一些逢低承接的买盘，因此，股价刚一开盘之后，立刻因买盘介入而向上拉升。此时，有些庄家为了减轻未来拉抬的重量，有计划地清洗浮筹，会利用手中的筹码刻意打压股价，让K线留下一条上影线，借以营造股价"涨不上去"的错觉。因此，部分短线"帽客"因担心股价隔日续

跌，通常会在尾盘以"当轧"的手法把股票冲销掉。如此一来，因为这些不稳定的筹码消失，隔日股价上涨的机会反而大增。

K线实战

当股价在趋势进行的途中出现孕线时，股价虽然会朝原来的方向前进，但是，有时候并不是马上前进，而是先反弹再下跌，或者先回挡再上涨。这其中的差别在于，行情进行得较缓慢时，股价会先反弹再下跌，或者先回挡再上涨；如果行情的进行速度较快，此时出现孕线，股价则不会反弹或回挡，这是因为惯性定律及股价的加速度原理的作用。

五、应用 K 线图时应注意的问题

投资者需要清楚地认识到，任何的技术分析方法都不是绝对的、万能的，K线也不例外。因此，投资者在应用 K 线时应该注意以下几个方面。

1. 股市的变动是复杂的，实际的市场情况可能与投资者的判断有距离。经验统计的结果表明，用 K 线组合来研判后市走势的成功率不是很高。

2. 在股市里应用 K 线图时，应配合成交量观察买方与卖方的强弱状况，找出股价支撑与压力区。

3. 学会分析投资者心理。K 线形态复杂多变、形态各异，所以投资者很难全部掌握。但是投资者需要认识到的是，这些形态的本质都是一样的。K 线形态是股价波动的反映，而股价波动是多空双方力量权衡的结果，它反映了交易双方的心理变化过程。所以，透过股价波动的表象分析投资者的投资心理，就可以把握各种 K 线的变化趋势。

4. K 线分析方法必须与其他方法相结合。因为 K 线分析方法并不是一种完美的技术，这一点同其他技术分析方法是一样的。用其他分析方法已经做出了该买还是该卖的决定之后，才可用 K 线组合选择采取行动的具体时间和价格。

5. 日线、周线、月线综合使用。同样的 K 线组合，周期越长，可信度越高。日 K 线在日常分析中运用得最多，但是骗线的概率也最大，所以投资者在用日线进行分析的同时，还应该结合周线、月线共同研判。图 1-20 展示的就是一种典型的 K 线陷阱。

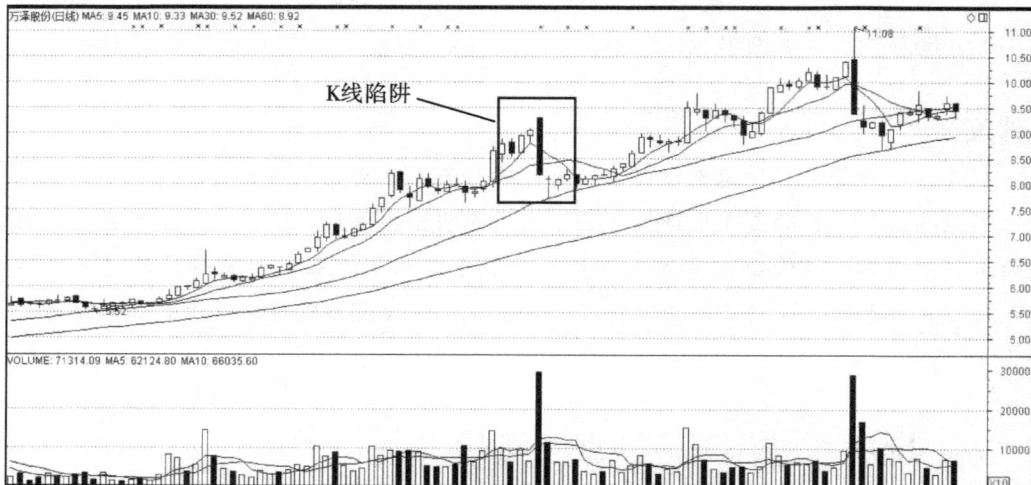

图1-20　K线陷阱

6. 学会形态还原。很多K线组合形态比较复杂，投资者可以将它还原成简单形态，比如可以用其第一个开盘价和最后一个收盘价将它还原为单根K线。投资者需要注意的是，如果还原后的单根K线的多空含义与原K线组合形态不一致，那么该K线组合则需要继续确认；如果还原后的单根K线能支持K线组合形态，则无需确认。

7. 掌握K线组合形态的精髓。投资者通过深入学习就会发现K线形态具有很多的相似性，这也在使用中给投资者带来了一定的困难。为了避免误认，投资者对一些相近的图形要反复比较，真正搞清楚它们的区别所在。

8. 学会灵活应用。K线组合形态只是经验总结的产物，投资者如果一点不变地照搬组合形态，则有可能长时间碰不到合适的机会。因此，投资者应以实际情况为出发点，灵活应用K线组合形态分析。

K线实战

投资者在运用K线进行研判时，还需要综合分析前后K线，这样才能提高准确率。一般来讲，市场本身的力量很难改变一个股价运行的强趋势，K线组合形态总是服从K线排列，在K线排列中即使偶尔有相反的K线组合形态出现，投资者也应该从K线排列的角度来考虑如何操作，而不应该局限于短暂的K线组合形态。

一、光头光脚阳线

（一）光头光脚阳线的图形释义

光头光脚阳线，是指没有上影线与下影线，只有阳实体的 K 线。光头光脚阳线如图 2-1 所示。

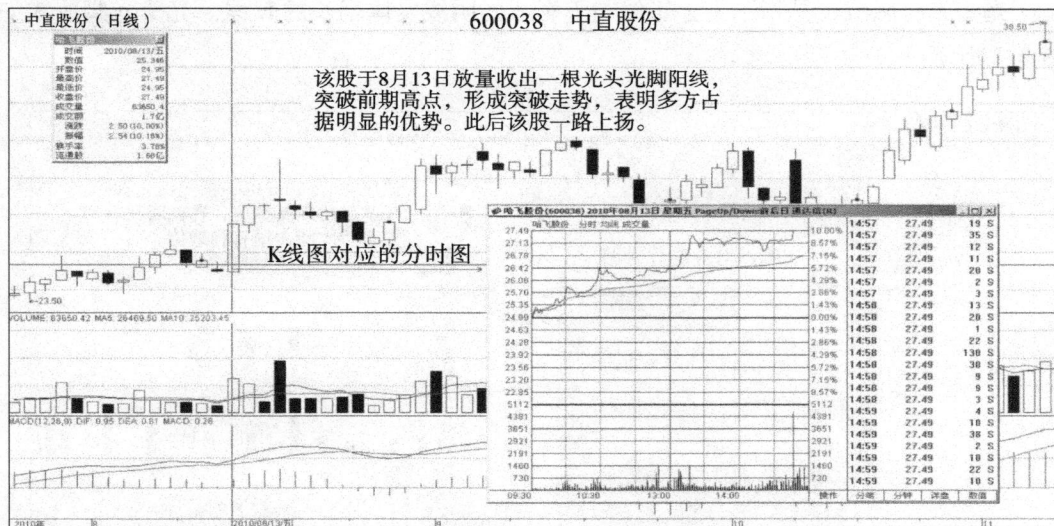

该股于8月13日放量收出一根光头光脚阳线，突破前期高点，形成突破走势，表明多方占据明显的优势。此后该股一路上扬。

K线图对应的分时图

图 2-1 光头光脚阳线

该图说明当日交易一开盘就是最低价，而收盘收在最高价，这说明整个交易日买盘强劲，刚一开盘股价就被节节推高，做空力量毫无还手之力，阳线实体部分越长，越说明多方势力的不可阻挡、长驱直入。

（二）光头光脚阳线的市场含义

事实上，光头光脚阳线意味着多方力量占据且充分发挥了其优势。而且，光头光脚阳线说明市场或者股价已到达底部。如果随后股价不跌破长阳线实体的 1/2 位置，就是介入的时机。介入以后，应该以长阳线的开盘价作为止损位。

通常情况下，光头光脚阳线经常出现在脱离底部的初期和回调结束后的再次上涨及高位的拉升阶段，有时也在严重超跌后的大力度反弹中出现。若这种 K 线出现在盘整后期或反转之初，说明多方长驱直入，空方力量难以抵挡。

K 线实战

在实际操作中，如果阳线实体部分较短（即小阳线），一般表示尽管多方仍然控制局面，但与空方力量对比，优势在缩小，如果该小阳线位于高价位，则应引起多方警惕，要严加关注，防止空方伺机反扑，稳妥的策略是适量减磅。

二、光头光脚阴线

（一）光头光脚阴线的图形释义

光头光脚阴线，是指不带上影线与下影线的阴线实体很长的 K 线。光头光脚阴线如图 2-2 所示。

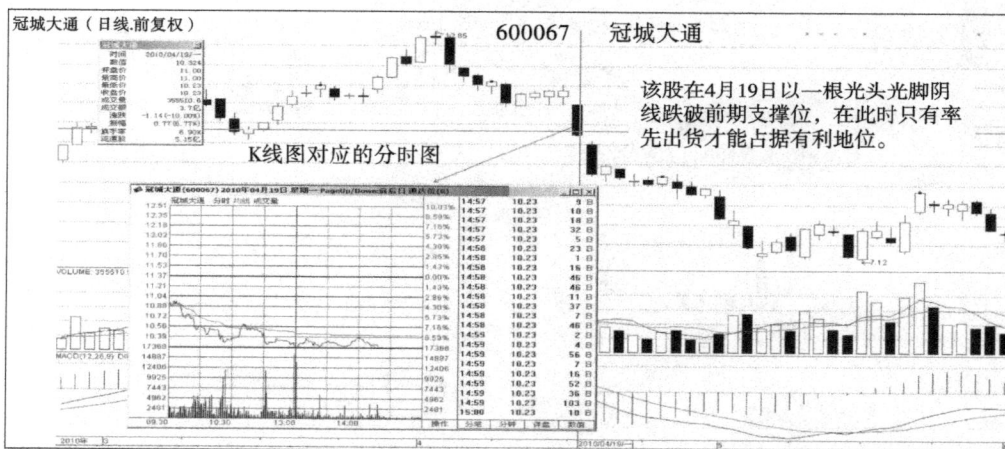

图 2-2　光头光脚阴线

该图说明一日交易中，开盘价就是当日最高价，收盘价即当日最低价。空方一路打压，如入无人之境，所向披靡；多方节节败退，一败涂地，这也是做空的投资者最愿看到的图形。原先的做多者纷纷倒戈，顺势抛售甚至"割肉断臂"，这种做法也是完全符合顺势而为的道理的。多方步步后撤，在下一个台阶去寻找新的低价位支撑防线。这种高台跳水式的狂泻猛跌，如果位于相对较低价位，也就意味着空方力量的彻底宣泄耗尽，当属强弩之末。

（二）光头光脚阴线的市场含义

一般而言，光头光脚阴线说明市场上空方力量占优势，且发挥出最大的力量。若这种K线在盘整趋势的后期出现，表明空方长期积蓄的力量已经释放，多空双方力量对比向多方倾斜。在实际操作中，投资者应保持镇静，持股观察，等待星星之火再度燎原，不可轻易退却，以免遭受损失。

（三）光头光脚阴线的实战解读

在实战中，投资者可以从以下三个方面解读光头光脚阴线。

1. 从单纯的技术角度看，光头光脚阴线的出现意味着盘中具有较为浓厚的空头含义，一般的操作指示是：空头卖出。然而，在实际操作中庄家却往往借助长阴线进行洗盘，利用市场散户投资者的不稳定心态将浮动筹码吓出局。对于投资者而言，可以利用量能判断该长阴线是否是主力在洗盘，再结合个股技术形态判断是否有短线买入机会，从而能较好地寻找个股短线进出时机。

2. 从量能上分析，两根长阴线同比其前的量能都明显表现出缩量的态势，这是洗盘的重要特征。

K线实战

一旦大盘中出现光头光脚阴线，投资者不应该立即放弃投资计划，而应该结合实际的情况进行具体的分析，特别是在该股前期未有太大涨幅的情况下，庄家试盘打压的可能性非常大。一般情况下，主力利用高位大阴线放量来出货的概率较低，这是因为这种出货方式非常明显，很容易引发恐慌性抛盘，所以除非不得已，否则庄家出货都较为隐蔽。相反，非常明显的长阴线往往代表相反的含义，这一点投资者从量上就可以找到漏洞。

三、光头阳线

（一）光头阳线的图形释义

光头阳线，是指由下影线和阳实体组成的图形，没有上影线。光头阳线如图 2-3 所示。

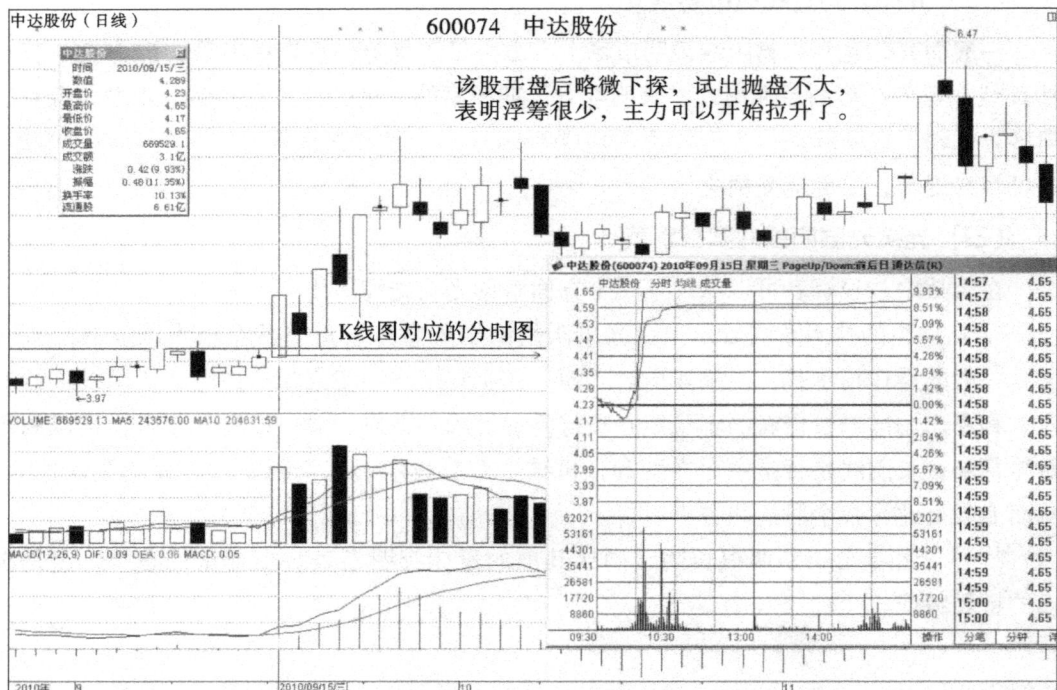

图 2-3　光头阳线

这种图形表示在开盘后，股价一度下滑，但不久即被买盘奋力拉起，股价调头向上，并获得大量买盘支持，最终竟一路上攻收盘于全天最高价位，图形属先跌后涨型。总体来讲，出现先跌后涨型，说明买方力量较大，但实体部分与下影线长短不同，买方与卖方力量对比不同。双方力量的对比可以从实体与下影线的长度的比例中看出来。实体相对越长，买方的优势越明显。

（二）光头阳线的市场含义

一般而言，光头阳线表示多头力量强，下方有支撑，显示后市看涨。通常情况下，光头阳线若出现在低价位区域，在分时走势图上表现为股价探底后逐浪走高且成交量同时放大，预示一轮上升行情的开始。如果出现在上升行情途中，表明后市继续看好。

（三）光头阳线的分类

通常情况下，根据实体部分与下影线的长短不同，光头阳线可以分为以下几类。

1. 实体部分比下影线长。该类阳线说明价位下跌不多，即受到买方支撑，价格上推。破了开盘价之后，还大幅度推进，买方实力很强。

2. 实体部分与下影线相等。该类阳线说明买卖双方交战激烈，但大体上买方占主导地位，对买方有利。

3. 实体部分比下影线短。该类阳线说明买卖双方在低价位上发生激战，遇买方支撑，逐步将价位上推。上面实体部分较小，说明买方所占据的优势不太大，如卖方次日全力反攻，则买方的实体很容易被攻占。

光头阳线若出现在低价位区域，在分时走势图上表现为股价探底后逐浪走高且成交量同时放大，预示着一轮上升行情的开始。如果出现在上升行情途中，表明后市继续看好。

K 线实战

在实际操作中，投资者结合下影线与阳线实体部分分析，可大致判断买方力量是明显强于卖方，还是稍强于卖方，再根据价位所处区域，得出下一交易日走势的大致估计。

四、光头阴线

（一）光头阴线的图形释义

光头阴线，也可以称为"开盘秃阴线"，是指只有下影线而无上影线的阴线。光头阴线如图2-4所示。

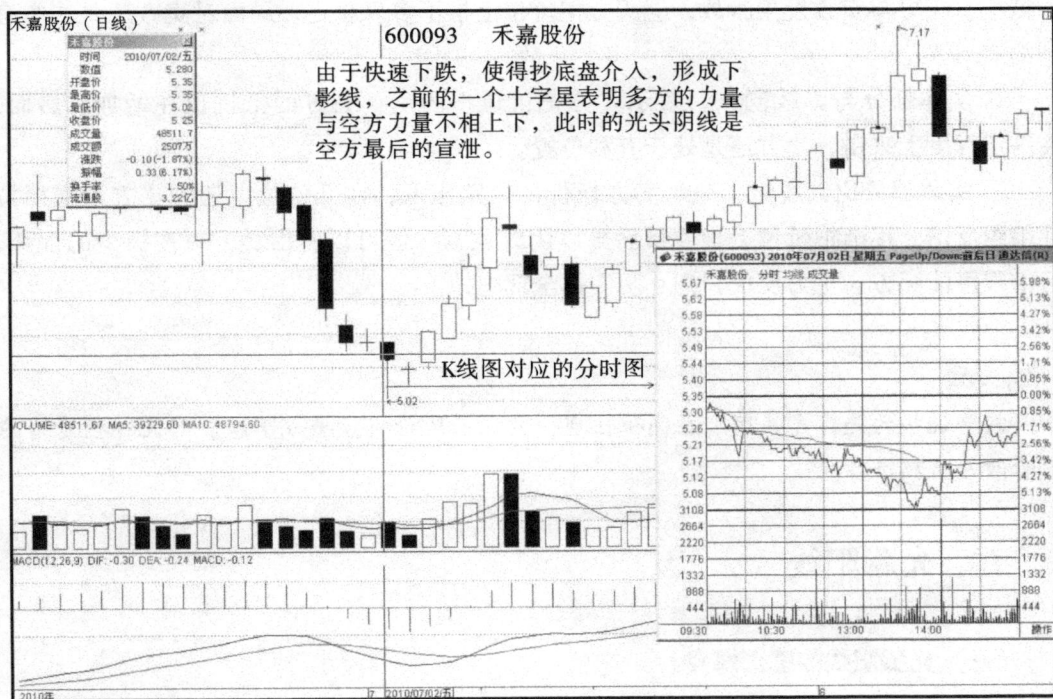

图2-4 光头阴线

该图表示股价开盘价即为全天的最高价，空方完全占据主动。股价不断下跌，但在下跌过程中，仍有多方在顽强抵抗，伺机在低价位建仓补仓，并成功地把全天的收盘价钉在高处，留下的一条下影线证明多方反击的过程，虽然未能挽回败局，但至少说明形势也并非一塌糊涂，为下跌抵抗型图形。

（二）光头阴线的市场含义

一般来讲，光头阴线说明开始阶段卖方的力量占优势，但是在价格下跌的过程中，卖方力量逐渐削弱。在收盘前，买方力量稍稍占优，将股价向上推动。但从整个周期看，收盘价没有超过开盘价。买方的力量仍占下风。实体越长，表示买方力量越弱。另外，如果下影线长度超过阴线实体，更是说明多方抵抗卓有成效，是"黎明前的黑暗"。

通常来讲，如果光头阴线出现于低价位区，说明抄低盘的介入使股价有反弹迹象，虽然短期内不会立即出现大幅上涨，但由于有买盘在低价位区介入，后市会有一定的上涨机会。

（三）光头阴线的分类

根据实体部分与下影线的长短不同，光头阴线一般可以分为以下几类。

1. 实体部分比影线长，表明卖压比较大。开盘后股价大幅度向下，在低位遇到买方抵抗，买方与卖方发生激战，但买方把价位上推不多。总之，局面对卖方还是非常有利的。

2. 实体部分与影线同长，表示卖方把价位下压后，买方的抵抗也在增加。然而，在一定程度上来讲，卖方还是处于有利位置。

3. 实体部分比影线短，表示卖方把价位一路压低，在低价位上遇到买方顽强抵抗并组织反击，逐渐把价位上推，最后虽以阴线收盘，但可以看出卖方只占极少的优势，后市很可能买方会全力反攻，把小阴实体全部吃掉。

K线实战

需要说明的是，光头阴线在高位出现，意味着股价将盘整或下跌。对此，投资者应及时做好防损准备。

五、光脚阳线

（一）光脚阳线的图形释义

光脚阳线，是指由上影线和阳实体组成的图形，没有下影线。光脚阳线如图2-5所示。

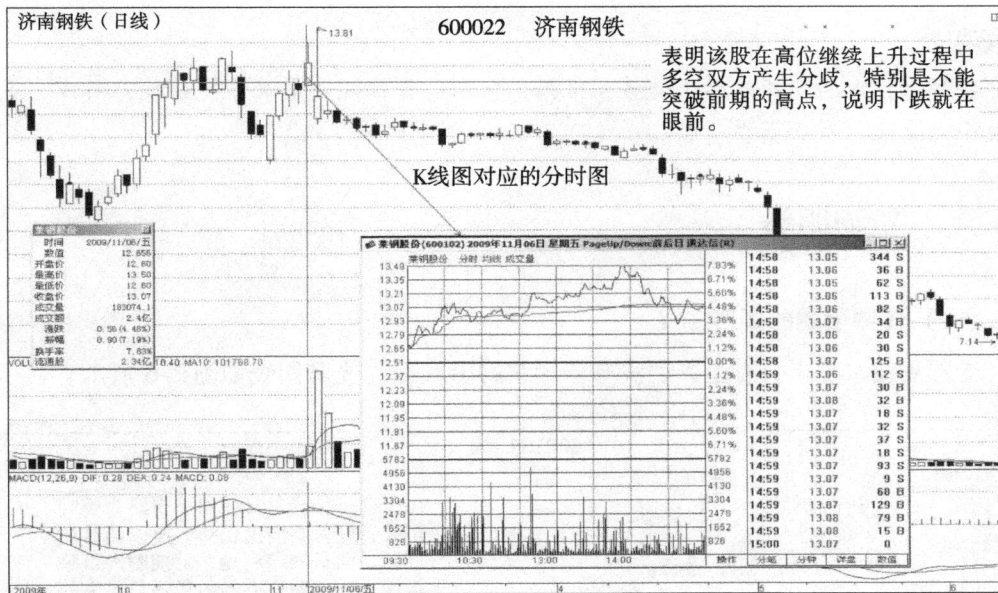

图2-5 光脚阳线

该图说明当日股票开盘价就是最低价，开盘后股价一路攀升，买方占据明显优势，表示上升势头很强，但在高价位处多空双方有分歧，股价下跌，最终仍以阳线报收。事实上，这种图形属上升抵抗型。总体来讲，出现先涨后跌型，说明买方力量占优，但实体部分与下影线长短不同，买方与卖方力量对比不同。因此，投资者在实际操作中应特别慎重。

（二）光脚阳线的市场含义

一般而言，光脚阳线是在多方牢牢控制局势的前提下出现的一些波折，表示多空搏杀过程中，多方上升势头明显受阻，遭到空方顽强抵抗，多方难以轻而易举地长驱直入，上影线的长度说明空方阻击的力度，长度越长，表明空方力量也越强，多方阵地多被蚕食沦陷，或者也说明空方虽败犹荣，不可小觑，投资者应谨慎从事，万万不可盲目乐观，再结合阳线的实体部分，可综合分析双方力量对比。

通常来讲，如果在低价位区域出现光脚阳线，且实体部分比上影线长，表明买方开始聚积上攻的能量，并进行第一次试盘。如果在高价位区域出现光脚阳线，且实体部分比上影线短，表明买方上攻的能量开始衰竭，卖方的能量不断增强，行情有可能在此发生逆转。

K线实战

实际上，光脚阳线表示上升势头很强，但在高价位处多空双方有分歧，所以，投资者应予以关注，谨防上当受骗。

六、光脚阴线

（一）光脚阴线的图形释义

光脚阴线，是指只有上影线没有下影线的阴K线。光脚阴线如图2-6所示。

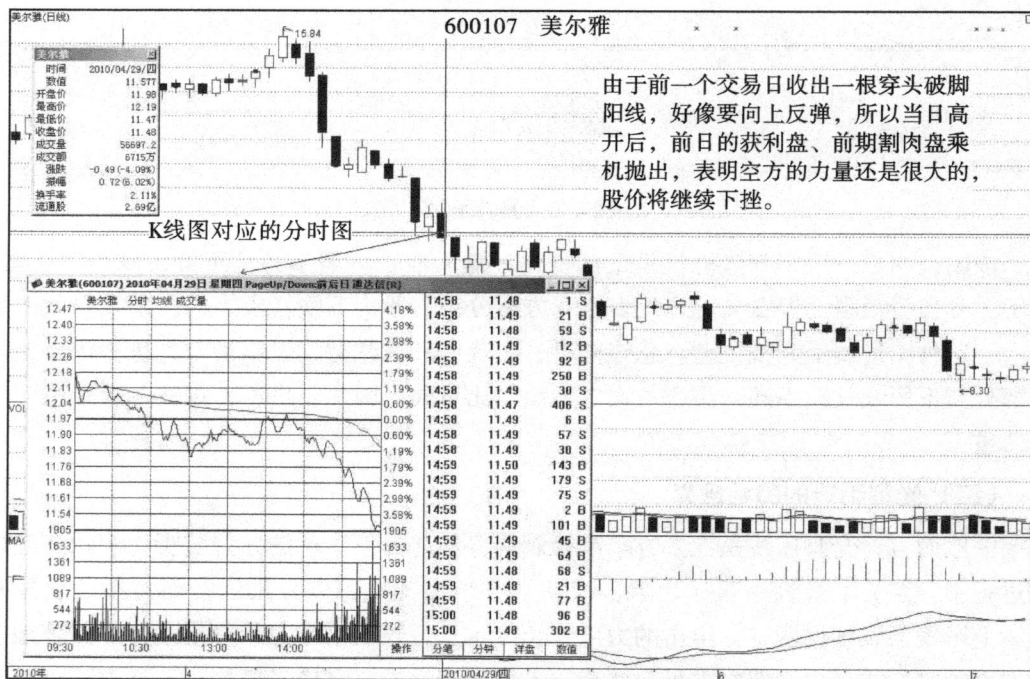

由于前一个交易日收出一根穿头破脚阳线，好像要向上反弹，所以当日高开后，前日的获利盘、前期割肉盘乘机抛出，表明空方的力量还是很大的，股价将继续下挫。

K线图对应的分时图

图2-6 光脚阴线

该图表明开盘后，股价可能承接昨日势头，继续攀升，但缺乏买盘支撑，后劲明显不足，投资者无意追高反而纷纷获利回吐，犹如釜底抽薪，股价只能掉头向下，当回落到开盘价处仍未能阻止跌势，空方趁热打铁，竟然将股价一路打压至全天最低位收盘，属于先涨后跌型图形。这种图形说明卖方的力量占优势，使得买方抬高股价的努力没有成功。实体部分越长，影线越短，表示卖方力量越强。一般代表当天市场大势下降，并在尾市收盘时达到最低迷的走势。

（二）光脚阴线的市场含义

事实上，光脚阴线常常出现在下跌趋势的中途和盘整末期的破位，无论出现在哪儿，均表示后市继续下跌的可能性较大，因为空方占据着优势地位；但若是出现在持续大幅下跌之后的低价区，尤其是出现实体短于上影的光脚阴线，不排除多方在试探空方的抛压实力，后市再次上攻若有量的配合，股价的走向趋势可能会出现反转。

一般而言，如果在低价位区域出现光脚阴线，表明买方开始聚积上攻的能量，但卖方仍占有优势。如果在高价位区域出现光脚阴线，表明买方上攻的能量已经衰竭，卖方的做空能量不断增强，且占据主动地位，行情有可能在此发生逆转。

（三）光脚阴线的分类

通常情况下，根据实体部分与上影线的长短不同，光脚阴线可以归纳为以下几种情况。

1. 实体长于上影的光脚阴线。此阴线说明多方虽有推高意图，但空方的打压更坚决，力量更强大。

2. 实体等于长上影光脚阴线。此阴线说明多空经过交战，空方占据着主动地位。

3. 实体短于长上影的光脚阴线。此阴线说明空方虽然略占优势，但多方也蕴藏着反扑的力量，当然这还要看 K 线所处的高低位置而定。

K 线实战

在实际操作中，由于实体与长上影线的长短不同会带来不同的行情，所以投资者需要结合具体的情况进行研判，从而决定合适的投资策略。

七、穿头破脚阳线

（一）穿头破脚阳线的图形释义

穿头破脚阳线，是指带有不同长度的上影线和下影线的 K 线。穿头破脚阳线如图 2-7 所示。

这是一种价格震荡上升的图形。这种图形表明整个交易日多空双方搏击互有胜负，形成犬牙交错之势，故而留下长短不一的上下影线，这是战斗激烈的痕迹。而且，双方互有攻守，最终结果多方胜出，就形成穿头破脚阳线。在总体上，买方力量占优，价格有所上升。但是，买方在高价位处受到卖方的抛压形成上影线；在低价位区，卖方的力量并不占优，因而形成了下影线，对于买卖双方优势的衡量，主要依靠上下影线和实体的长度来确定。

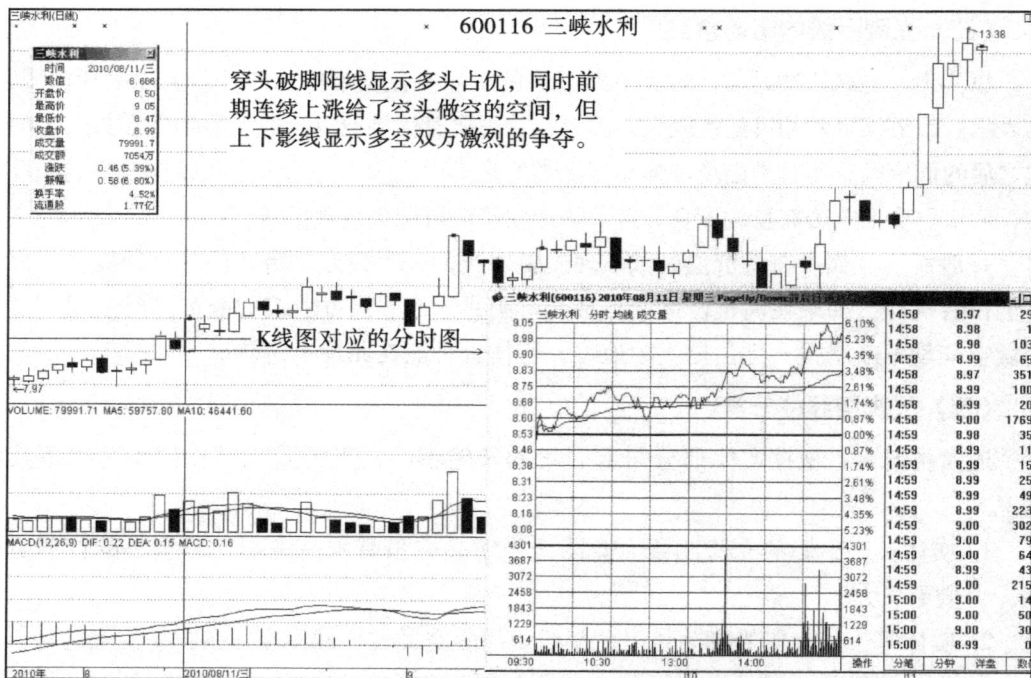

图 2-7　穿头破脚阳线

（二）穿头破脚阳线的市场含义

一般而言，穿头破脚阳线显示在多空争执后，多方稍占优势，但上升动力不足，后市有回调可能。而且，对于穿头破脚阳线而言，实体越长，表明多方力量越强；上影线越长，表明上行压力越大；下影线越长，表明下挡支撑越强。

（三）穿头破脚阳线的分类

一般来说，根据实体与上下影线的长短不同，穿头破脚阳线可以分为以下三种情况。

1. 实体长于上下影线的阳线。此阳线说明多空双方进行了全面的接触，所以带有上下影线，阳线的实体较大，说明多方占据优势。一般来说，如果此阳线在上升趋势中出现，那么第二天后市稳步上攻继续收阳的概率就会很高。然而，如果此阳线出现在大幅扬升之后的高价区，伴随着巨量，次日开盘后若不能在最高价上影之上站稳，说明走势很有可能出现逆转。

2. 实体短于上影线、长于下影线的阳线。此阳线往往说明多方心有余而力不足，逢高的获利抛压盘较重，多方虽然略占上风，但卖方的力量正在增加，除非次日可以攻克上影的最高价，否则收阴线的概率较大；如果出现在大幅扬升之后的高价区，一般说明趋势逆转。如果此阳线出现在经过持续下跌之后的低价区，一般说明多方在试探空方

的卖压，后市若能得到成交量的配合，股价将有逆转上升的可能。

3. 实体短于下影线，长于上影线的阳线。此阳线说明买卖双方交战激烈互不相让，股价探底之后稳步上涨，多方略占优势，后市行情继续看涨，但次日仍有接受卖方考验的可能，以不跌破"中心值"，也就是重新开始续涨的走势较佳；如果收盘收在"中心值"附近偏下，那么短时间内进行小幅整理的概率就会较高。

K线实战

穿头破脚阳线这种 K 线形态在 K 线图中出现的频率很高，通常会用上影线和下影线的长度以及 K 线实体的长度来研判多空双方的实力。

八、影线和星线

（一）上下影线基本概念

上影线，在 K 线图中，从实体向上延伸的细线叫上影线。在阳线中，它是当日最高价与收盘价之差；在阴线中，它是当日最高价与开盘价之差。由此，带有上影线的 K 线形态，可分为带上影线的阳线、带上影线的阴线和十字星。不同的形态，多空力量的判断是有区别的。

下影线，在 K 线图中，从实体向下延伸的细线叫下影线。在阳线中，它是当日开盘价与最低价之差；在阴线中，它是当日收盘价与最低价之差。一般来说，产生下影线的原因是多方力量大于空方力量。

洗盘，洗盘为股市用语。洗盘动作可以出现在庄家任何一个区域内，基本目的无非是为了清理市场多余的浮动筹码，抬高市场整体持仓成本。庄家为达到炒作目的，必须于拉升途中让低价买进、意志不坚的散户抛出股票，以减轻上挡压力，同时让持股者的平均价位升高，以利于施行做庄的手段，达到牟取暴利的目的。

星线，也叫"墓碑线"，墓碑谓之终结，代表一段趋势的结束，星线的 K 线实体很小甚至没有，而带有较长的上影线和下影线。一般来说，可以把星线分为"早晨之星"和"黄昏之星"。

通常来讲，上影线长，表示阻力大；下影线长，表示支撑力度大。不过由于市场内大的资金可以调控个股价位，影线经常被大资金用作骗线，所以常常造成上影线长的个股并不一定有多大抛压，而下影线长的个股并不一定有多大支撑，也就是说，见到个股拉出长上影线就抛股并不一定正确。

1. 上影线的相关分析。事实上，产生上影线的原因是空方力量大于多方而造成的。股票开盘后，多方上攻无力，遭到空方打压，股价由高点回落，形成上影线。前文提到，带有上影线的K线形态可分为带上影线的阳线、带上影线的阴线和十字星。不同的形态，多空力量的判断是有区别的。

2. 下影线的相关分析。股票开盘后，股价由于空方的打压一度下落，但由于买盘旺盛，使股价回升，收于低点之上，产生下影线。我们知道，带有下影线的K线形态可分为带下影线的阳线、带下影线的阴线和十字星。但是，要更为精确地判断多空双方力量，还要根据不同的形态来得出结论。

（二）上影线形态的分类

一般而言，上影线形态可以分为以下几类。

1. 试盘型上影线。有些主力拉升股票时，操作谨慎，在欲创新高或股价行进到前期高点时均要试盘，用上影线试探上方抛压，也可称为"探路"。上影线长，但成交量未放大，股价始终在一个区域内收带上影线的K线，这说明主力在试盘。如果在试盘后该股放量上扬，则可安心持股；如果转入下跌，则证明庄家试出上方确有抛压，此时可跟庄抛股，一般在更低位可以接回。需要说明的一点是，一支股票大涨之后拉出长上影线时，投资者最好马上退出，如图2-8所示。

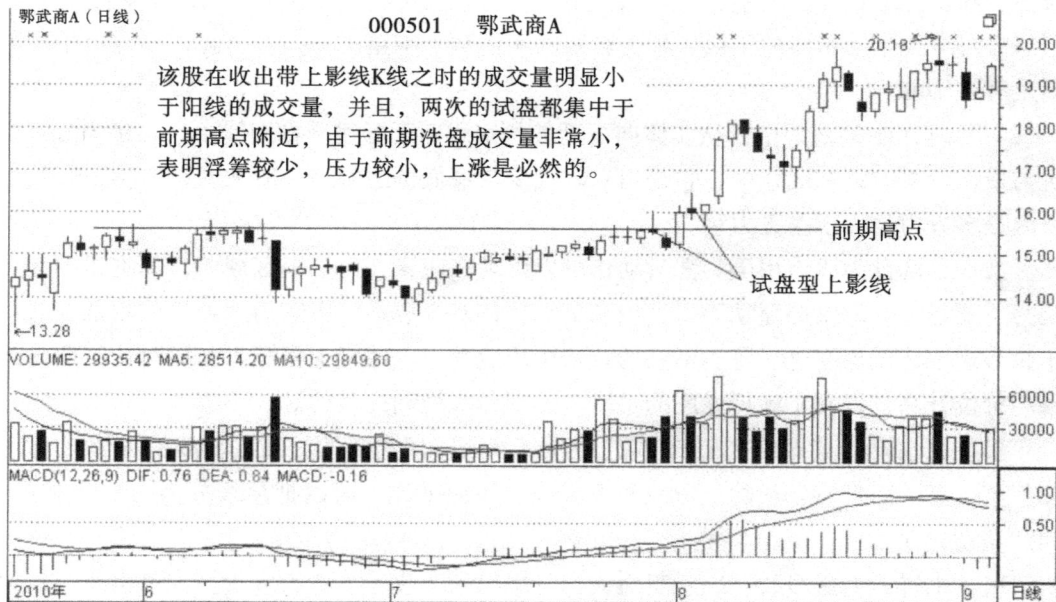

图2-8　试盘型上影线

2. 震仓型上影线。这种上影线经常发生在一些刚刚启动不久的个股上，有些主力为了洗盘、震仓往往用上影线吓出不坚定持仓者，吓退欲跟庄者，如图2-9所示。

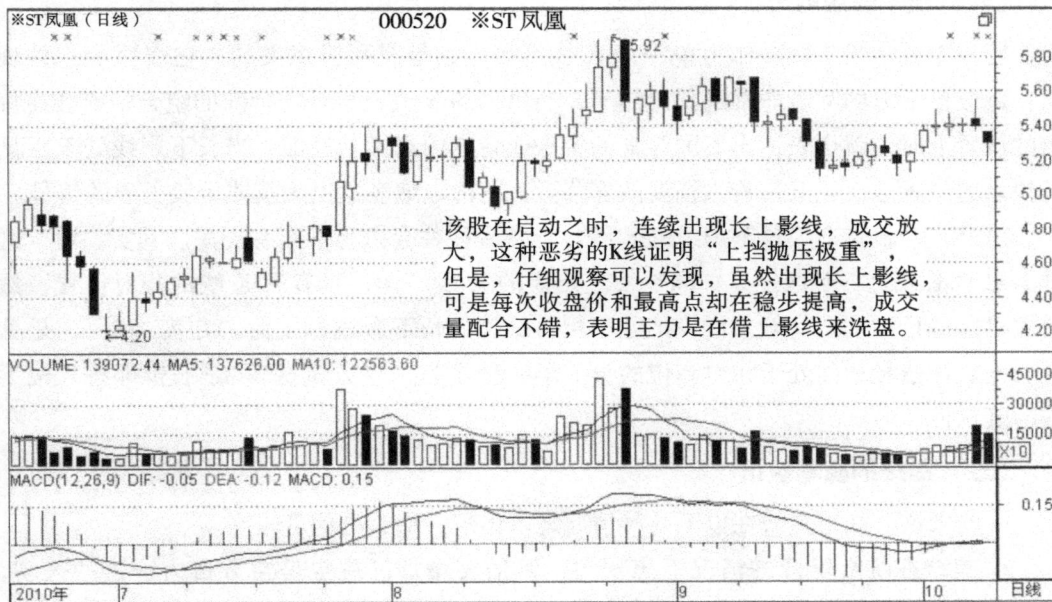

图 2-9　震仓型上影线

　　在实际操作中，建议投资者看 K 线组合，而不要太关注单日的 K 线。需要指出的是，大资金机构可以调控个股的涨跌，但在市值不断增大的市场上，并没有什么可以调控大盘的机构。

（三）长上影线的应用

　　通常来讲，股指在快速冲高过程中受阻回落，如果留下较长的上影线，显示大盘将进入调整。而对于个股来说，冲高回落留下长长的上影线，一方面显示庄家在试盘，另一方面说明庄家在拉高派发。

　　概括来说，在大盘暴跌时，选择带长上影线的股票比光头阳线的股票要好。另外，大盘在平稳运行过程中，个股快速拉高，之后逐波走低，在日 K 线上留下长上影线，这种股票一般显示庄家在拉高派发，比如快速拉至涨停，之后不断派发，其日 K 线留下了长上影线。由于该股累计升幅较大，庄家获利较丰，出货有很大的利润，所以短期调整形态明显。由于庄家持仓量比较大，股价还有反复，投资者可以利用反弹冲高时减磅。

　　在实际操作中，投资者需要了解长上影线的类别。一般来说，长上影线的类别可以归结为以下两种：第一种是突破箱形整理后留下的长上影线；第二种是连续冲高后留下的上影线。通常情况下，第一种适合短线操作，而第二种则应该果断丢弃。此外，若与基本面联系起来研判更好，大盘回调过程中因被动回调出现的长上影线是可以介入的品种，而大盘平稳时留下长上影线的个股应该抛出。

（四）长下影线的分析

客观来说，长下影线作为单一的K线符号，它是有积极意义的。它表达了一种现象：此股价下方的买盘非常踊跃。然而，当单一的K线符号处在特殊的组合中或处在特定的位置上时，就会表达出不同寻常的特殊或特定的意义。例如，当长下影线处于巨量升幅后的位置上而且又带着大幅度的震荡时，就清晰地表达出大盘或个股见顶的信号。

另外，一根带有很长下影线的K线，投资者往往会以为下面有支撑。其实，对于这种K线也必须进一步区别，如同带长上影线的K线一样，只有看K线的相对位置，然后才可以进行判别。一般来说，把处于相对低位的长下影线称之为"定海神针"，是见底的确认性信号；而处于相对高位的长下影线称之为"空方试探"，是股价即将大幅下跌的确认性信号。

（五）星线的基本认识

一般来说，如果星线在以下几种情况之下出现，那么可信度较高。

1. 星线在跳空低开的情况下出现时，可信度增加。跳空是空方奋力一击的表现，势必消耗大量的做空能量，再加上带有长长的上下影线，说明空方受到多方顽强的反击，多方随时都会占据主动。

2. 上下影线越长，K线实体越小，就越可信。这种形态，有人也叫"长十字星"，它也是星线的一种。它表示多空双方争夺激烈，一般需要伴随着大的成交量。

3. 星线出现在重要的波段低点或重要的支撑位上。波段低点，可以通过形态或者波浪理论计算，重要支撑可以借助趋势线等方式来确定。

K线实战

投资时需要注意的是，以上介绍的这些只是一般的情况，投资者切不可生搬硬套。从星线形成的基本过程中还可以衍生出其他见底信号，比如T字形态、倒T字形态、锤子形态、倒锤子形态等，都是星线的演化。

九、T字线

（一）T字线的图形释义

T字线，是指由下影线和长度接近于零的实体组成的图形。T字线如图2-10所示。

该图形表示交易都在开盘价以下的价位成交，并以开盘价（最高价）收盘，属于下跌抵抗型，说明卖方力量有限，买方力量占有优势，下影线越长，优势越大。实际上，如果开盘价、收盘价和最高价三价为一，在K线图上就形成了只有下影线的K线，如同大写英文字母 T。下影线表示多方占优势，将股价拉回开盘价原地。在实际操作中，三价合一的情况虽然有，但并不常见。

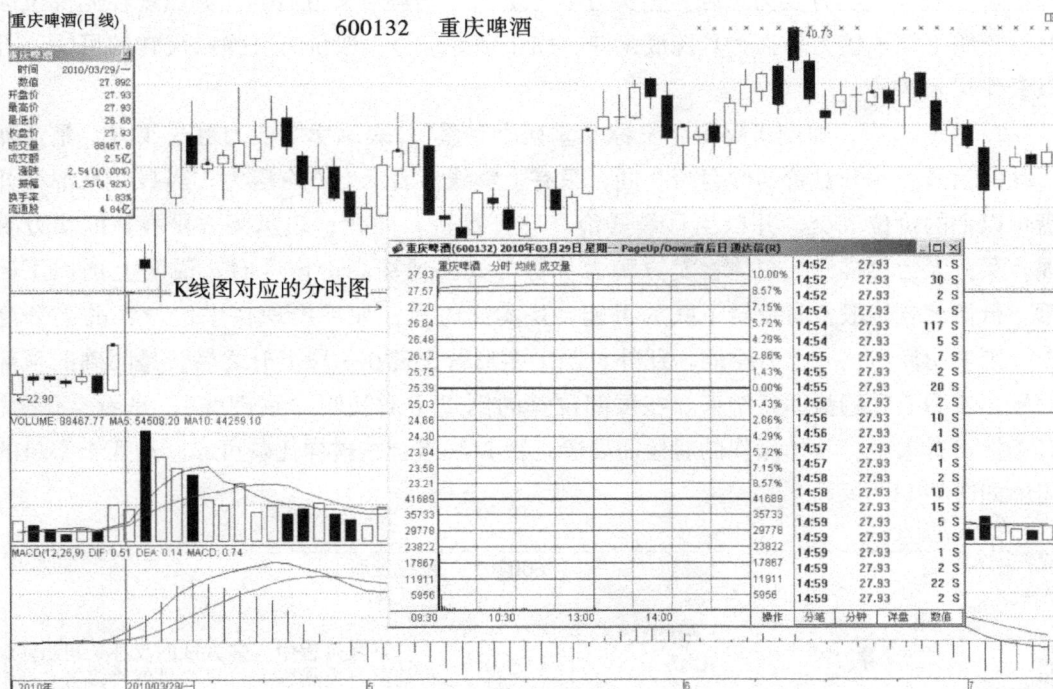

图 2-10　T 字线

（二）T 字线的市场含义

一般来说，收出 T 字形的 K 线，股价在全天的走势中虽然有一波下探的过程，但很快就被买方拉起，这说明下挡有一定的支撑力度。如果第二天的抛压不是很强烈的话，那么股价很有可能上涨。如果这种 T 字形的 K 线出现在股价连续上涨的中途，则表明买方出现疲惫，股价走势有可能转弱；如果出现在股价暴涨的过程中，那么后期的走势有可能会继续向上拓展空间。

通常情况下，T 字线也可以成为一种反转形态，前提是股价应经过较长时间的连续大幅下跌。当日股价开盘后，走势继续下跌，并带出最后一批抛盘，随后盘中股价开始稳步上升，最后以开盘价的位置收盘。

需要指出的是，在实际应用中，若收、开盘价只相差几个价位，也可以将其作为 T 字形形态来看待，并且使用中应结合前后 K 线形态及走势，还要结合成交量的大小来判断。

（三）T 字线的分类

一般而言，T 字线根据形态的不同可以分为以下两种。

1. "T"形，既通常的 T 字形，又称"蜻蜓十字星"，其开盘价和收盘价相同，只有下影线，表示下方有支撑。当日交易以开盘价以下之价位成交，又以当日最高价（即开盘价）收盘。卖方实力虽强，但买方实力更大，局势对买方有利，如出现在低价位区时，说明下挡承接力较强，具探底意味，属于利好信号，股价有反弹或反转的可能，可以看作买入信号。

2. "⊥"形，即倒 T 字形，又称"垂死十字星"，表示卖方实力胜于买方，是强烈下跌的信号。其开盘价与收盘价相同，只有上影线，表示上方有压力。当日交易都在开盘价以上的价位成交，并以当日最低价（即开盘价）收盘，表示买方虽强，但卖方更强，买方无力再推升，总体看卖方稍占优势，如出现在高价位区时，说明上挡抛压严重，行情疲软，股价有反转下跌的可能，是卖出时机；如果出现在中价位区的上升途中，则表明后市仍有上升空间。此外，倒 T 字形若出现在一段上升之后，是明确的顶部信号，表明上升趋势即将结束。在顶部位置的倒 T 字形又叫"墓碑线"，是看空信号。对于投资者来说，具体操作的时候需要看几根 K 线组合，这样比较可靠。垂死十字星的图形如图 2-11 所示。

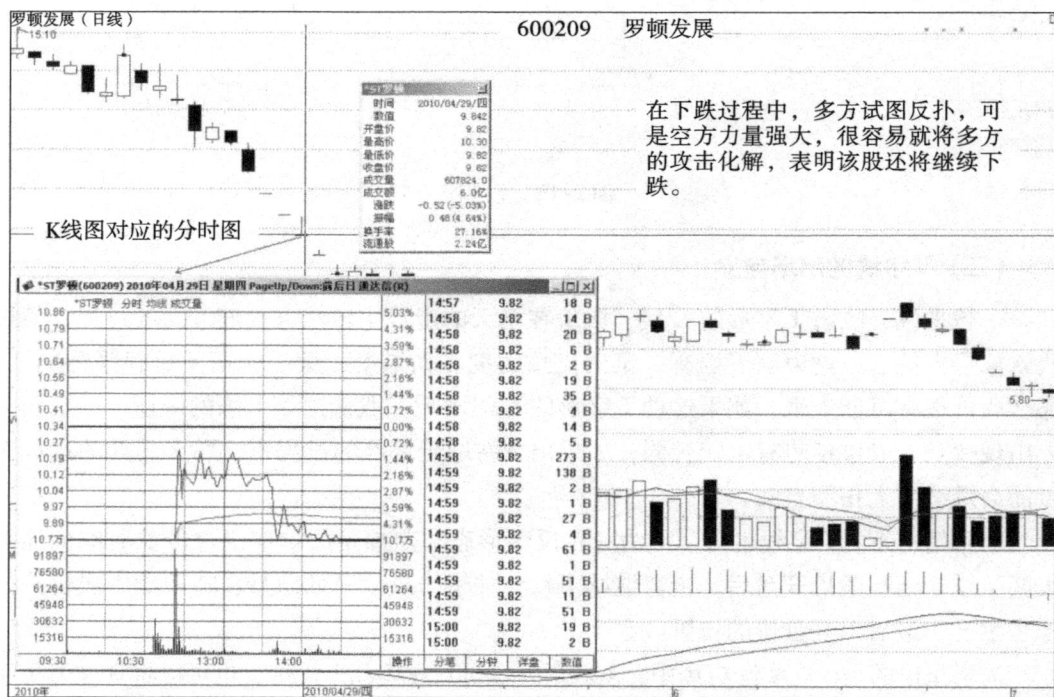

图 2-11　倒 T 字线

K线实战

事实上，K线形态中的 T 字形形态有些类似于十字形，并且出现在 K 线图中的位置也与十字形接近或相同，因此投资者也将 T 字形形态看成一种十字形的变异形式，对于后势的判断也可以借鉴十字形的方式。

十、一字线

（一）一字线的图形释义

一字线，是指开盘价、收盘价、最高价、最低价在同一价位，如果略带极其短小的上、下影线，也可等同视之。一字线如图 2-12 所示。

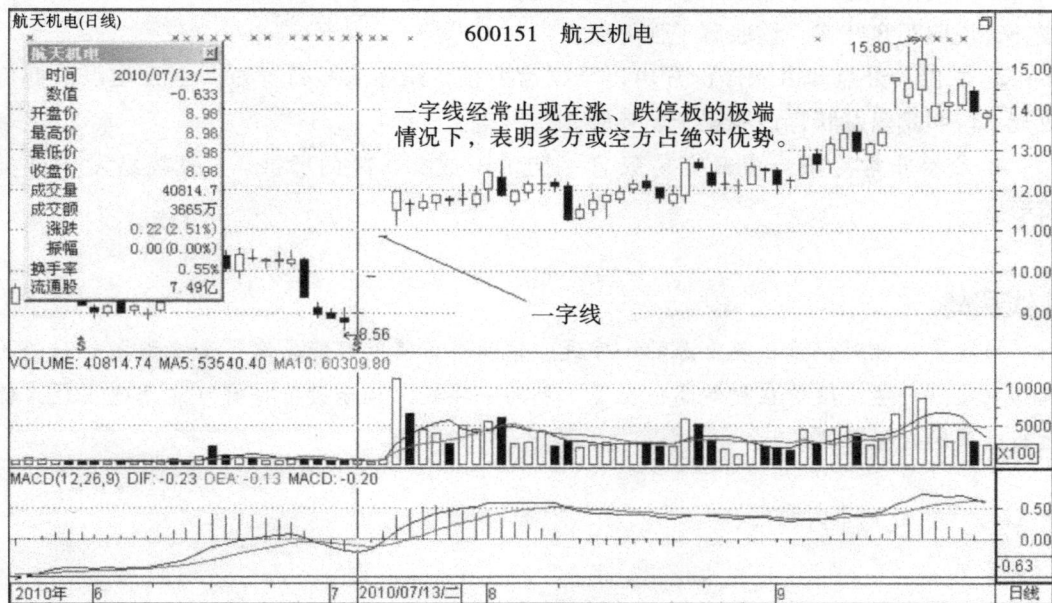

图 2-12 一字线

该图形是一种非常特殊的形状，表示全部的交易只在一个价位上成交。这种情况几乎难得见到，阳线一字形多方占绝对优势，阴线一字形空方占绝对优势。

（二）一字线的市场含义

通常情况下，在涨势中特别是股价上涨初期出现的一字线，往往反映该股有重大利好被一些先知先觉者察觉捷足先登，因此在涨升初期出现一字线，投资者应采取积极做多策略，如一字线的当日没有买进，第二天可继续追进。通常在涨势中出现一字线后，股价继续上涨的可能性很大，但要注意的是：如若该股一连出现几个一字线，从规避短期风险出发，则不宜继续追涨。在跌势中，尤其是股价下跌初期出现的一字线，往往反映该股有重大利空或是股价炒过了头，庄家率先出逃。在下跌初期出现一字线，投资者应果断平仓出局，如一字线的当日没有卖出，第二天应继续卖出。通常在跌势中出现一字线后，股价继续下跌的可能性很大，然而，需要说明的是，如果该股已经连续出现几个一字线，那么就不适合继续杀跌，可等股价反弹时再出货。

事实上，在存在涨跌停板制度时，当一支股票一开盘就封死在涨跌停板上，而且一天都不打开时，就会出现这种 K 线。而且，同 T 字线一样，一字线没有实体，也就无所谓是阴线还是阳线。

（三）一字线的分类

1. 涨停：开盘即以涨停价开出，至收盘为止，涨停未被打开过，全天均以最高价成交，说明买盘旺盛，该股属于强势股。

2. 跌停：开盘即以跌停价开出，至收盘为止，跌停未被打开过，全天均以最低价成交，说明卖盘踊跃，该股属于弱势股。

3. 交易非常冷清：全日交易只有一挡价位成交，冷门股或 PT 股较易发生此类情形。

K 线实战

当股价在相对低位出现上涨的一字线，预示股价将有可能急速上涨，视之为涨势的起始征兆。一般当股价在相对高位出现下跌的一字线，预示股价将有可能急速下跌，称之为跌势的起始征兆。

一、带星类 K 线组合

（一）底部十字星

底部十字星又称希望十字星，由三根 K 线组成，第一根 K 线为阴线，第二根 K 线是十字星，第三根 K 线为阳线，如图 3-1 所示。底部十字星通常出现在股价连续下挫的过程中。

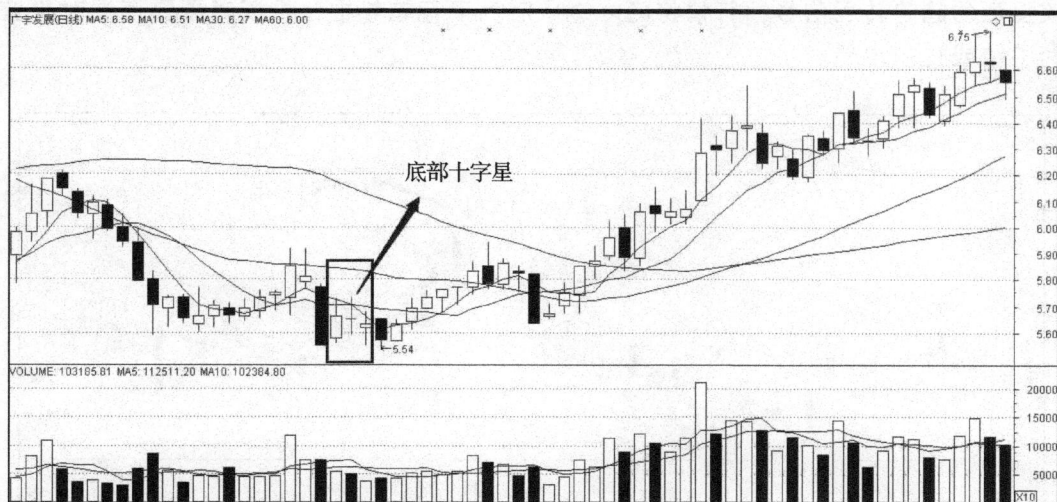

图 3-1　底部十字星

底部十字星的形成过程如下：

第一天，行情处于下降趋势中，出现一根实体较长的阴线走势；

第二天，出现一根向下跳空低开的十字星，且最高价低于前一天的最低价，与第一天的阴线之间产生一个缺口；

第三天，行情重新恢复上涨，并且阳线实体较长，上涨时股价能够到达第一根阴线实体的价格区间内，这三根 K 线形态就构成了典型的底部十字星 K 线组合，该形态是比较强烈的趋势转强信号，属于明确的反转走势，行情将很快进入震荡上行趋势中，投资者需要积极选股，择机及时介入。

K线实战

底部十字星的技术含义是股价经过大幅回落后，做空能量已大量释放，股价无力再创新低，呈现底部回升态势，这是较明显的大市转向信号。投资者见此信号，再结合其他技术指标，可考虑适量买进。

（二）顶部十字星

顶部十字星恰好与底部十字星相反，其同样是由三个交易日的 K 线组成：第一天，股价上升途中，出现一根实体较长的阳线；第二天出现一根向上跳空高开的十字星，且最低价高于前一天的最高价，与第一天的阳线之间产生一个缺口；第三天，出现阴线，并且阴线实体较长，下跌时深入第一根阳线实体的价格区间内。这三根 K 线形态就构成了典型的顶部十字星 K 线组合（如图 3-2 所示），该形态是比较强烈的趋势转弱信号，行情将随之进入震荡下行趋势中，投资者需要把握时机获利了结或止损出局。

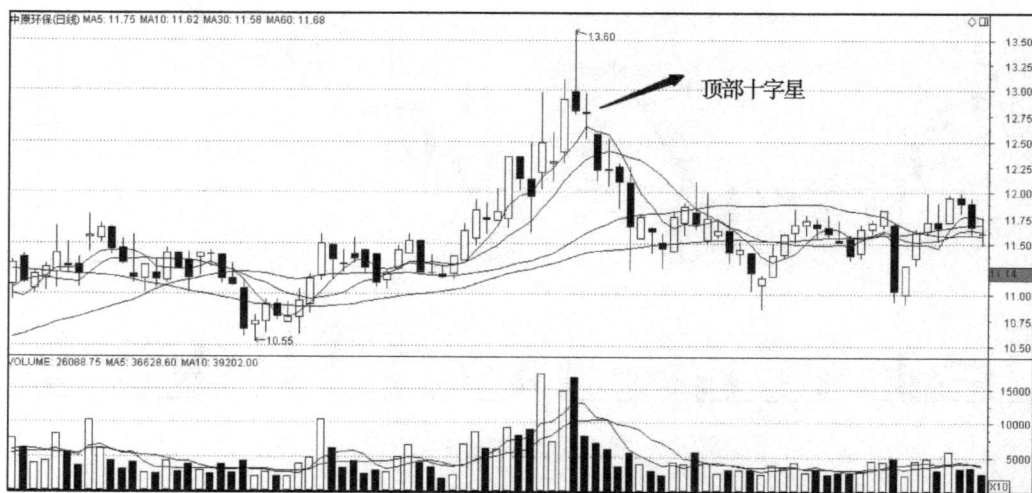

图 3-2　顶部十字星

K线实战

投资者对在高位出现的顶部十字星的杀伤作用不可小视，否则很容易吃大亏。投资者见此信号，再结合其他技术指标，可考虑适量出货观望。

（三）连续十字星

连续十字星是指大盘或个股出现连续两次以上的十字星走势（如图3-3所示），此类K线组合根据连星的次数多少和排列状况的不同可以分为很多种，但通常较有实际意义的是二连星和三连星。连星是所有十字星中最为复杂、走势最不确定、研判最困难的一类十字星走势。

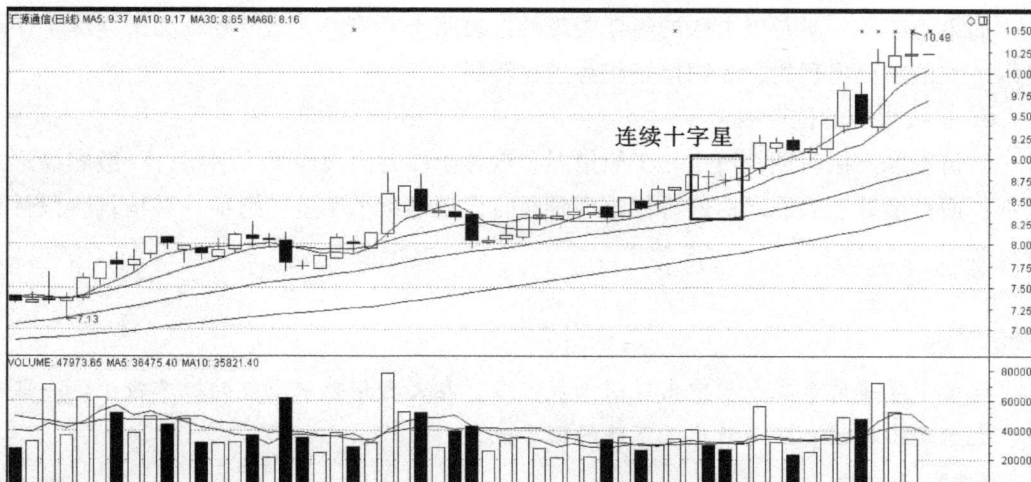

图3-3　连续十字星

投资者在分析连续十字星时，需要考虑市场环境、市场筹码分布、行情趋势、K线排列组合、星线出现的位置等因素。

1. 市场环境因素

一般来说，在市场环境趋暖的环境中，连续十字星会支撑股指的上涨，但在市场环境恶劣的情况下，连续十字星会对股指的上涨形成阻力。

2. 市场筹码分布因素

当市场中获利筹码较多时，连续十字星反映出持股的投资者已经对后市行情产生犹豫心理，这时稍有风吹草动，投资者会立即选择卖出。而当市场中获利筹码极为稀少时，连续十字星反映出持股投资者惜售心态严重，这时市场已经缺乏进一步下跌的动力。

3. 行情趋势因素

投资者在分析连续十字星时，还要考虑行情趋势因素。股指快速直线上涨途中出现的连续十字星不会对大盘走势构成威胁，十字星会形成上升中继形态；如果股指处于直线跳水式的下跌途中，连续十字星往往无法遏止大盘的跌势，这时的十字星会形成下跌中继形态。

4. K线排列组合因素

如果连续十字星是以上涨的组合展现的，表明市场趋势仍然向好；如果连续十字星是以下跌的组合出现的，表明市场趋势正在转弱。

5. 星线出现的位置因素

行情萎靡不振时期，股市处于缩量温和盘整阶段时出现连续十字星，一般容易形成底部；而行情处于大涨之后的徘徊整理阶段时出现连续十字星，则很容易构筑阶段性顶部形态。

K线实战

连续十字星通常在个股中出现的次数较多，在大盘指数中出现的概率较小。一般来说，大盘走出连续十字星后出现下跌的概率较大。

（四）十字胎

十字胎是股价在收出一根大阳线或大阴线之后，出现了一颗十字星。十字胎是身怀六甲的一种特殊形态，如图3-4所示。

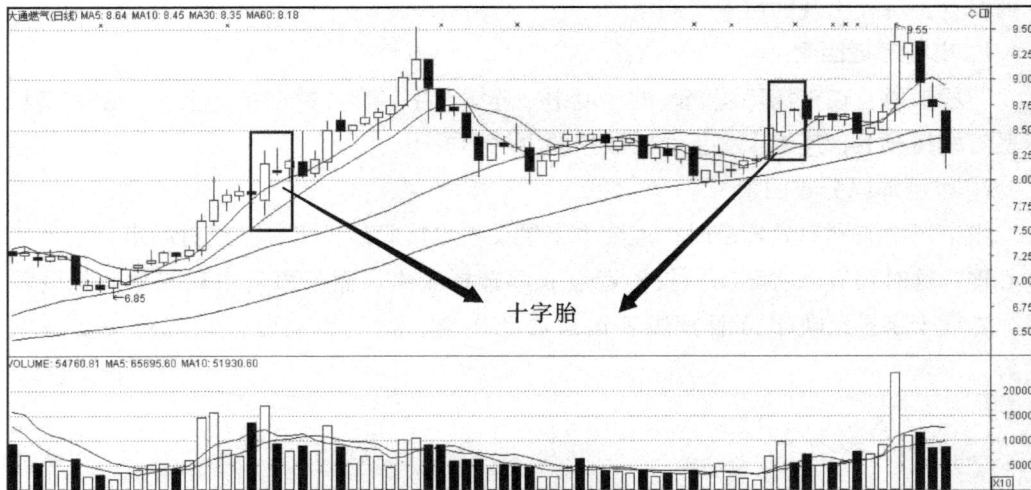

图3-4　十字胎

十字胎既可在头部出现也可在底部出现，不过实战中出现的较少。见顶十字胎表现为，在上涨过程中出现中阳线或大阳线，随后突然出现跳空低开并收出阴或阳十字星，此为重要的见顶信号。见底十字胎表现为，在下跌过程中出现中阴线或大阴线，随后突然出现跳空高开并收出阴或阳十字星，此为重要的见底信号。

一般来说，十字胎具有如下市场意义。

1. 十字胎只代表市场原来的趋势难以维持，但并不是说市场即刻会发生反转。

2. 十字胎也可能是市场多空力量暂时的平衡点，若市场原有的力量仍占主导，则其演变成盘整状态的可能性较大。

3. 十字胎是比身怀六甲重要许多的主要反转形态。

4. 十字胎出现在上升趋势中看跌的效力，要比其出现在下跌趋势中看涨的效力强许多。

K 线实战

十字胎的判别方法和身怀六甲一样，即出现十字胎时，后市有机会转向，其转向信号比身怀六甲强烈。

二、大阴大阳 K 线组合

（一）顶部大阴线

顶部大阴线是由两根不同颜色且处于图表顶部的阴线和阳线组成，属于一种见顶回落的转向形态，通常在一个上升趋势后出现，如图3-5所示。第一根 K 线为升势阳线，显示升势持续向上发展，短期向好。第二根则为大阴线，其开盘价需比前一交易日最高价高，而收盘价则必须低于第一根阳线实体的一半。事实上，若投资者将第一根 K 线的开盘价及第二根 K 线的收盘价一并分析，便会出现射击之星形态，同样代表看淡后市发展。

1. 形态特征

（1）第一根 K 线为大阳线，承接前期上涨行情。

（2）第二根 K 线为大阴线，收市价深入第一根大阳线实体一半以下。如果全部吞噬该实体，就是看跌吞没形态，见顶意味更强。

2. 市场含义

市场本来处于上升趋势中，有一天出现一根大阳线，第二天市场开市向上跳空。至此，买方仍完全掌握着主动权。然而市场并没有继续上冲，收盘价在当日最低处，或接近最低处，并明显地深深扎入了前一天阳线实体内部。这意味着市场价格上升动力耗尽，买方策划的最后一番上攻失利，结果被卖方控制大局，形成下跌。

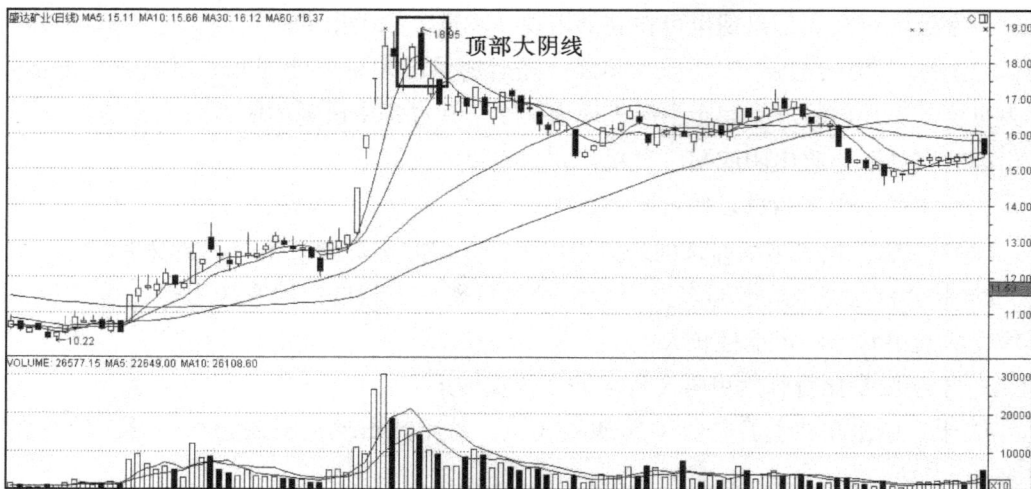

图3-5　顶部大阴线

3. 顶部大阴线的应用

顶部大阴线的应用主要有以下几个方面。

（1）投资者在见到顶部大阴线形态后，可以制定初始的看空策略，轻仓观察。在一段上涨趋势中，不要被第一天的大阳线所迷惑，要观察第三天走势是否下跌，以确定下跌形态。

（2）在根据顶部大阴线做空时，一种设定止损的方法是在第二天形成的K线高点之上设立止损单。

（3）投资者不要只分析K线形态而忽视相关的策略，要注意通过止损单管理、风险报酬关系等整体技术面的研习来提高交易的胜算，这才是K线交易的正途。

K线实战

投资者在应用顶部大阴线时应注意以下几个方面。

1. 第二根K线（即阴线）应高开于第一根K线的最高价之上，但收盘价大幅回落，深入到第一根K线实体部分一半以下，否则分析意义不大。而且深入的幅度越大，信号越强烈。

2. 第二根K线在开市阶段曾经向上突破明显的阻力位然后掉头向下，说明多头上攻乏力，大势见顶的迹象已经显露。

3. 第二根K线的成交量须明显放大，说明市场主力高位派发的意愿已很强烈。

（二）底部大阳线

底部大阳线K线组合是由两根走势完全相反的较长K线构成，前一天为阴线，后一天为阳线。第二天阳线向下跳空低开，开盘价远低于前一天的收盘价；但第二天的收盘价却高于前一天的收盘价，并且阳线的收盘价深入第一根阴线的实体部分中，至少达到前一天阴线实体一半左右的位置，如图3-6所示。

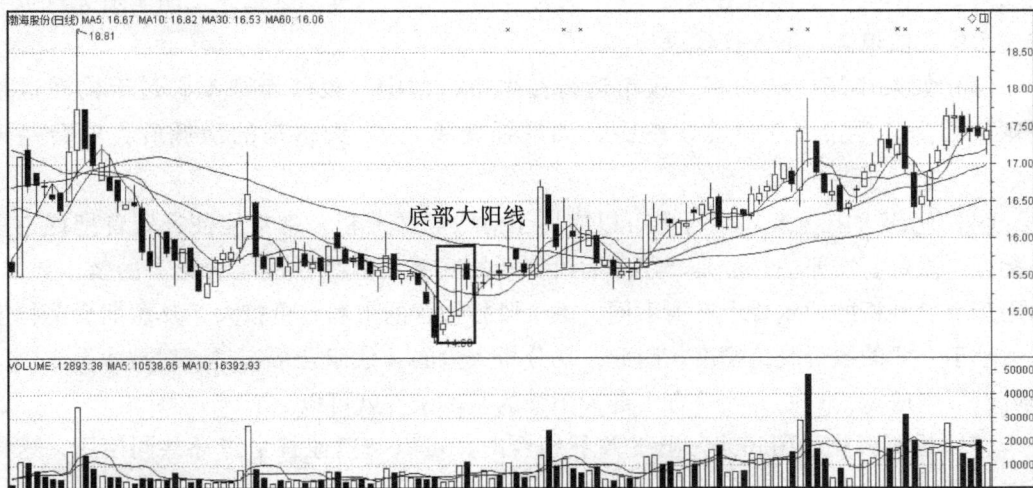

图3-6 底部大阳线

1. 形态特征

（1）第一根K线一般为大阴线，承接之前的下跌行情。

（2）第二根K线为大阳线，并且收盘价应该在第一根实体的一半以上。如果吞噬之前的实体，则更有效。

（3）第二天开盘价跳空低开，低于第一天的收盘价。

2. 市场含义

底部大阳线K线组合的市场含义如下。

（1）在一段持续下跌的行情中，整体下跌动能开始消耗殆尽，但卖方依然想再创新低，大力打压价格。底部大阳线形态第一天疲弱的阴线加强了这种预期。

（2）第二天市场以向下跳空形式开市，到此为止，卖方力量依然很强大，可是后来，出现大量承接买盘，价格上扬，并最终收出大阳线，一般上穿前一实体50%以上。卖方开始对手上的空头忐忑不安起来，加上一些一直寻求市场低位伺机买进者蓄势待发，市场不能维持在这个低位，可能结束前期跌势，开始回暖，这也是入市做多的一个机会。

3. 底部大阳线K线组合的应用

底部大阳线K线组合的应用主要有以下几个方面。

（1）底部大阳线形态出现后，投资者可以制定做多策略，但最初还是要轻仓，同时也不要被第一天的大阴线所迷惑，还要观看第三天走势是否上涨，再确定反转上扬。

（2）底部大阳线 K 线组合在熊市中应用时，要加上一个附加条件，那就是底部大阳线第二根阳线的最低价必须是 13 个交易日以来的最低价，这主要是用于避免投资者在熊市中贸然追高，增大操作风险。

（3）如果市场趋势向好，股市运行在牛市行情中，投资者则不必过于拘泥这条规则。因为，牛市中股价涨多跌少，如果强调买入 13 天以来的最低价，就会错失良机。

（4）底部大阳线 K 线组合也可以应用于对大盘的分析，常常能使投资者把握市场的拐点。投资者需要注意的是，用于大盘分析的底部大阳线 K 线组合形态的技术要求，与用于个股分析的技术要求有所不同，由于股指包含的市场容量较大，其短期震荡幅度远远小于个股的股价震荡幅度。因此，在分析大盘的 K 线组合形态时，对技术要求的标准可以适当放宽，只要大致符合底部大阳线的基本条件就可以。

（5）投资者在运用底部大阳线 K 线组合时，可以与其他技术指标共同使用，这样可以提高研判的准确性。

K 线实战

投资者在应用底部大阳线 K 线组合时应该注意以下几个方面。

1. 量能的变化情况。伴随 K 线组合形态同时出现缩量，表明股价已经筑底成功。

2. 股价所处的环境位置很重要，如果个股涨幅过大，出现底部大阳线 K 线组合形态，则有骗线的可能。

3. 出现底部大阳线 K 线组合形态后，如果股价立即展开上升行情，则力度往往并不大。相反，出现底部大阳线后，股价有一个短暂的蓄势整理过程的，往往会爆发强劲的个股行情。

（三）穿头破脚

穿头破脚是由两根 K 线所构成的一种组合形态，其中后一根 K 线的实体部分要将前一根 K 线的实体部分覆盖掉，如图3-7所示。该形态是股票市场中最为激烈的一种 K 线形态，它的出现不是带来市场的大跌就是暴涨。穿头破脚有两种形态，即底部穿头破脚和顶部穿头破脚。

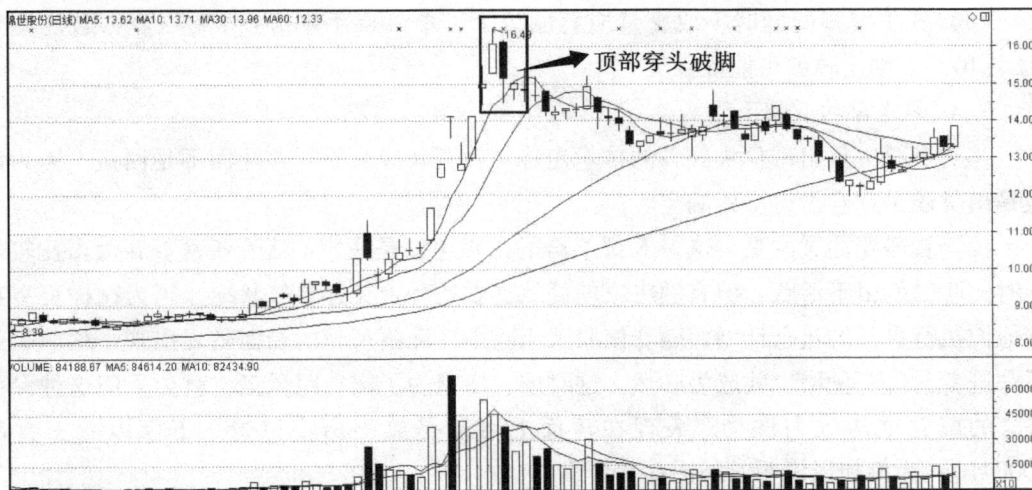

图 3-7　顶部穿头破脚 K 线组合

底部穿头破脚 K 线组合在下跌趋势中出现，第二根 K 线必须足以吃掉第一根 K 线即阴线的全部实体。顶部穿头破脚的特征是在升势中出现，第二根 K 线必须足以吞吃掉第一根 K 线即阳线的全部实体。

从技术上来说，底部穿头破脚是股价回升的信号，顶部穿头破脚是股价见顶回落的信号。一般来说，无论是底部还是顶部的穿头破脚都是转势信号，即由原来的跌势转为升势，或由原来的升势转为跌势。

1. 穿头破脚形态的市场含义

当股票的运行趋势处在明显的上升通道之中、股价面临突破前期高点（或前期成交密集区）阻力位时，一根大阴线将多日的涨幅全部吃掉，使得市场人气骤然突变，众多前期追涨的投资者被套其中。而当股票运行趋势处在明显的下降通道之中，股价面临突破前期低点（或前期成交密集区）时，市场人气极为消沉，投资者纷纷将手中的股票割肉出局，可就在这时，一根长阳线将多日的跌势一扫而光，使前期割肉出局的投资者后悔不已。

2. 穿头破脚形态在运用中应注意的问题

投资者在具体实际操作中应注意以下几点。

（1）穿头破脚用于分析大盘的可靠程度要高于分析个股。

（2）形成该形态必须事先要有明显的上升或下跌趋势。

（3）穿头破脚 K 线的实体必须完全包含前一根 K 线的实体，而上下影线可以不作考虑。

（4）穿头破脚 K 线包含的 K 线数目越多，说明反转就越强烈。

（5）穿头破脚的同时，成交量应急剧放大，单日换手率应在3%以上，若能达到8%～10%，则反转的可能性极大。

3. 识破庄家的欺骗手段

某支个股一旦出现穿头破脚的技术走势，投资者应该重点关注而不是回避，因为该股是出货还是震仓谁也不能确定。

投资者需要注意的是，这一K线组合的出现可能是庄家的震仓手法。在大市比较低迷时，股民们很不活跃，但有的庄家偏偏就喜欢这种走势和人气状况，因为这样更有利于他们执行自己的建仓计划。随着该股天天收阳，涨幅可观的局面随之出现，从而吸引了跟进者，价升量增也就成为必然。这时候，庄家为了震出跟风盘，就会采用这种穿头破脚的震仓之法大力洗盘，表现在盘面上可能是放出历史巨量。下面以西王食品（000410）为例加以说明，如图3-8所示。

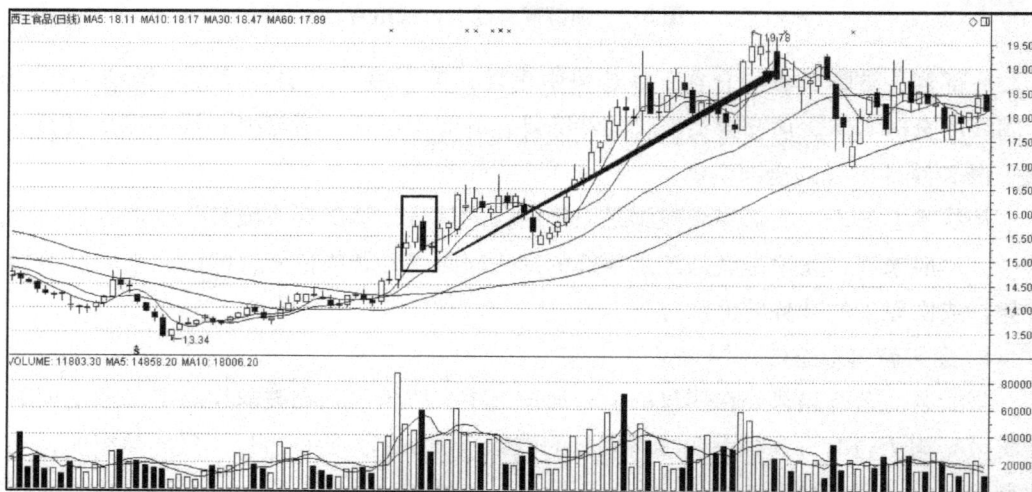

图3-8　西王食品

2014年8月7日，西王食品在经历了五日上涨，涨幅达11%后突然放量，当日收大阴线，跌幅达3.06%，然后随后股价开始大幅上涨。此后，股价并没有按投资者预期的那样继续下跌，而是出现了震荡上涨的趋势。

K线实战

由于穿头破脚技术形态意味着趋势的反转，因此它经常会给散户带来恐慌。主力在操作的过程中，就会利用散户的这种心理进行方向操作，用穿头破脚来恐吓散户，以便吸收更多的廉价筹码。

（四）两阳夹一阴

两阳夹一阴K线形态也叫多方炮，就是一根阴线被夹在两根阳线中间（如图3-9所示），在实战中是一组非常实用的K线组合，这个组合出现后，股价继续上涨的概率极大。

1. 两阳夹一阴K线组合的形态特征

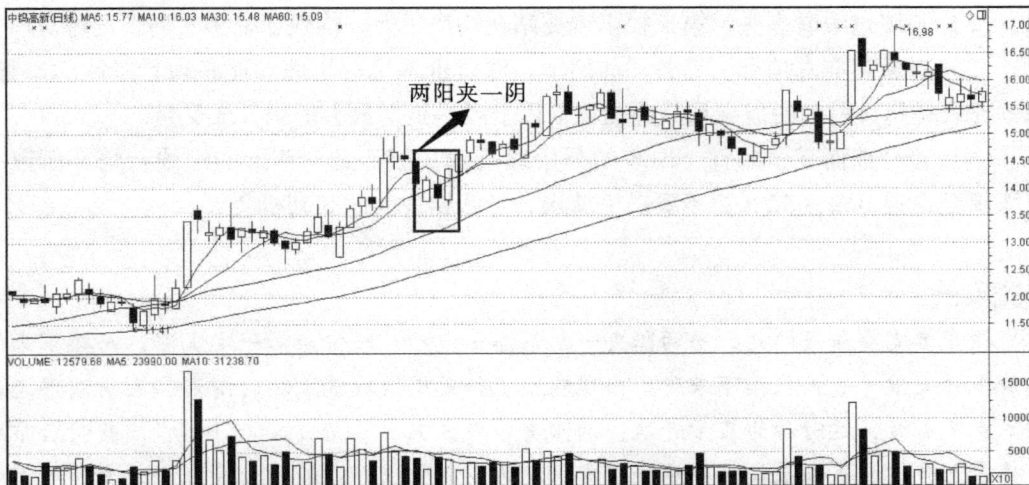

图3-9　两阳夹一阴

两阳夹一阴K线的形态特征如下：

（1）两阳夹一阴K线形态须出现在一轮明显的下跌行情之后，股价有一个低位止跌横盘的过程；

（2）第一天放量阳线须突破中期均线（如30日线）或创近期新高；

（3）第二天出现跳空高开的阴线，成交量必须萎缩，而股价不可再回均线之下；

（4）第三天阳线的收盘价应高于第一天的收盘价，且须比第一天放量，但不可是巨量；

（5）第四天必须稍放量（匀量或温量）收为阳线。

2. 两阳夹一阴K线组合形态的分析

两阳夹一阴这种K线组合形态的构造过程属于庄家的震仓行为，由于其点位是处于箱顶、上升中途或底部，所以容易令散户的筹码脱手，从而使庄家可以顺理成章地完成拉升过程中的洗盘。在两阳夹一阴这种K线组合形态的构造过程中，第一天容易使投资者获利了结，第二天由于出现阴包阳现象，更会诱使投资者抛出手中筹码，而第三天又容易令已抛出筹码者十分懊悔，不愿买回，这些现象均有利于庄家的洗盘。一旦两阳夹一阴这种K线组合形态明显构成，不管是空仓者还是刚被震出仓者，均可立即半仓介入，另外半仓可待该股的价格创出新高后再次介入。

3. 两阳夹一阴K线形态的应用

两阳夹一阴K线形态的应用要点如下。

（1）两根阳线中间夹一根阴线，后一根阳线实体越大越好，如中间夹一根星线，特别是红星，后面涨势能量更强。

（2）骑墙过线看多头，第二根阳线要站在均线之上，均线要呈多头向上之势。

（3）后量超前真信号，具备了前两个条件股价不见得上涨，还必须看量能的态势，基本要求是超过前面的成交量，应在三倍以上或是近期最大的当日成交量。

（4）符合前面三个条件，出现的是中线行情，而不是三两天的短线行情，所以一波涨幅至少看10%～15%，不要微涨就出，导致错失大的获利机会。

K线实战

投资者需要注意的是，当两阳夹一阴形态出现后，股价未必一定上涨，而接下来的走势十分关键——如果接下来股价出现跳空上行或继续放量上攻的情形，表明该形态的技术意义有效，这时称为多方开炮，两阳夹一阴的K线组合亦称"炮台"，表明后市股价将有上升空间。如果接下来股价没有出现跳空向上涨升或继续放量上攻的情形（也就是说无法持续向上攻击的势头），多方炮将变成哑炮，形成多头陷阱，股价将回落到原来的整理区间继续盘整，甚至出现向下破位的情形。所以，并不是看见一个两阳夹一阴就认为它是多方炮，因为哑炮也很多！

（五）两阴夹一阳

两阴夹一阳的K线形态又称为空方炮，是由两根较长的阴线和一根较短的阳线组成，阳线夹在阴线之中，如图3-10所示。此形态的市场意义是：在多空双方的力量对比中，空方取得支配地位，多方虽有反抗，但力量微弱，明显不敌空方，后市看跌。

1. 两阴夹一阳K线组合的形态特征

两阴夹一阳的K线组合形态由两根较长的阴线和一根较短的阳线组成，阳线被夹在阴线之中。走势强劲的两阴夹一阳特征是：三根K线呈下跌趋势，阴线的顶部尽量低，阳线的实体尽量短。

2. 两阴夹一阳K线组合形态的应用

（1）两阴夹一阳的K线组合图形既可以出现在涨势中，也可出现在跌势中，在涨势中出现，是见顶信号；在跌势中出现，继续看跌。

（2）在涨势已持续很长时间或股价有了很大涨幅后出现两阴夹一阳，是头部信

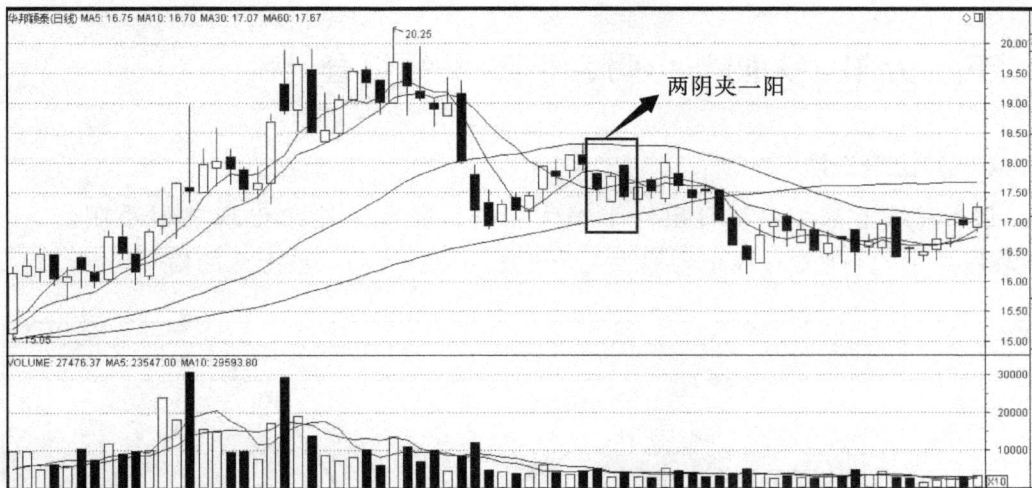

图 3-10　两阴夹一阳

号。股价经过一段时间的持续攀升之后，到达一定高位。某一日股价高开低走，日K线收出一根带量的中阴线或大阴线，显示获利盘抛压开始加重，或盘中主力已开始减磅离场。次日股价没有延续跌势，反而低开高走，收出一根中小阳线，似乎多头又开始反扑，给人一种升势未尽的错觉。然而细心的投资者会发现，当日成交量却比前日下跌时成交量明显萎缩，说明此日的阳线带有欺骗性，做多意愿不强。接下来的一个交易日股价再次高开低走，大量获利盘汹涌而出，成交量再次放大，充分说明多方能量已完全消耗，空方彻底控制了大局，一轮下跌趋势已基本确立。所以当股价在相对高位，日K线组合形成"两阴夹一阳"时，通常会成为一个明确的头部形态。如果两条阴线的成交量大于阳线的成交量，则有效性极高，投资者应坚决卖出。

（3）两阴夹一阳出现在跌势中，继续看跌。此时多方的力量已经十分微弱，下跌途中虽有反抗，但却改变不了下跌的大局。

K线实战

投资者在应用两阴夹一阳K线组合形态时应该注意以下两点。

1. 股价在高位区域出现两阴夹一阳K线组合形态时，投资者应立即卖出手中持股，以回避头部风险。

2. 两阴夹一阳K线组合形态中的阳线也可以是"十"字小阳线。有时也会出现两根大阴线夹数根小阳线，且以最后一根阴线把前几根小阳线全收复的K线组合形态，这时同样具有看空意义，投资者应卖出手中股票。

三、大阳、大阴与小阴、小阳 K 线组合

（一）上升三法

股价持续上涨中，某日出现一根大阳线，隔日后连续出现三根小阴线（如图 3-11 所示），此类 K 线组合称为上升三法，被视为另一波上涨的信号。

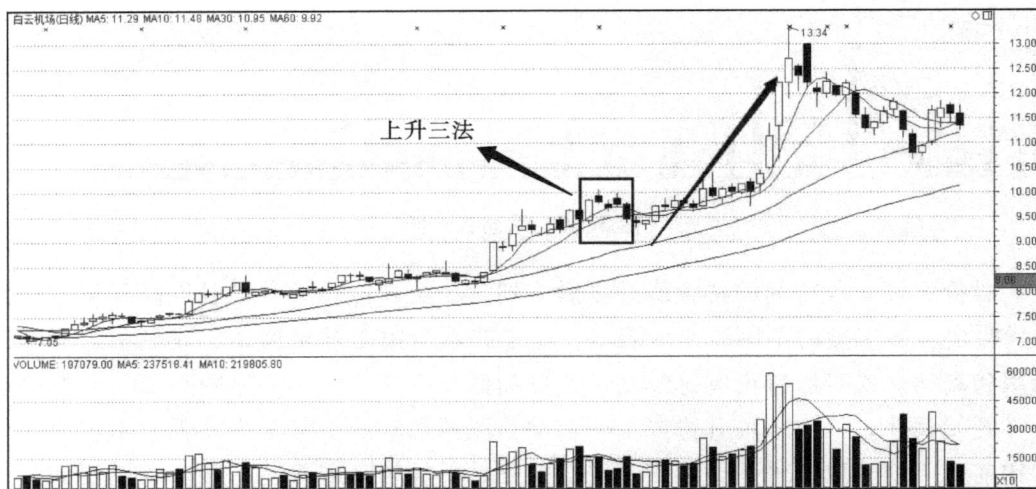

图 3-11　上升三法

1. 上升三法的确认原则

（1）上涨的趋势仍然处于前进的状态，第一天为大阳线。

（2）接着为一组具有小实体的 K 线，而且这些 K 线的实体最好均为阴线。

（3）这些小阴线的收盘价位置均不低于第一天大阳线的开盘价。

（4）最后一天市场高开，并且开盘价的位置处于最后一个回拉日的实体之内，而其收盘价则高于第一个大阳线的收盘价。

2. 上升三法形态所蕴含的市场心理

上升三法信号被认为是趋势的修整，第一个小阴线日的出现使得投资者对多头阵营产生了疑问，而第二天也是同样的情形，至第三天，多头开始确信空头的势力没有足够的力量来进一步使得价格下跌。因此，多头重新恢复了他们的信心并进入市场。

K线实战

投资者需要注意的是，股价持续上涨中，某日出现一根大阳线，隔日后连续出现三根小阴线，但这三根小阴线的最高价格和最低价格不超过第一根大阳线的最低价格和最高价格，方可确认为上升三法组合。

（二）下降三法

在股价持续下跌的过程中，某日出现一根大阴线，隔日连续出现三根小阳线，但第四天若又出现一根大阴线，则表示股价筑底尚未完成，股价会继续下滑，如图3-12所示。

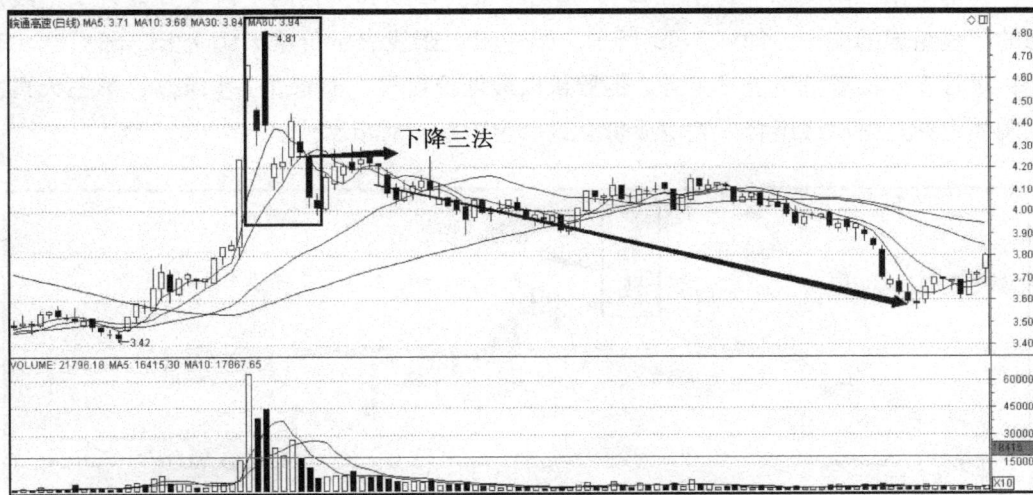

图3-12　下降三法

1. 下降三法的确认原则

（1）下跌的趋势仍然处于前进的状态，第一天为一根长的阴线。

（2）接着为一组具有小实体的K线，而且这些小K线最好均为阳线。

（3）这些小K线的收盘价位置均不高于第一天的大阴线的开盘价。

（4）最后一天市场低开，并且开盘价的位置处于最后一个回拉日的实体之内，而其收盘价则低于第一个大阴线的收盘价。

2. 下降三法形态所蕴含的市场心理

下降三法信号被认为是下降趋势的修整。与上升三法的信号一样，第一根小阳线的出现使得投资者对空头阵营产生了疑问，而第二天也是同样的情形，至第三天，空头开始确信多头势力没有足够的力量来进一步使得价格上升。因此，空头重新恢复了他们的信心并进入市场抛空股票。

K线实战

下降三法为上升三法的对应形态。市场处于下降趋势，一根长阴线的出现使其跌势得到加强。随后三天则为实体短小的线形，其走势与既定趋势相反。如果这些盘整线形的实体为白色（阳线），则更加可以确认形态。投资者必须注意，这些短小的实体全部位于第一根长阴线的高、低价范围内。最后一天开盘价应该在前一天的收盘价附近，若收盘创出新低，则是宣告市场休息时间结束。

（三）顶部一阳二阴

顶部一阳二阴又称"树上二鸦"，是由一根大阳线和两根向上跳空开盘且呈抱线形态的阴线组成的图形，如图3-13所示。第一根大阳线表示价格大幅上升，随后空头斩仓，尽管多头推动价格仍然上升，但股票以最低价报收，未能进一步攀高，第三天再次收阴线，并且是出线组合，表明股价会进一步下跌，后市看淡。

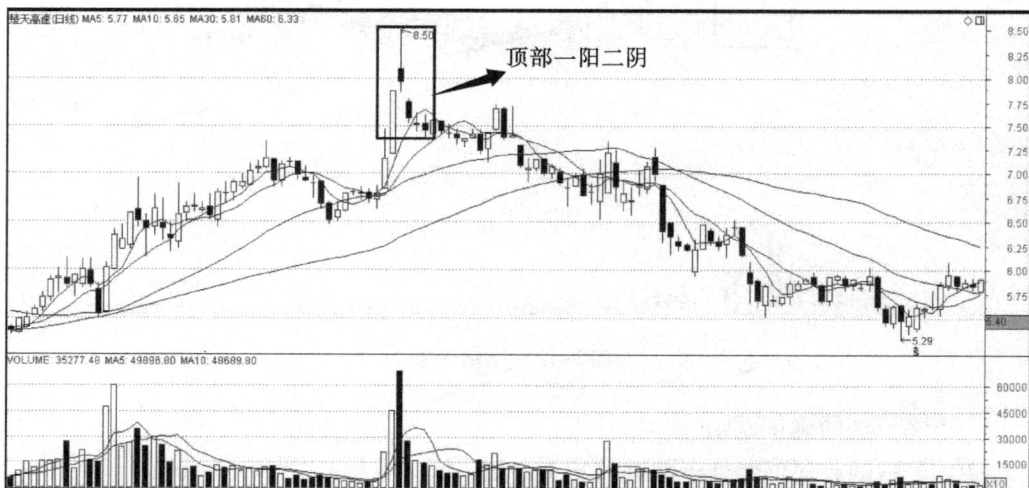

图3-13　顶部一阳二阴

1. 顶部一阳二阴的形态特征

顶部一阳二阴具有如下几个方面的特征。

（1）大阳线后的两条小阴线，一是要呈向上空跳的走势，二是两条小阴线要形成抱线形态。不符合这两个特征的图线，只能算是非标准形态的顶部一阳二阴。

（2）标准形态的顶部一阳二阴，出现频率相当低，因此有效性非常高，应对这一形态时，投资者一定要多加关注。顶部一阳二阴是典型的见顶信号，当第二条阴线出现时，投资者应毫不犹豫地卖出股票。

2. 顶部一阳二阴的应用

顶部一阳二阴的应用主要有以下几个方面。

（1）顶部一阳二阴一般达不到标准形态的要求，在观盘时，只要发现是处在高位、且在阳线后出现两条阴线，不管它符不符合标准要求，都应卖出，这是逃顶最省事的办法。

（2）顶部一阳二阴形态有时类似黄昏之星的走势，在分不清它们的形态特征时，应该卖掉。

（3）顶部一阳二阴形态的最佳卖出时间是该形态形成的当天，如当天因故没来得及卖出，也应在第二天出手。

K 线实战

顶部一阳二阴作为典型的头部 K 线组合，在实战中是十分有效的。从技术上分析，在上升趋势到了末端的时候，市场的上升力度在逐渐减弱，当形态初成的时候，市场仍存在一定的上升动力，因此双双都是以高开为主，摆出起飞的形状，但可惜后继乏力，于是出现低收的情形。

四、小阴、小阳与中阴、中阳 K 线组合

（一）底部三连阳线

底部三连阳线一般指连续阴线后连续拉出三根阳线（红色）。三根阳线依次上升，形成底部三连阳线形态，如图 3-14 所示。它是一种很常见的 K 线组合，这种 K 线组合出现时，后势看涨的情况居多。

1. 底部三连阳线的特征

（1）底部三连阳线形态发生在市场的底部。

（2）在股票运行过程中连续出现三根阳线，每天的收盘价高于前一天的收盘价。

（3）每天的开盘价在前一天阳线的实体之内。

（4）每天的收盘价在当天的最高点或接近最高点。

如果股票在较长时间的横盘后出现底部三连阳线的走势形态，并且伴随着成交量的逐渐放大，则是股票启动的前奏，投资者应密切关注。

2. 底部三连阳线的应用

（1）找到底部三连阳线下方的重要支撑位，比如说黄金分割位。如果下方有重要支撑位支持，可以考虑把止损设在此支撑位之下。

（2）审视 K 线交易的前提就是结合整体的风险收益比和成功率，来判断是否值得

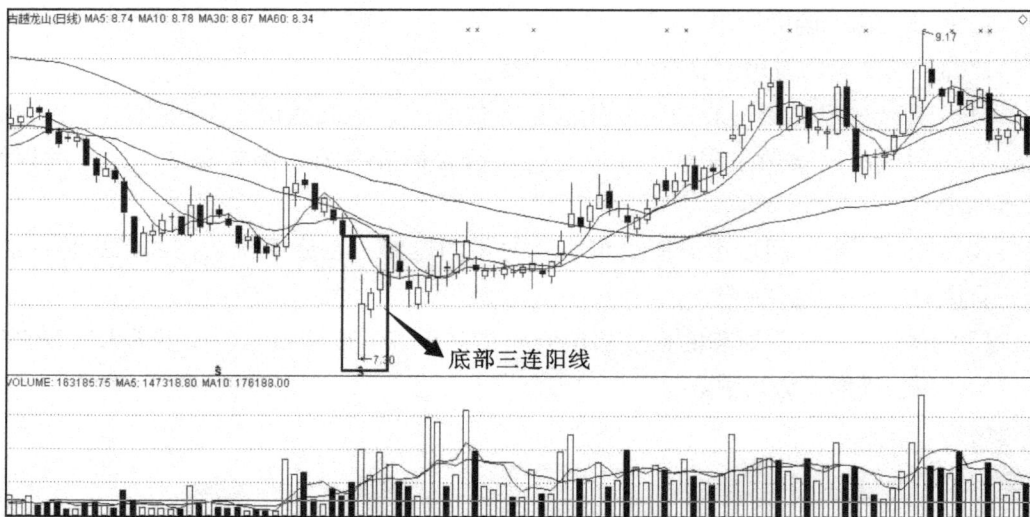

图 3-14　底部三连阳线

建仓。

（3）在适合建仓的情况下，当第一根阳线出现，并依托重要支撑位向上拉升时，激进者可进场建立小型试探单，止损就设在重要支撑位之下。第二天，如果价格形态走得标准，符合底部三连阳线形态，多单可继续持有，早先没有进场的，也可以进场建多。第三天，底部三连阳线形态正式确立，这时候也是继续建立多头仓位的机会。

3. 深入认识底部三连阳线

不少投资者往往简单地根据技术形态来下定义，他们认为，底部三连阳线是指股价出现了连续三根阳线的技术形态。图 3-15 展示的就是不符合要求的底部三连阳线形态。在实际操作中，底部三连阳线形态的形成需要以下几个方面的特征同时出现。

（1）在形态上确实出现了连续的三根阳线，并且上涨实体不断增长，这表明市场做多的力量在不断增强，形成了共同的市场认识。

（2）成交量稳步温和放大，这表明上涨得到了成交量的有效配合，是由资金推动的。

（3）出现在经历了一轮上涨行情后开始回调、持续下跌的尾市，大盘成交也处于相对低迷的情况下。

在判断底部三连阳线形态时，投资者需要注意以下几个方面。

（1）一般来说，在持续几年的长期熊市中，见底信号不会出现底部三连阳线形态，熊转牛的技术形态往往会呈现当日反转的长阳。而底部三连阳线则一般是在一轮上涨行情结束后进入阶段性调整，后市将创出高于前期高点的行情中出现，也就是在前一轮行情告一段落，市场出现了相对较深的跌幅的时候出现。

— 66 —

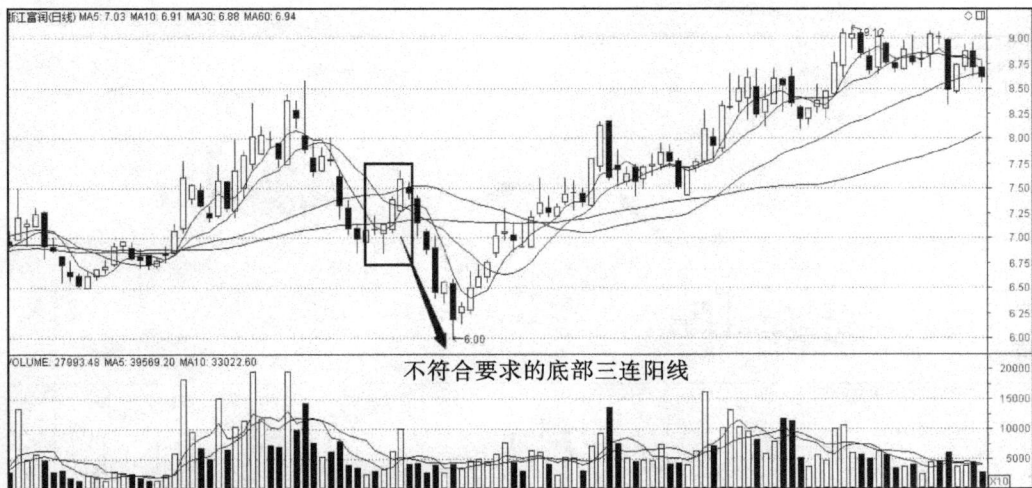

图 3-15　不符合要求的底部三连阳线

（2）通常情况下，底部三连阳线都是实体较小的，也就是涨幅多数不会太大，当然，特殊情况除外。

（3）当底部三连阳线这种技术形态出现时，市场成交量往往相对低迷，虽然其成交量在及时、持续地放大，但仍处于较低的水平。

（4）底部三连阳线是市场逐步见底、多方持续加大力度、市场趋于一致的走势，这种走势是一种温和的逆转。对于投资者来说，也是一个较好的参与时机，它不会像有的个股那样直接涨停而难以买入。出现底部三连阳线之后第四根K线往往应该是幅度更大的阳线，这是一种技术上的确认，此时也是最佳的参与时机。

K线实战

投资者应该知道，底部三连阳线是属于一种相对温和的见底反弹信号，它不具有突发性和爆发性，不是大逆转行情的标志，而是前一轮较大行情之后陷入中期调整时见底的信号。

这个前提提醒投资者，必须从那些有惊人上涨幅度之后又经历较长时间调整的个股中去寻找此类转折中的投资机会。投资者可以从那些创出历史新高之后、股价出现了较大深度调整但从基本面判断后市还将出现更高价位的品种中去寻找，底部三连阳线一般不会在持续上涨的中途出现。

（二）三连阴线

三连阴线也叫绿三兵，是由三根小阴线组成，图形上如同三个穿着黑色制服的卫兵在列队，故名三连阴线，如图 3-16 所示。

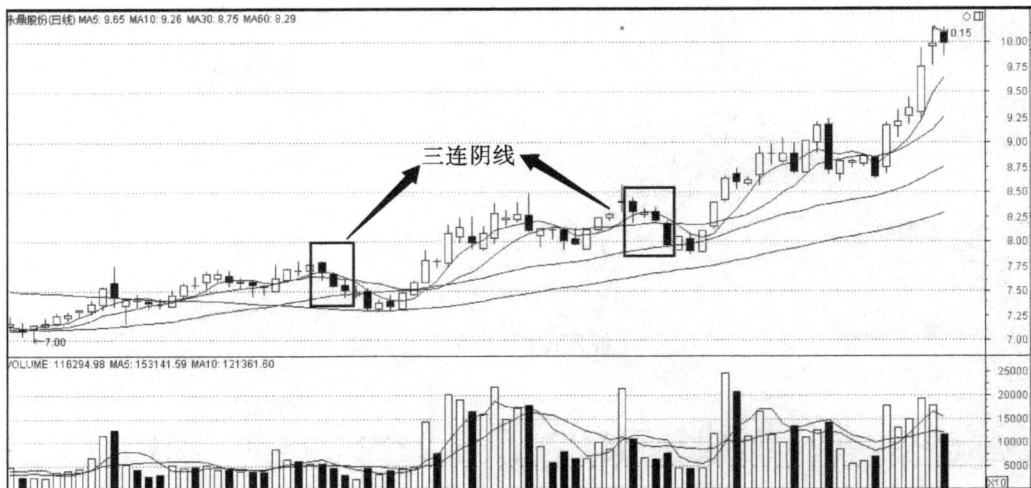

图 3-16　三连阴线

1. 三连阴线的技术形态

（1）可在涨势中出现，也可在跌势中出现。

（2）由三根小阴线排列组合而成。

（3）三根小阴线的开盘价、最高价、最低价、收盘价依次是一根比一根低。

2. 三连阴线的实战操作要点

在不同的趋势及位置中，三连阴线具有不同的技术含义。三连阴线若在行情上升时，尤其是股价有了较大升幅之后出现，则暗示行情快要转为跌势；但如果三连阴线在下跌行情后期出现，特别是在股价有了一段较大跌幅或连续急跌后出现，则暗示探底行情短期内将结束，并有可能转为一轮升势。投资者见到三连阴线后，可根据三连阴线出现时的位置，制定不同的投资策略。也就是说，在上涨行情中出现三连阴线，投资者要考虑做空；在下跌行情中出现三连阴线，要考虑做多。

3. 三连阴线的特殊形态

（1）最低价收盘型组合。该三连阴线 K 线组合中后一根小阴线相比前一根小阴线都是以最低价收盘。此类型的三连阴线 K 线组合是空头强势型组合。

（2）带影线型组合。这样的 K 线组合中，每一根小阴线上都带有很短的上影线或下影线，影线的出现反映了空方力量虽然战胜了多方力量，但在搏杀较量的过程中多头力量还是出现了抵抗，所以此类型的三连阴线 K 线组合是空头弱势型组合。

K 线实战

三连阴线的三根 K 线都是小阴线，显示了市场上的多头力量与空头力量经过搏杀较量后，空方力量每一次都取得小胜，而多方力量正在节节败退，当外在的做空条件成熟时，股价在空头力量的爆发过程中将会继续下跌。而当该形态处在一段下跌行情之后，由于连续做空，空方力量得到了极大的宣泄，极有可能由此进入反弹行情。

一、矩形整理

由一连串股价在两条水平的上下界线之间变动的 K 线形成的形态叫矩形形态。股价在其上下界线范围内波动，价格上升到某水平时遇到阻力，掉头回落；但很快便获得支持而回升，可是回升到上次同一高点时又会再次受阻，之后回落到上次低点时再次得到支持。这些短期高点和低点分别以直线连接起来，便可以绘出一条通道，这条通道既非上倾，亦非下降，而是平行发展，这就是矩形形态，如图 4-1 所示。矩形形态通常为持续形态，由于股价好像被关在一个箱子里面，上面有盖，下面有底，而股价在两块夹板之间来回运动，因此又叫作箱形整理形态。

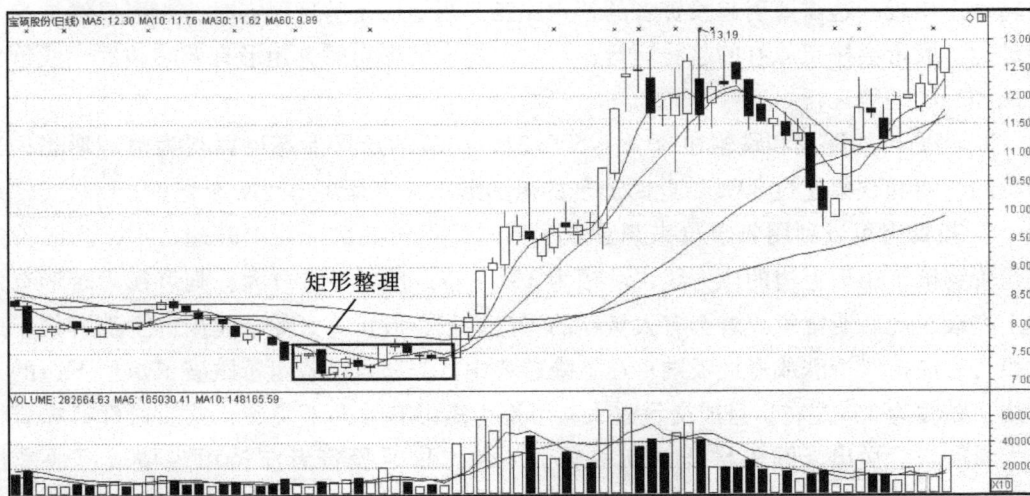

图 4-1　矩形整理形态

（一）矩形形态的市场含义

矩形形态体现的是实力相当的多空双方的争斗。这一形态告诉投资者，多空双方的力量在该范围之间几乎完全达到均衡状态，看多的一方认为其价位是较理想的买入点，于是股价每次回落到该水平便会买入，形成了一条水平的需求线。与此同时，另一批看空的投资者对后市没有信心，认为股价难以跃过目前水平，于是股价每次回升至该价位时，便会沽售，形成一条平行的供给线。

从另一个角度来看，矩形形态也可能是投资者因后市发展不明朗，投资态度变得迷惘和不知所措而造成的。所以当股价回升时，一批对后市缺乏信心的投资者会退出；而当股价回落时，一批憧憬未来前景的投资者又加入。由于买卖双方实力相当，于是股价反复在这一段区域内波动。

（二）矩形形态的应用

矩形形态的应用主要包括以下几个方面。

1. 一般来说，短线投资者比较喜欢矩形整理形态，当矩形形态初步形成后，在矩形下界线低价买入，在矩形上界线附近高价抛出，通过来回的短线操作博得差价。但是，此类短线投资者需要注意以下两点。

（1）矩形的上下界线相距要较远。

（2）一旦矩形形成有效突破则需要审慎决策。在上升趋势中，矩形带量向上突破盘局时，要坚决捂股待涨；而在下降趋势中，矩形向下突破时，则要尽快止损离场。

2. 一般来说，矩形形态大多出现在整理形态中，但有些情况下，矩形也可以作为反转形态出现，这需要引起投资者的特别注意。当矩形是整理形态时，矩形界线被有效突破后，股价会按照原有的趋势运行；当矩形是反转形态时，矩形有效突破后，股价会按照相反的趋势运行。

3. 当股价的涨幅和跌幅在30%～50%时，出现的矩形形态可以视为整理形态；当股价的涨幅和跌幅超过80%，此时出现的矩形形态大多是矩形反转形态。

4. 投资者可以利用收盘价来判断矩形形态的有效突破。在上升趋势中，当股价的收盘价突破了矩形上边的压力线，涨幅为3%左右，且成交量放大，则可视为矩形有效向上突破，此后通常意味着会有大量新的买盘进场，股价将开始一轮新的上涨行情，这时投资者应持股待涨或逢低吸纳；在下降趋势中，当股价的收盘价跌破了矩形下边的支撑线，跌幅为3%左右，且成交量放大，可视为矩形有效向下突破，此后通常意味着将有大量的卖盘涌出，股价将开始新一轮的下跌，这时投资者应持币观望或尽快卖出股票。

（三）矩形形态应用时的注意要点

投资者在运用矩形形态时应该注意以下几个方面。

1. 一般来说，矩形形态出现在整理形态中。空头行情里，矩形整理是股价下降中途的一次抵抗形态，它维持的时间越长，下跌的概率越大；多头行情中，矩形整理只是股价上涨过程中的一次盘整形态。

2. 矩形整理形态的整理周期在时间上属于中期整理，它的形成时间要比三角形、

旗形等整理形态都长，一般至少要 30 个交易日。

3. 矩形整理在形成的过程中，除非有突发性的消息扰乱，否则其成交量应该是不断减少的，如果在该形态的形成期间，有不规则的高成交量出现，形态就可能失效。当股价突破矩形上限水平时，必须有成交量激增的配合；但跌破下限水平时，就不需大成交量的配合。也就是说，股价上破要大量而下破可少量。

4. 矩形的突破以收盘价高于上界线或低于下界线为标志，突破的方向取决于多空双方力量的对比或各种消息面的配合。

5. 作为整理形态出现时，在股价突破矩形后，有时会出现反抽来确认突破是否有效。这种情形通常会在突破后的三天至三个星期内出现。反抽将止于顶线水平之上，往下跌破后的假性回升，将受阻于底线水平之下。随后股价仍按原有趋势的方向运动。

6. 股价向上突破整理形态后，矩形上边的界线将变成支撑线；而股价向下突破整理形态后，矩形的下边界线将变成压力线。

7. 矩形整理形态在突破后有个理论上的突破高度。与其他形态不同的是，矩形的突破高度通常等于矩形本身的高度，即从矩形上边界线向上或下边界线向下量出相等距离处的价位，这就是股价上升或下降时的理论目标位。

8. 一个高低波幅较大的矩形，与一个狭窄而长的矩形形态相比，前者在未来更具突破力。一旦向上突破，将是迅猛涨升；而一旦下破，也将是快速下跌。

K 线实战

投资者可以把矩形整理形态和均线理论结合起来使用，这样可以提高研判的准确性。如果上升矩形整理形态出现在股价长期均线下方附近时，股价的有效突破不仅要突破矩形的上方压力线，而且还要向上突破长期均线，这样才是真正的向上突破；如果上升矩形整理形态是出现在离长期均线较远的下方时，股价突破后的高度和空间也比较有限，而且股价在到达长期均线附近时将面临较强的压力。如果上升矩形整理形态出现在股价长期均线的上方附近时，则矩形形态向上突破的力度比较强，涨幅应相当可观，投资者应抓住这个有利机会；如果上升矩形整理形态出现在股价长期均线上方较远的地方时，则矩形形态向上突破后的力度和高度将有限。

如果下降矩形整理形态出现在长期均线上方附近时，股价如果跌破矩形下边支撑线但没有跌破长期均线，那么矩形的向下突破还不能确认；但如果股价既跌破矩形的支撑线又跌破长期均线，则矩形向下突破为有效突破，而且股价向下突破后的力度和空间将非常大。如果下降矩形整理形态是出现在长期均线上方较远的地方，矩形形态的突破是以股价跌破矩形支撑线为主，但股价突破后的力度和空间不大，当股价跌到长期均线附近时，将获得较强的支撑；如果下降矩形整理形态是出现在长期均线下方时，矩形形态的突破也是以股价跌破矩形支撑线为主，股价下跌的空间和力度比较大。

二、旗形整理

一轮升势中，K线上行的轨迹好像是一根旗杆，然后接连几天的日线图波幅大致一样，唯每日最高价、最低价均比上日低一些，将连日最高点拉成一条直线，将连日最低点拉成另一条直线，刚好是平行斜向右下方的旗帜形状，称为上升旗形，如图4-2所示。

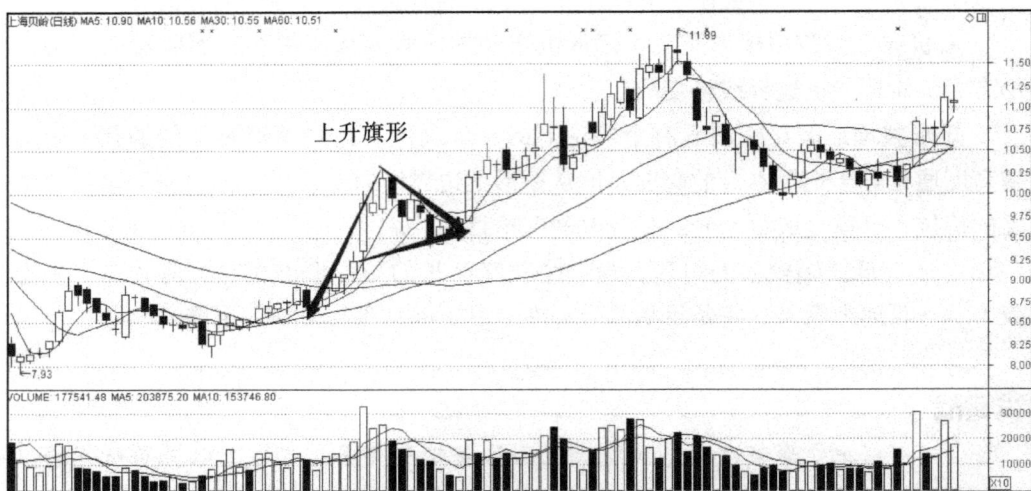

图 4-2　上升旗形

而一轮跌势中，K线下行的轨迹好像一根旗杆，然后接连几天的日线图波幅大致一样，唯每日高峰、低点均比上日高一些，将连日最高点拉成一条直线，将连日最低点拉成另一条直线，刚好是平行斜向右上方的旗帜形状，称为下降旗形，如图4-3所示。

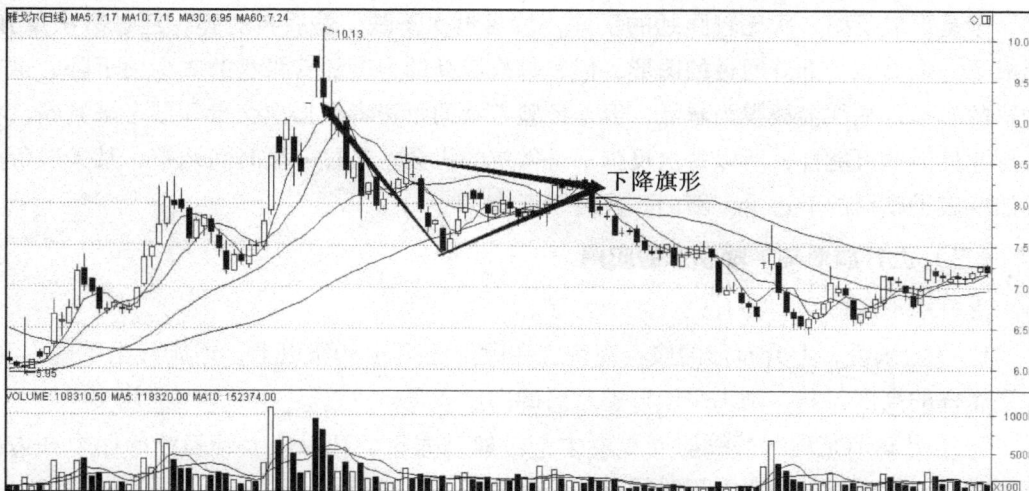

图 4-3　下降旗形

通过图形，投资者会发现旗的方向与大势方向相反，这是因为旗形是大升势或大跌势所做的技术性调整的结果。由于买家或卖家获利回吐和重新入场是逐日、分批、不徐不疾、有计划、按步骤地进行的，故此会形成比较规则的旗状，每日高点和低点依次向同一个方向平行移动。

（一）上升旗形与下降旗形的市场含义

1. 上升旗形的市场含义

在行情经过大幅上扬后，获利盘大量涌出，做空力量开始加强，单边上扬的走势得到遏制，价格出现剧烈的波动，股价在波动中形成了一种类似于旗面的形态，分析者把调整的高点和低点分别连接起来，就可以画出一个向下倾斜的长方形或者有点像三角形的旗面，这就是上升旗形。

在旗形的形成过程中，成交量逐渐递减，投资者对后市看好，因而普遍存有惜售心理，市场的抛压减轻，新的买盘不断介入，直到形成新的向上突破，完成上升旗形的走势。成交量伴随着旗形向上突破逐渐放大，与前一波行情一样再度拉出一根旗杆，开始了新的多头行情。所以说上升旗形是强势来临的特征，投资者在调整的末期可以大胆地介入，享受新的飙升行情。

2. 下降旗形的市场含义

行情经过大幅的跌落后，由于低位的承接买盘逐渐增加，价格出现大幅波动，于是形成了一个稍微向上倾斜的密集成交区域，像一个倒过来的旗竿上的旗帜，这就是下降旗形。

在下跌过程中，成交量达到高峰，抛售的力量逐渐减少，在一定的位置会出现强支撑，于是形成了第一次比较强劲的反弹，然后再次下跌，然后再反弹，经过数次反弹，形成了一个类似于上升通道的图形，但是每次反弹的力度随着买盘的减少而下降，这个倒置的旗形，往往会被视为看涨，但是经验丰富的投资者根据成交量和形态来判断，将会排除反转的可能性，所以每次反弹都是做空的机会。经过一段时间调整，某天股价会突然跌破了旗形的下边沿，新的跌势终于形成。

（二）上升旗形与下降旗形的应用

上升旗形的应用主要有以下几个方面。

1. 一般来说，上升旗形的旗杆高度应在股价涨幅的30%以上，但旗杆也不能太高。如果旗杆的高度很高，则未来旗形整理后的高度有限。

2. 上升旗形整理的持续时间不能太长。如果太长，其保持上升趋势的能力和力度将下降。一般而言，股票整理时间最好不要超过30个交易日。

3. 牛市中的上升旗形一般出现在行情的第一阶段和第二阶段，用波浪理论来说就是第一浪和第三浪，如果在第三阶段即第五浪中出现剧烈的下跌，就不能看作是旗形调整了，也许股价还会上涨。但是，走势往往创了新高后便会立刻反转，变成了其他顶部形态。

4. 上升旗形突破后的测量高度相当于旗杆的高度，如果上升旗形整理突破后的高度没有达到技术上的测量目标位，投资者就要考虑修正原来的判断，走势很可能将演变成其他形态，甚至形成反转。

5. 上升旗形整理形态在旗形形成之前和被突破之后，成交量都很大。在旗形形成过程中，成交量从左向右逐渐减少。

6. 投资者可以综合利用上升旗形和均线理论，这样可以提高研判的准确性。

上升旗形被突破后，股价将至少要走到旗杆的高度，因此，股价突破后，待其达到旗杆高度时，如果股价掉头朝下跌破短期（以5日均线为准）均线，即可以卖出股票。

如果上升旗形整理形态是出现在股价的长期均线上方附近时，上升旗形形态的突破将比较强劲，突破高度也相对较高；如果是出现在股价长期均线的上方但远离均线时，上升旗形的突破力度则会减弱，高度也将降低。如果上升旗形整理形态是出现在股价的长期均线下方时，上升旗形突破的高度将非常有限，有时可能还会是失败的上升旗形。

下降旗形的应用要点如下。

1. 由于下降旗形是股价长期下降通道中途的一种短期抵抗整理形态，因此可能是投资者沽出的一次机会。一般而言，空仓的投资者应以观望为主，尽量不做短线，更不宜做中长线投资。已经买入或套牢的投资者应抓住这次整理机会，趁早逢高卖出股票。这是下降旗形研判的关键点。

2. 下降旗形整理的时间周期不会很长。在熊市里，股票整理时间一般不会超过20

天，大多数是 10 天左右。

3. 下降旗形一般出现在熊市的初期，投资者看到这类形态可以大胆沽空，后面会有猛烈的跌势，甚至出现崩盘式的暴跌。因此在这一阶段中形成的旗形形态大都比较小，由于下跌的能量充足，反弹无力，惯性的作用很快会将股价打下去。

4. 如果在熊市的末期出现下降旗形走势，突破时的成交量放大，可是价格下跌的幅度却不大，投资者就要当心了。

5. 一般的情况下，熊市末期出现的下降旗形，时间比较长，下跌的幅度如未能达到目标位，则很可能形成空头陷阱。

6. 下降旗形整理形态在旗形形成之前和被突破之后，成交量可能比较大（但与上升旗形相比而言要小）。在旗形形成过程中，成交量从左向右逐渐减少。

7. 由于下降旗形整理是股价走熊的一种表现，因此，投资者在下降旗形整理形态形成后，不可轻易建仓，要到股价达到下降旗形形态向下突破的跌幅后，才可以考虑短线操作。

K 线实战

投资者可以综合利用下降旗形整理的分析要点和均线理论，这样可以提高研判的准确性。如果旗形整理形态是出现在股价的长期均线上方附近时，则旗形形态应以有效突破长期均线为标志。如果股价虽然跌破旗形下边的支撑线，但没有跌破长期均线，下降旗形整理形态就不一定成立。如果旗形整理形态是出现在股价的长期均线下方，所有中长期均线都对股价构成压力时，只要股价一碰到均线就掉头向下，则下降旗形突破更为有效。

三、楔形整理

（一）上升楔形

股价经过一段时间的下跌后，出现强烈的技术性反弹，价格反弹至一定的水平高点即掉头下落，但回落点较前次要高，随后又回升创出新高点，即比上次反弹点高，形成后浪高于前浪之势，把短期高点和短期低点分别相连，形成两条同时向上倾斜的直线，组成了一个上倾的楔形，下边各低点的连线较上边各高点的连线陡峭，从而形成上升楔形形态，如图 4-4 所示。

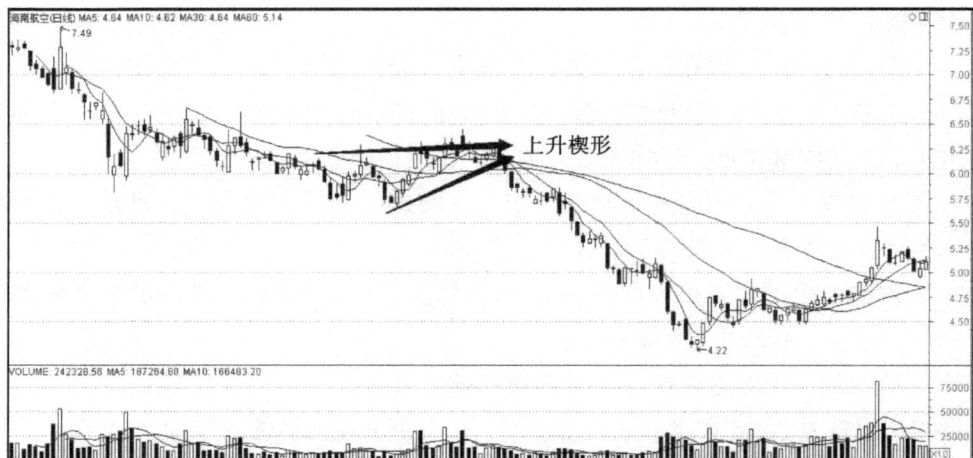

图4-4　上升楔形

上升楔形的形成，最少要以两个高点连成一条最高的阻力线；同样，最少要以两个低点连成一条最低的支持线。楔形形态是一个短期反动趋势，下跌趋势中常常出现上升楔形，上升趋势中常常出现下降楔形。上升楔形实质上是股价下跌过程中的一次反弹波，是多方遭到空方连续打击后的一次挣扎而已，结果往往是股价继续向下突破发展。

（二）下降楔形

股价经过一段大幅上升后，出现强烈的技术性回抽，股价从高点回落，跌至某一低点即掉头回升，但回升高点较前次要低，随后的回落创出新低点，比上次回落低点低，形成后浪低于前浪之势，把短期高点和短期低点分别相连，形成两条同时向下倾斜直线，组成了一个下倾的楔形，这就是下降楔形形态，如图4-5所示。

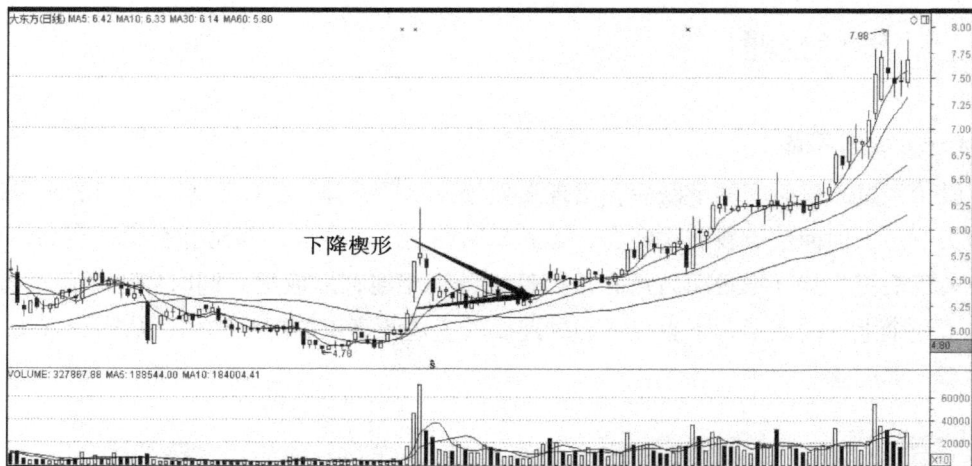

图4-5　下降楔形

（三）上升楔形和下降楔形的市场含义

1. 上升楔形的市场含义

上升三角形只有一边上倾，所代表的是多头趋势，而上升楔形上下两边同时上倾，从表面上来看，后者的多头趋势似乎更浓，但实际上并非如此。因为上升三角形的水平上边线，代表股价到一定价格才会有主动卖压，当压力抛盘被吸收、上挡压力解除后，股价便会往上突破。在上升楔形中，股价上升卖出压力亦不大，但投资者的兴趣却在逐渐减低，股价虽上扬，可是每一个新的上升能量都比前次弱，最后当需求完全消失时，股价便反转回跌。因此，上升楔形表示的技术性意义是做多意愿和对后市信心渐次减弱，显示的是尚未下跌见底，只是一次技术性的反弹而已。

2. 下降楔形的市场含义

股价经过一段时间上升后，出现了获利回吐，虽然下降楔形的底线往下倾斜，似乎说明市场的承接力量不强，但新的回落浪较上一个回落浪波幅更小，并且跌破前次低点之后，并没有出现进一步下跌，反而出现回升走势，这说明沽售抛压的力量正在减弱，抛压的力量只是来自上升途中的获利回吐，并没有出现新的主动做空量能的进场，所以经过清洗浮筹后，股价向上突破的概率很大。下降楔形也是个整理形态，通常在中长期升势的中途出现，下降楔形的出现告诉我们的是，升势尚未见顶，目前仅是升势中途的一次正常的、暂时性的调整。下降楔形和上升楔形恰恰相反，一般出现在长期升势的中途。

（四）上升楔形和下降楔形的应用

上升楔形的应用主要有以下几个方面。

1. 大多数情况下，上升楔形形态是出现在股价下降途中的中继整理形态，但少数情况下，楔形也会以底部形态出现。如果上升楔形是出现在股价的低位（以跌幅超过50%为准），则标志股价底部形态的完成，紧接着股票可能开始一轮较大的反弹行情。

2. 上升楔形形态具有一定的欺骗性，这是因为上升楔形形态出现在股价长期下跌的途中，而它的整理方向却是向上的。因此，投资者遇到上升楔形整理形态时一定要谨慎。空仓者不可轻易在形态整理过程中买入股票，最多只可少量短线操作，快进快出；而持有股票者最好能逢高减磅。

3. 上升楔形有效突破以股票的收盘价跌破形态下边的支撑线为准。当上升楔形有效跌破形态支撑线后，股价经常会出现一波急跌的行情，这时投资者应持币观望或尽快抛出股票。

4. 一般来说，楔形的突破多发生在形态横向长度的2/3至3/4处，也有直到楔形末端才发生突破的情况，不过与三角形突破相比，楔形更倾向于在接近形态末端才发生突破。

5. 投资者需要注意的是，上升楔形也有可能向相反的方向发展。如果上升楔形之前的下跌幅度很大且股价向上突破时成交量明显放大，则楔形形态有可能发生变异，股价运行趋势将发展成为一条上升通道，此时投资者应相机行事，并结合其他技术理论和指标来综合研判。

下降楔形的应用方法如下。

1. 下降楔形的最佳买点为突破上边线和突破之后反抽接近于上边线之时。

2. 股价向上突破确立后，投资者可采取买进策略。

3. 股价回落时不破下降趋势线，可以加码买进。

4. 预估股价未来最小涨幅为楔形的高点位置。

5. 下降楔形往上突破阻力后，可能会横向发展，形成徘徊状态，成交仍然十分低沉，然后才慢慢开始上升。出现这种情形时，投资者可待股价打破徘徊闷局后再考虑跟进。

（五）上升楔形和下降楔形应用时的注意事项

投资者在应用上升楔形时应该注意以下几个方面。

1. 该形态多发生于空头行情的反弹波，在多头行情的末升段亦可能出现。

2. 在上升楔形整理过程中，股价的高点和低点依次上移，楔形形态的上下边线都是向上倾斜的。上升楔形与三角形形态不同之处在于两边同时向上倾斜。

3. 一般来说，作为中继形态的楔形的整理方向与股价的长期运行趋势方向相反，即上升楔形是出现在股价长期下跌趋势中的。

4. 整个上升楔形形成过程中，成交量不断减少，整体上呈现价升量减的背离反弹特征；上升通道的成交量配合，也是比较健康温和的。

5. 上升楔形的上下边线必须明显地收敛，如果形态过于宽松，则形态形成的可能性较小，可能会演变成其他整理形态。

6. 与其他整理形态一样，在上升楔形形成之前，股价已经有了一段时间的、相当大的跌幅，一般情况下，从股价下跌的高位算起要达到30%以上的幅度。上升楔形整理的时间一般在20个交易日以上。

7. 在上升楔形形态中，楔形整理一波高于一波，股价看似要向上突破，在楔形的末段却突然带量向下突破。

8. 上升楔形两线延长所形成的交叉点，往往是未来股价的压力点。

9. 上升楔形形态在底部与顶端的2/3处向下突破时，该形态的破坏力最强。

10. 上升楔形在跌破下边线之后常常会有反抽，但会受阻于下边线的延长线。

11. 在60分钟K线图上，股价常常会一直反弹到楔形的顶端后，便开始最后一次上冲后的大跌，从中我们可以清楚地认识上升楔形的本质特征———一次较大的反弹，为

第 四 章 K线整理形态

进一步续跌累积能量。

投资者在应用下降楔形时应注意如下问题。

1. 注意常发生于多头行情的修正波。在整理过程中，会有空头占优的假象。

2. 下降楔形与三角形形态的不同之处在于两条边同时向下倾斜。

3. 下降楔形往上突破必须有成交量的配合，而且股价在完成突破之后，常会有回测楔形的下降压力线的走势。

4. 下降楔形向上突破下降趋势线的压力后，股价未来走势将向上发展，刚好与其下降之名相反。

5. 两线延长所形成的交叉点，往往是未来股价的支撑点。

6. 下降楔形在头部与底端的2/3处向上突破时，形态的有效性会更高。

7. 下降楔形的上下两条线必须明显地收敛于一点，如果形态太过宽松，形态形成的可能性就比较小。一般来说，楔形整理需要两个星期以上的时间才会完成。

K线实战

在上升楔形中，上升楔形所在的位置与长期均线的位置有很大的关联。如果上升楔形整理形态是出现在股价从高位下跌至长期均线上方附近时，上升楔形的有效向下突破是以股价跌破了长期均线为主。也就是说，即使股价跌破了上升楔形的下边线，但如果没有跌破长期均线，也不能就此判断楔形向下突破有效，只有当股价既跌破了形态支撑线又跌破了长期均线时，才能算是股价有效突破。如果上升楔形整理形态是出现在长期均线的下方，形态的有效突破则只是以股价跌破支撑线为标志。

四、三角形整理

上升三角形是三角形形态中的一种。顾名思义，把每一次短期波动高点连接起来形成一条水平阻力线，把每一个短期波动低点连接起来形成一条向上倾斜的线，这样形成的K线组合就是上升三角形，如图4-6所示。

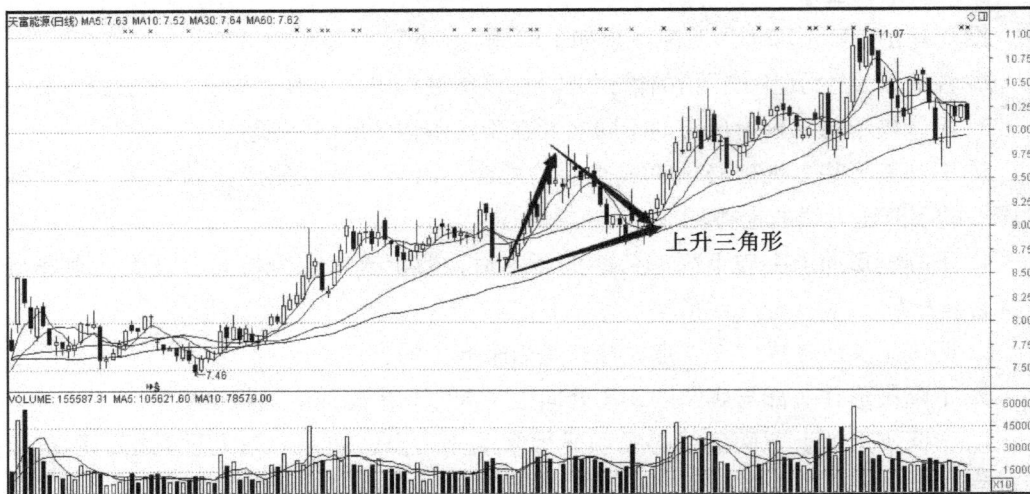

图4-6　上升三角形

下降三角形属于弱势盘整，卖方显得较积极，抛出意愿强烈，不断将价格压低，从图形上看，压力颈线从左向右下方倾斜，买方只是将买单挂在一定的价格之上，在水平支撑线形成抵抗，从而在 K 线图中形成下降三角形形态，如图4-7 所示。

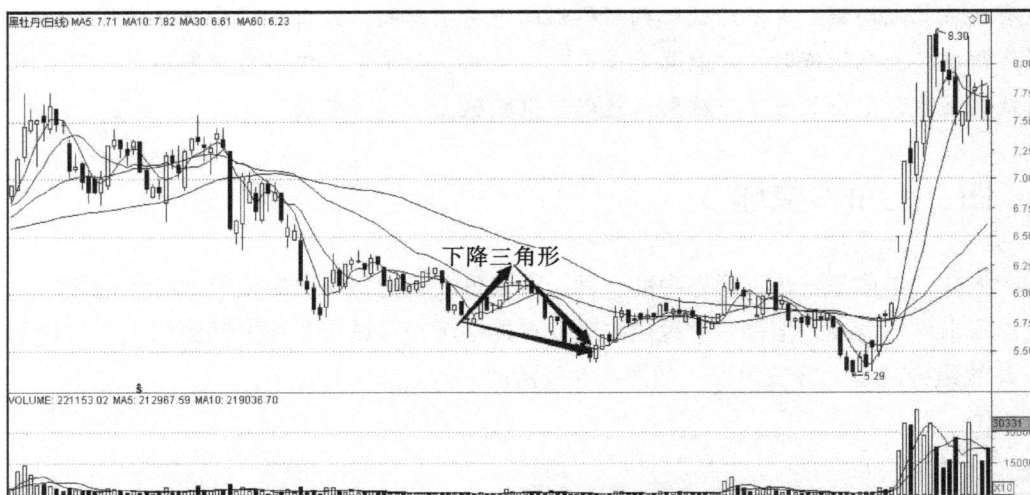

图4-7　下降三角形

（一）上升三角形和下降三角形的市场含义

上升三角形的市场含义为：上升三角形显示买卖双方在该范围内的较量，但买方的

力量在争执中已稍占上风。卖方在某一特定的价格水平不断沽售，不急于出货，但却不看好后市，于是价格每升到理想的沽售水平，股票即被沽出，这样在同一价格的沽售形成了一条水平的供给线。不过，市场的购买力量很强，很多买家不待价格回落到上次的低点，便迫不及待地购进，因此形成一条向右上方倾斜的需求线。

下降三角形的市场含义为：下降三角形同样是多空双方在一定价格区域内较量的表现，然而多空力量却与上升三角形所表现的情形相反，看空的一方不断地增强沽售压力，股价还没回升到上次高点，股票便再度被沽出，而看多的一方坚守着某一价格的防线，使股价每回落到该水平便获得支持。此外，这种形态也可能是有人在托价出货，出货完毕之后，原来的下挡支撑便会形同虚设，股价以向下突破宣告形态成立。

（二）上升三角形和下降三角形的形态特征

上升三角形具有以下几个方面的形态特征。

1. 上升三角形最明显的特征是底部逐步抬升，主要是因为市场对其看好而在回调中积极吸纳，同时也反映出主力惜售而不愿打压过深以免丢失筹码的心态。

2. 上升三角形的高位基本在同一水平区域，股价反复冲击该压力区，表明市场积极攻击该区域以消化压力，主力收集筹码做多的意愿颇为强烈；同时，在形态的多次回调中，底部逐渐抬升，显示主力惜售心态明显。因此，上升三角形具有进攻积极、回守稳健的市场特征，自然成为最强势的上升中途整理形态。

3. 上升三角形的成交现象和对称三角形相似，在形态形成的过程中不断减少。通常在"上升三角形"中，上升的部分成交较多，而下跌的部分成交则较少。

下降三角形具有以下几个方面的形态特征。

1. 下降三角形一般出现在下降趋势中途，极少数出现在下跌趋势的底部。

2. 成交量呈递减状态，股价向下突破时不放量也可确认。

3. 量度跌幅最小为直角边长度。

（三）上升三角形和下降三角形的应用

上升三角形的应用主要有以下几个方面。

1. 一般来说，上升三角形大都在上升趋势中出现，且暗示有向上突破的倾向。

2. 股价向上突破上升三角形顶部水平的供给阻力（并有成交激增的配合），是一个短期买入信号。

3. 上升三角形最小升幅的量度方法和对称三角形相同，从第一个短期回升高点开始，画出一条和底部平行的线，股价突破形态后，将会以形态开始前的速度上升到这条线的位置，甚至会超越它。

下降三角形的应用主要有以下几个方面。

1. 下降三角形通常出现在下跌的过程中，而且具有向下跌破的倾向。

2. 当多方的实力消耗尽时，沽售的力量会把水平的需求支撑线击破，这是一个短期沽出信号。

3. 其最小跌幅的量度方法和上升三角形相同。

（四）上升三角形与下降三角形应用时的注意事项

投资者在应用上升三角形时应该注意以下几个方面。

1. 在形态形成期间，股价可能会出现轻微的错误变动，稍微突破形态之后又重新回到形态之内，这时候技术性分析者须根据第三或第四个短期性低点重新修订出新的上升三角形形态。有时候形态可能会出现变异，形成另外一些形态。

2. 上升三角形向上突破阻力，如果没有成交激增的支持，信号可能出错，投资者应放弃这一指示信号，继续观望市势进一步的发展。倘若该形态向下跌破，则不必有成交量的增加。

3. 上升三角形越早被突破，越少有错误发生。假如价格反复走到形态的尖端后跌出形态之外，则这种突破的信号不足为信。

投资者在应用下降三角形时应该注意以下几个方面。

1. 虽然下降三角形形态反映出卖方的力量占优势（供给线向下倾斜），形态向下跌破的机会较大。但过去的图表显示，此时股价也有向上突破的可能，因此投资者宜在形态明显突破后采取行动。

2. 如果下降三角形向下跌破，不必有大量的成交量来说明，一般在跌破后数天，成交量会呈现增加的趋势。但如果形态往上冲破阻力，就必须有成交量的明显增加来配合了。

3. 在向下跌破后，有时可能会出现假性回升，此类回升将会受阻于下降三角形的底线水平之下。

4. 和其他三角形形态没有分别，下降三角线越早突破，出错的可能性越低。股价如果在接近三角形的尖端跌出形态以外，则其预测的有效程度将非常高。

K线实战

投资者需要注意的是，虽然上升三角形暗示向上突破的机会较多，但也有往下跌的可能存在，所以投资者应该在形态明显突破后再采取相应的买卖决策。

五、菱形整理

菱形形似"钻石"，因而也被很多市场人士称作钻石形态。在形态上，它可以被看作由两种不同的三角形整理组合而成，即扩散三角形和收窄三角形。很多时候，菱形也是一种看跌的形态，它通常出现在市场构筑短期或者中长期头部之时，偶尔也会在下跌过程中以持续形态出现，如图4-8所示。

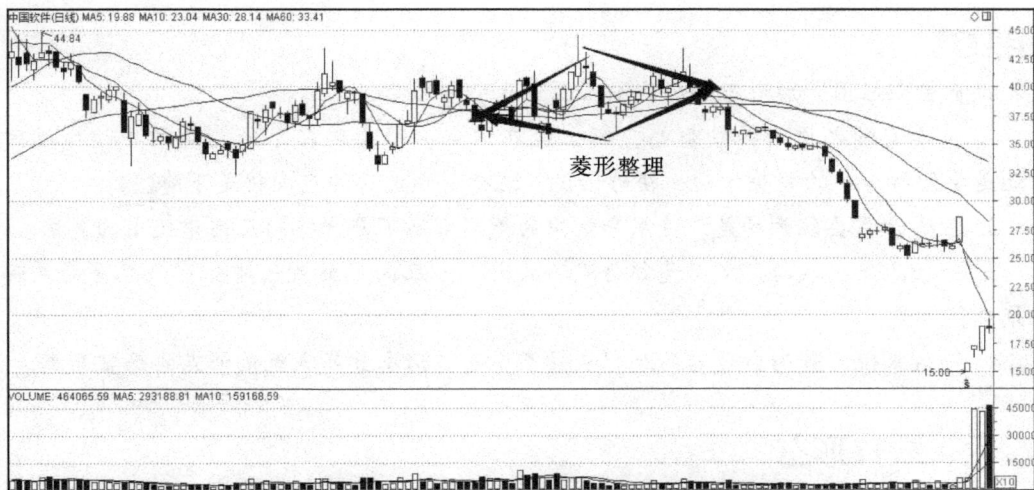

图4-8 菱形整理

菱形整理是一个比较特殊且少见的形态，无论出现在行情的哪个位置，其技术意义都只有两个字——看跌。由于其一旦形成往往有较大杀伤力，所以在目前以单边市为主的内地市场上，投资者不可不防。

（一）菱形形态的市场含义

从投资者的心理角度看，扩散三角形和收窄三角形正好揭示了两种不同的状态。市场在形成扩散三角形的时候，往往反映参与者变得越来越情绪化，使得行情的震荡逐渐加剧。而当行情处于收窄三角形整理阶段时，由于市场暂时正在等待方向的选择，导致越来越多投资者转向观望。因此，菱形形态的出现，说明了市场正由一个比较活跃的时期逐渐萎缩下来。也因为这个阶段的市场参与者在不断减少，使得行情经过菱形调整后大多都会选择向下调整。

（二）菱形形态的应用

菱形形态的应用有以下几个方面。

1. 一般情况下，当构成扩散三角形的主要支持线被有效跌穿，便可宣告这种形态已基本完成。此外，由于菱形的形成初期是扩散三角形，而扩散三角形在大多数情况下属于看跌形态，所以投资者在该形态形成之初就可以选择卖出。

2. 投资者需要注意的是，其他一些技术分析方法也可能会在同一时间发出相应的卖出信号，如 RSI、KDJ 等技术指标在形成扩散三角形的时候会出现顶背离的现象，

OBV 在股价不断创新高时并未同步向上，从而使得量能不配合，这些都是卖出的主要依据。

K 线实战

投资者在应用菱形形态时应该注意以下几个方面。

1. 菱形有时也作为持续形态，不出现在顶部，而出现在下降趋势的中途。这时，它还是要保持原来的趋势方向，换句话说，这个菱形之后的走向仍是下降。

2. 投资者需要注意的是，技术分析中的菱形形态不是严格的几何意义上的菱形。

3. 一般上下突破时，成交量都会温和放大，一旦向下突破，即会形成沉重的头部，中期趋势向淡。

4. 一般来说，菱形出现后的跌幅应该至少是其形态最高点至最低点的垂直距离。

六、缺口形态

缺口又称为"跳空"，它指的是股价在快速大幅变动中有一段价格没有任何交易，从而在股价趋势图上留下的一个真空区域。当股价出现缺口，经过几天，甚至更长时间的变动，然后反转过来，回到原来缺口的价位时，称为缺口的封闭，又称补空。

从缺口发生的部位大小，可以预测走势的强弱，确定是突破还是已到趋势之尽头，它是研判各种形态时最有力的辅助材料。

（一）缺口的分类

缺口分普通缺口、突破缺口、持续性缺口与消耗性缺口四种，下面分别具体介绍这四种缺口。

1. 普通缺口

普通缺口是指没有特殊形态或特殊功能的缺口，它可以出现在任何走势形态之中，但大多数出现在整理形态的行情中，如图 4-9 所示。此类缺口具有一个比较明显的特征，即缺口很快就会被回补；同时，成交量很小，很少有主动的参与者。如果不具备这些特点，就应考虑该缺口是否属于普通缺口形态。普通缺口的支撑或阻力效能一般较弱。

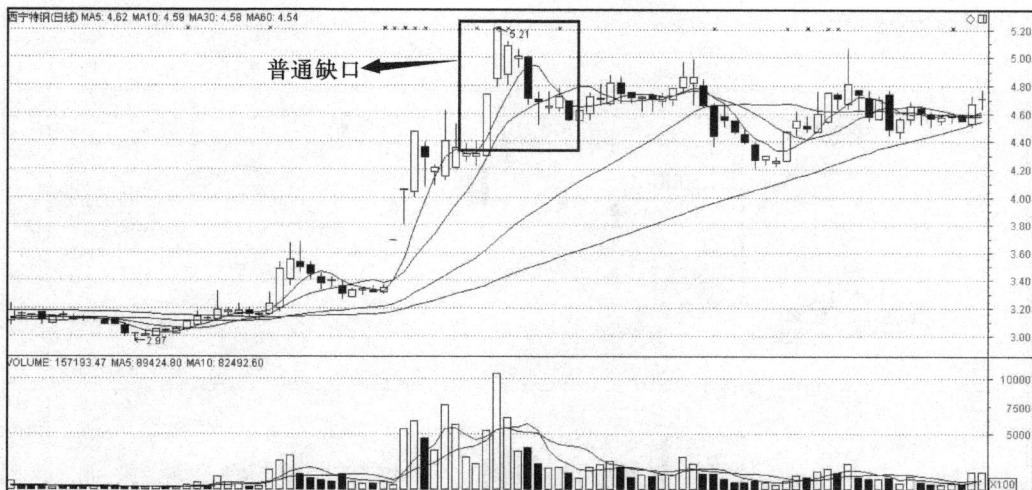

图4-9 普通缺口

（1）普通缺口的市场含义

普通缺口并无特别的分析意义，一般在几个交易日内便会被完全填补，它只能帮助投资者辨认清楚某种形态的形成。普通缺口在整理形态中要比在反转形态时出现的机会大得多，所以当发现发展中的三角形和矩形形态有许多缺口时，投资者就应该增强它是整理形态的信念。

（2）普通缺口的应用技巧

当向上方向的普通缺口出现之后，投资者可在缺口上方的相对高点附近做卖出交易，然后待缺口封闭之后再平仓买回；而当向下方向的普通缺口出现之后，投资者可在缺口下方的相对低点附近做买入交易，然后待缺口封闭之后再平仓卖出。

这种操作方法的前提是，必须判明缺口是否是普通缺口，而且必须是在宽幅震荡整理行情中，才能采取这种高抛低吸的策略。

2. 突破缺口

突破缺口是指当一个密集的反转或整理形态完成后，股价突破盘局时产生的缺口，如图4-10所示。当股价以一个很大的缺口跳空远离形态时，这表示真正的突破已经形成了。因为错误的移动很少会产生缺口，同时缺口能显示突破的强劲性，突破缺口越大，表示未来的变动越强烈。

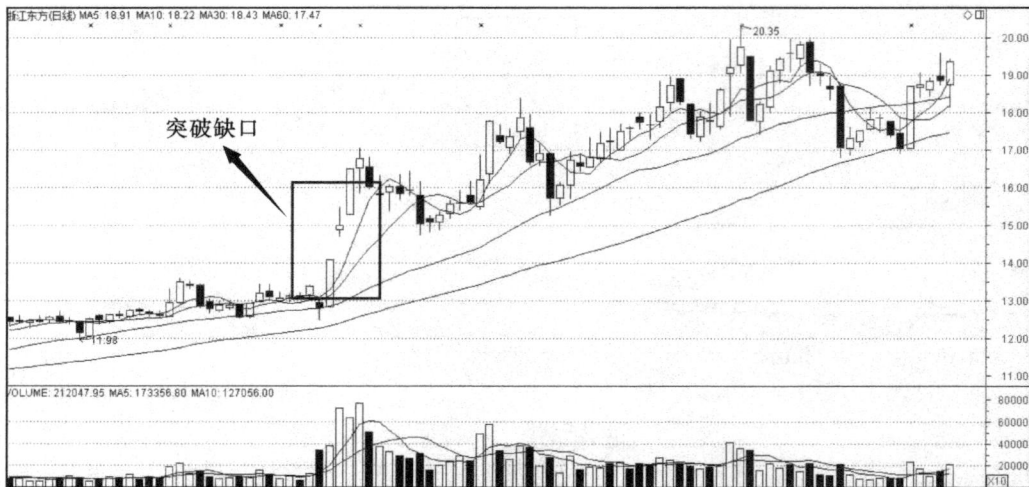

图4-10　突破缺口

（1）突破缺口的市场含义

突破缺口的分析意义较大，经常在重要的转向形态（如头肩式的突破）中出现，这类缺口可帮助投资者辨别突破信号的真伪。如果股价突破支持线或阻力线后以一个很大的缺口跳离形态，可见突破十分强而有力，极有可能是上涨的开始。

突破缺口发生的原因，主要是在一段长时间的价格整理中，颈线附近的价位在整理期间不断出现卖压，而多头力道则前仆后继地持续将卖压消化。终于在某一时点，颈线附近的卖压被消化完毕，于是价格便在需求力道的推进下，向上跳空，形成缺口。由于价格以跳空的方式突破颈线，因此这类缺口便被称为突破缺口。

因此，由突破缺口形成的原因可知，突破缺口是十分重要的价格信号。突破缺口使得价格正式突破颈线，如果这个突破伴随着大的成交量，则可以确认这个突破是一个有效的突破，是强烈的买进信号。

由于突破缺口是一个股价将展开一段趋势的信号，因此，大量的突破缺口，通常不会在短时间内被填补，这是因为带量的跳空突破，其强度已较一般突破表现出更为强烈的信息了，因此不太可能发生缺口被填补的这种技术性弱势格局。

（2）向上突破缺口和向下突破缺口

突破缺口的出现有两种情况，如图4-11所示。

一是向上突破缺口。该缺口的特点是，突破时成交量明显增大，且缺口不被封闭。该缺口出现后，投资者可以大胆买入中线持有，并以缺口作为风险控制的止损价位。

二是向下突破缺口。该缺口的特点是，向下突破时成交量明显增大，且缺口不被封闭。由于行情的下跌力量往往比较凶猛，所以一旦向下突破缺口形成，杀伤力比较大，投资者应该给予足够的重视。

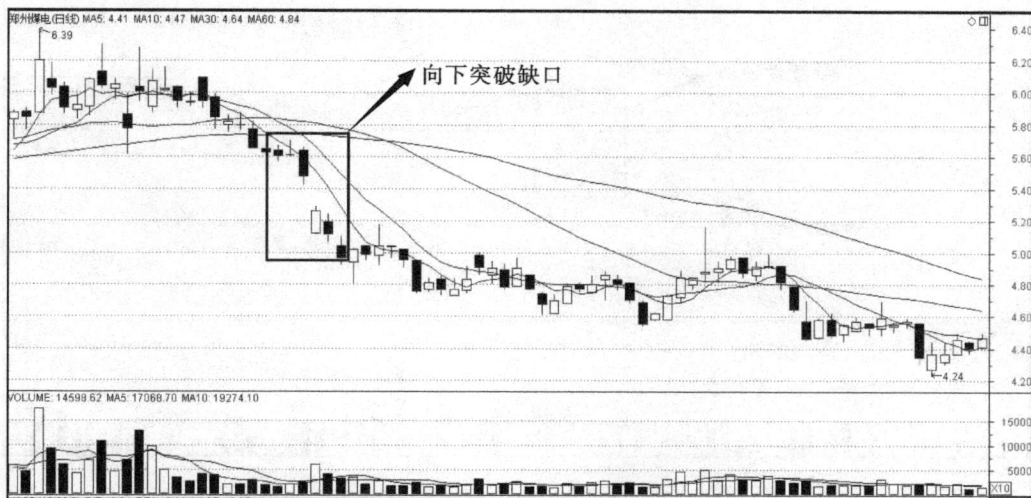

图4-11　向下突破缺口

当向下突破缺口出现时，如果投资者持有多单，应该立即果断地止损，并反手做空；如果投资者持有空单，则可以继续加码卖出，并中线持有，以缺口作为风险控制的止损价位。当向下突破缺口形成后，行情走势必将向纵深发展，踏上不归的熊途路。

（3）突破缺口的应用技巧

突破缺口的应用主要有以下几个方面。

第一，在一段整理区后，发生爆量的向上跳空突破，此时表示趋势明显向上，是强烈的买进信号。

第二，头肩的价格排列亦经常以突破缺口的方式来突破颈线，而判断是否是有效突破，成交量仍是一个重要的条件。

第三，若这个跳空的突破缺口是发生在当日的盘中走势，则将无法被日线记录，并且许多突破缺口都是在当日的盘中发生，而不是发生在某日的收盘与隔日的开盘之间，使得这个宝贵的信息易被忽略。

3. 持续性缺口

股价沿缺口方向继续延伸发展，直至某一交易日成交量减少，被称为持续缺口，如图4-12所示。在上升或下跌途中出现的缺口，可能成为持续性缺口。这种缺口不会和突破缺口混淆，那些离开形态或密集交易区域后的急速上升或下跌，所出现的缺口大多是持续性缺口。这种缺口可帮助投资者估计未来后市波动的幅度，因此亦称之为量度性缺口。

图4-12　持续性缺口

持续性缺口下沿到最低拐点的距离，就是上沿到未来高点的距离。如果持续缺口前期下方没有缺口或者只有一个缺口，那么都以到最近的低点（明显拐点）的差，加上缺口下沿值——未来的高点，来作为度量标准。如果持续缺口下方有两个以上的多个缺口（包括两个），则以缺口的下沿到最近的缺口上沿的差，就是未来涨升距离来作为度量标准。

一般来说，持续性缺口的特点是：持续性缺口是一种二次形态的缺口，它只能伴随突破缺口的出现而出现，即没有突破缺口，持续性缺口也就不存在；再者，持续性缺口一般都不会被封闭。

（1）持续性缺口的市场含义

持续性缺口的技术性分析意义最大，它通常是在股价突破后远离形态至下一个反转或整理形态的中途出现，因此持续性缺口能大致预测股价未来可能移动的距离。

（2）持续性缺口的应用技巧

持续性缺口是行情在向某一方向有效突破之后，由于运动急速而在途中出现的缺口。持续性缺口出现后，行情会朝着原来的方向继续发展，并且发展距离大于或等于突破缺口至持续性缺口之间的距离。由于持续性缺口出现后短期内不会被回补，所以投资者可在持续性缺口出现后继续开仓或加码做买入或卖出交易，并以该缺口作为风险控制的止损价位。

4. 消耗性缺口

和持续性缺口一样，消耗性缺口伴随快速的、大幅的股价波幅而出现，如图4-13

所示。在急速的上升或下跌中，股价的波动并非是渐渐出现阻力，而是愈来愈急。这时很可能发生价格的跳升（或跳位下跌），此缺口就是消耗性缺口。通常，消耗性缺口大多在恐慌性抛售或消耗性上升的末期出现。

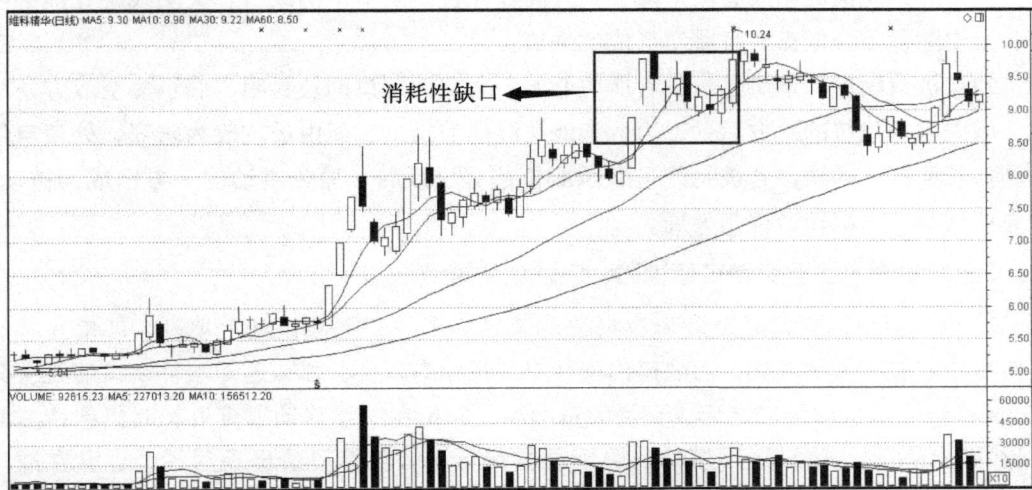

图4-13　消耗性缺口

（1）消耗性缺口的市场含义

消耗性缺口的出现，表示股价的趋势将暂告一段落。如果出现在上升途中，则表示将要下跌；若在下跌趋势中出现，就表示即将回升。不过，消耗性缺口并非说明市道必定出现转向，尽管其意味着有转向的可能。

（2）消耗性缺口的应用技巧

消耗性缺口有时会伴随着反转行情的出现，在高位会出现岛形反转，在低位会出现V形反转。该缺口的显著特点是，出现在高位或低位，并且出现后短时间内很快被回补。根据以上特点，投资者可采取以下交易策略。

第一，行情持续拉升后出现了消耗性缺口，在缺口被回补以后投资者应该果断将手中的多单平仓，并反手在高位建立空单，中线持有，以该缺口作为风险控制的止损价位。

第二，行情持续下跌后出现了消耗性缺口，在缺口被回补以后投资者应该果断将手中的空单平仓，并反手在低位建立多单，中线持有，以该缺口作为风险控制的止损价位。

（二）缺口理论的实战意义

在K线图上，如果一个形状很完全的形态在某日受到突如其来的利多或利空消息影响，持有者惜售或卖方争相脱手，供需失调，开盘后没有买进或卖出，使某些价位在开盘时抢买或抢卖情形下而没有成交，在图形上就会留下不连贯的缺口。

造成缺口的原因是开高盘或开低盘，而开高盘或开低盘在图形上并不一定显示缺口。大阳线距先前的阳线有段空隙，是开高盘而且跳空留下的缺口。大阴线距先前的阴线有段空隙，是开低盘而且跳空形成的缺口。

缺口被封闭后的走势是投资者所关心的。短期内缺口即被封闭，表示多空双方争战中，原先取得优势的一方后劲乏力，未能继续向前推进，而由进攻改为防守，处境自然不利。长期存在的缺口若被封闭，表示股价趋势已反转，原先主动的一方已成为被动，原先被动的一方则转而控制大局。

（三）投资者在研究缺口理论时，应注意的要点

1. 投资者可以通过成交量来观察突破缺口出现后会不会被马上填补，如果在突破缺口出现之前有大量成交，而缺口出现后成交量相对减少，那么迅即填补缺口的机会只有5％；但假如缺口形成之后成交量大量增加，股价在继续移动远离形态时仍保持非常大量的成交，那么缺口短期填补的可能便会很低了。就算股价出现后抽，也会在缺口以外。

2. 股价在突破其原有形态时急速上升，成交量在初期很大，然后在上升中不断减少，当股价终止原来的趋势时成交量又迅速增加，这是多空双方激烈争持的结果，其中一方得到压倒性胜利之后，便形成了一个巨大的缺口，这时候成交量又开始减少。这就是持续性缺口形成时的成交量变化情形。

3. 消耗性缺口通常是形成缺口的当天成交量最高（但也有可能在成交量最高的翌日出现），接着成交减少，显示市场购买力（或沽售力）已经消耗殆尽，于是股价很快便告回落（或回升）。

4. 投资者需要注意的是，在一次上升或下跌的过程里，缺口出现愈多，显示其趋势愈快接近终结。

K 线实战

一般缺口都会被填补。因为缺口是一段没有成交的真空区域，反映出投资者当时的冲动行为，当投资者情绪平静下来时，会意识到过去的行为有些过分，于是缺口便告补回。投资者需要知道的是，并不是所有类型的缺口都会被填补，其中突破缺口、持续性缺口未必会被马上填补；只有消耗性缺口和普通缺口才可能在短期内被补回。所以缺口填补与否，对分析者观察后市的帮助不大。

第五章 K线反转稳赚形态

一、反转形态必备的要素

在对大盘或个股进行技术分析时，对走势做形态分析是十分重要的一项工作。一般而言，股价形态可以被简单划分为两大类型，即反转形态和持续形态。

反转形态指的是股价趋势逆转所形成的图形，即股价由涨势转为跌势或由跌势转为涨势的信号。常见的反转形态有头肩形、双重顶（底）形、三重顶（底）形、圆弧顶（底）形、V形等，如图5-1所示。

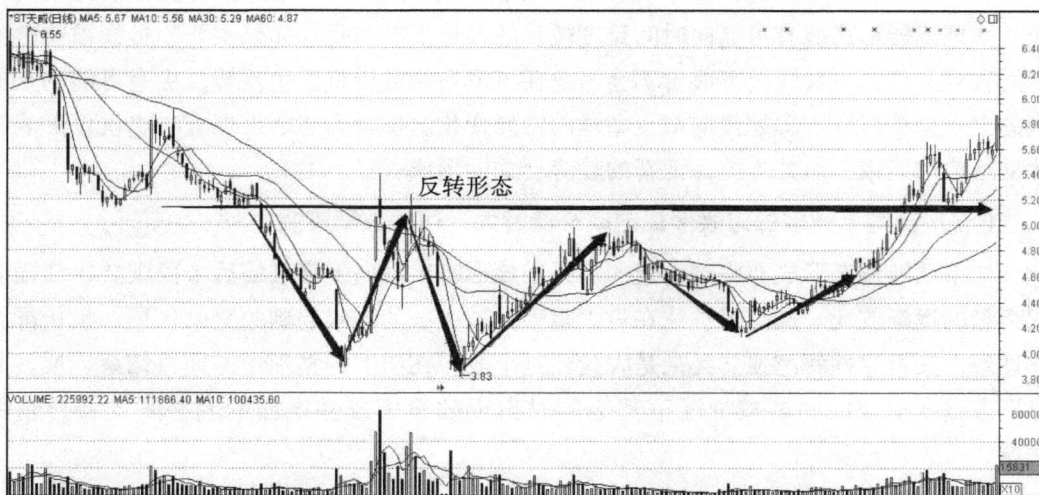

图5-1　反转形态

反转形态是一种能量转化的方式，是一个艰难的过程，需要充分的时间、空间舞台进行能量的交换。反转形态中既有激烈的单日V形反转，又有耗时的圆弧底与圆弧顶。

反转形态一旦得以确认，它就会指示未来股价的运行方向，股价就会沿此方向呈趋势运动，直到新的反转形态出现为止。在相邻的两个反转形态之间，股价呈单方向运行，这种K线形态就是持续形态。相对而言，持续形态没有反转形态丰富，其中许多形态一目了然，有少部分形态具有一定麻痹性，容易与反转形态混淆，投资者需要特别注意。

反转形态和持续形态的分析，在操作中都有很大的实战价值，但投资者关注更多的还是反转形态。因此，投资者在了解和判断不同的反转形态之前，应该掌握反转形态所必备的几个基本要素，具体如下。

（一）市场必须事先存在某种趋势，这是所有反转形态产生的前提

一般所指的趋势包括上升趋势、下降趋势和盘整趋势，但是这里所指的某种趋势，只是上升或者下降这两种情况。判断任何一个反转形态所必需的前提条件就是，市场必须在此形态形成之前存在某一明显的趋势行情。分析对象在该形态前的趋势越模糊，则该形态成为反转形态的可能性就越小。

（二）最重要的趋势线被有效突破

这一现象是此前较长时间形成的趋势即将出现反转的一个十分重要的信号。从多数较为标准的反转形态来看，在整个形态的完成过程中，都会伴随着前期压力线或支撑线被有效突破。

投资者需要注意的是，如果在该形态接近完成时还未出现趋势线被有效突破的情况，则该反转形态极有可能向时间跨度较长的整理形态演化。如果主要趋势线被突破的时间较晚，那么一般情况下股价不会马上在该形态结束后就发生反转，更有可能的是原来的上升趋势或者下降趋势向横盘整理的格局变化。反转形态的出现有时也仅仅是表明此前趋势的结束，而并不能保证新的趋势会立即形成。

（三）在向上突破的时候伴随的成交量越大，可靠性就越强

如果反转形态形成在底部位置，那么在该形态出现向上突破的后半段则要求伴随着成交量的逐渐放大。成交量往往在重大阻力位被突破的时候起到关键的作用，量价配合越理想，其可靠性就越强。无论是大盘还是个股，在向上的整理形态即将结束，反转趋势形态基本形成时，多数情况下都会同时出现政策面或基本面的利好来支持行情的发展。

（四）形态的规模越大，反转形成时市场的波动就越大

形态规模的大小是从价格波动的幅度和时间这两方面来区分的，一般而言，未来行情的目标位与反转形态的波动幅度和形态的酝酿时间有直接的正向关系。如果形态的酝酿时间较长，波动范围较大，其后就可能出现较大规模的趋势行情。

K线实战

反转形态表明趋势中的重要转折正在发生；持续形态显示市场仅是暂作停留，可能是要对短期的超买或者超卖做出调整，此后现存趋势将恢复。

二、头部反转形态

（一）头肩顶形态

头肩顶是最为常见的反转形态，头肩顶跟随上升市势而行，是一种见顶信号。一旦头肩顶形态得到确认，股价下跌幅度可能会很大，其逆转杀伤力远高于其他逆转形态，股价或指数升势将转为跌势，如图5-2所示。

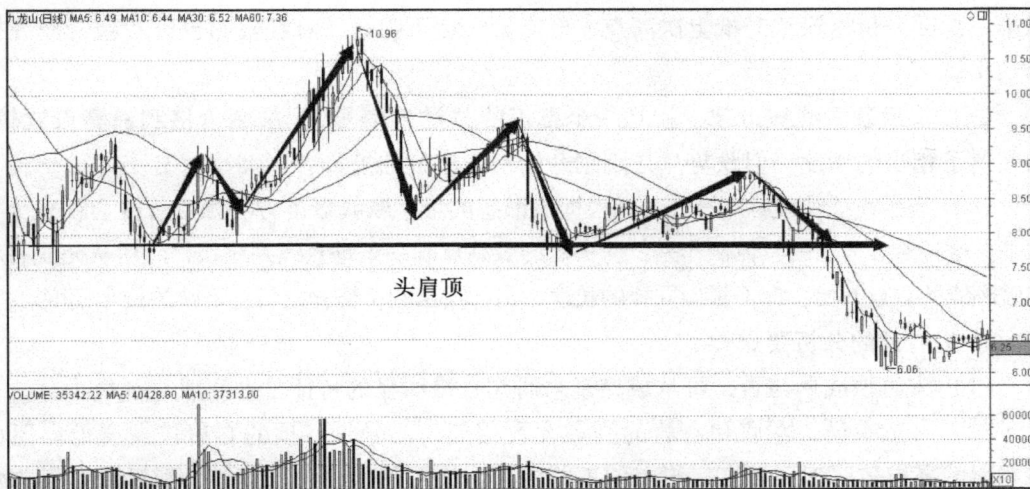

图5-2　头肩顶

1. 头肩顶的形态特征

股价在上升途中出现了三个峰顶，这三个峰顶分别称为左肩、头部和右肩。从图形上看，左肩、右肩的最高点基本相同，而头部最高点比左肩、右肩最高点要高。另外，股价在上冲失败又向下回落时，形成的两个低点又基本上处在同一水平线上。这条水平线，就是通常说的颈线。当股价第三次上冲失败回落时，这根颈线就会被击破，于是头肩顶形态宣告成立。

在头肩顶形成过程中，左肩的成交量最大，头部的成交量略小些，右肩的成交量最小。成交量呈递减趋势，说明股价上升时追涨力量越来越弱，股价有涨到头的意味。

2. 头肩顶的市场含义

最初，看多的力量不断推动股价上升，市场投资情绪高涨，出现大量成交，经过一次短期的回落调整后，那些错过上次升势的人在调整期间买进，股价继续上升，而且攀跃过上次的高点，表面看来市场仍然健康和乐观，但成交已大不如前，反映出买方的力量在减弱。那些对前景没有信心和错过了上次高点获利回吐的人，或是在回落低点买进作短线投机的人纷纷沽出，于是股价再次回落。第三次的上升，为那些因后知后觉而错过了上次上升机会的投资者提供了机会。但股价无力升跃上次的高点，而成交量又进一步下降时，差不多可以肯定过去看多的乐观情绪已完全扭转过来。未来的市场将疲弱无力，一次大幅的下跌即将来临。

3. 头肩顶的应用

（1）头肩顶多发生于牛市行情的末升段或是反弹行情的高点。

（2）当最近一个高点的成交量较前一个高点低时，就暗示了头肩顶出现的可能性。当第三次回升价格没法升抵上次高点，成交量继续下降时，有经验的投资者就会把握机会沽出。

（3）头肩顶颈线被击破，就是一个真正的"沽出信号"，虽然价格和最高点比较，已回落了相当的幅度，但跌势只是刚刚开始，未出货的投资者应继续沽出。

（4）当颈线被跌破后，投资者可根据该形态的最小跌幅量度方法预测价格会跌至什么水平。这种量度方法的具体操作是：从头部的最高点画一条垂直线到颈线，然后从完成右肩突破颈线的一点开始，向下量出同样的长度，由此量出的价格就是将会下跌的最小幅度。

4. 头肩顶的分析要点

（1）头肩顶成形与否，可从成交量来研判，最明显的特征是右肩成交量最小。

（2）一般来说，左肩和右肩的高点大致相等，部分头肩顶的右肩较左肩低。但如果右肩的高点较头部还要高，形态便不能成立。如果其颈线向下倾斜，则显示市场非常疲乏无力。

（3）上涨时要放量，下跌时量可放大也可缩小。对头肩顶这种形态来说，股价可能会先用很小的量击破颈线，然后再放量下跌，甚至仍旧维持较小的量往下滑落也是常有的事。

（4）当颈线被跌破时，成交不必增加也能说明形态确立。倘若成交在跌破颈线时激增，则显示抛售力量十分强劲，会在成交量增加的情况下加速下跌。

（5）股价在跌破颈线后可能会出现暂时性的回升"后抽"，此情形通常会在低成交量跌破时出现。不过，暂时的回升应该不会超过颈线水平。

（6）头肩顶是一个杀伤力十分强大的形态，通常其跌幅会大于量度出来的"最小跌幅"。

（7）假如价格最后在颈线水平回升，而且高于头部，抑或是价格于跌破颈线后又回升至高于颈线，则说明这可能是一个失败的头肩顶，投资者不宜信赖。

K线实战

当某一股票形成头肩顶雏形时，投资者就要高度警惕，这时股价虽然还没有跌破颈线，但可先卖出手中的一些筹码，将仓位减轻，日后一旦发觉股价跌破颈线，即将手中剩余的股票全部卖出，退出观望。

头肩顶对多方杀伤力度的大小，与其形成时间长短成正比。因此，投资者不能只关心日K线图，对周K线图、月K线图出现的头肩顶更要高度重视。如果周K线图、月K线图形成头肩顶走势，说明该股中长期走势已经转弱，股价将会出现一个较长时间的跌势。

（二）双重顶形态

双重顶形态也叫M头，是一种出现频繁且非常重要的反转形态。一支股票上升到某一价格水平时，出现大成交量，股价随之下跌，成交量减少。接着股价又升至与前一个价格几乎相等的顶点，成交量再随之增加却不能达到上一个高峰的成交量，又第二次下跌，股价的移动轨迹就像字母M，这就是双重顶，如图5-3所示。股价必须突破颈线，双重顶形态才算完成。

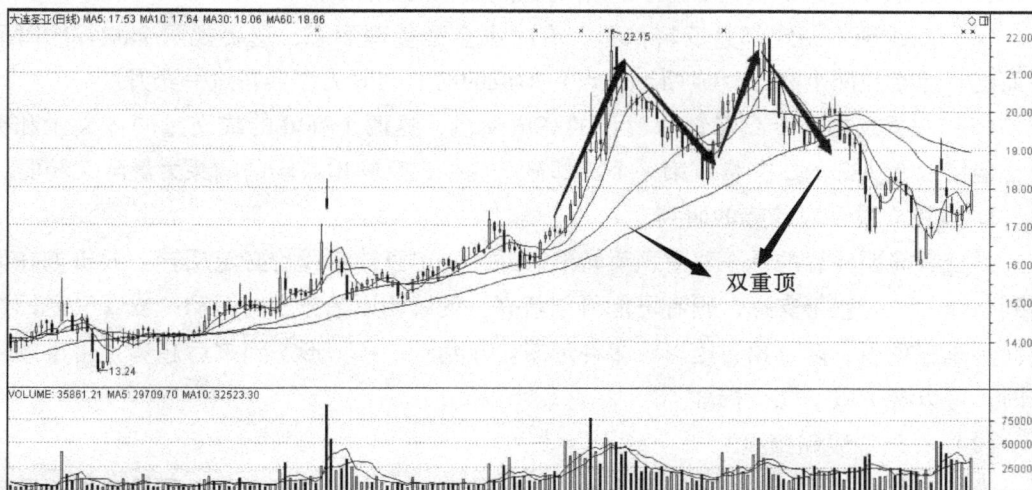

图5-3 双重顶

1. 双重顶的市场含义

由于市场经过一段长时间的多头趋势后，股价涨幅已较大，一些投资者获利颇丰，产生一种居高思危的警觉。因此，当股价在某一阶段遭突发利空时，大量的获利回吐盘会造成股价暂时的加速大跌。当股价回落到某一水平，将吸引短线投资者的兴趣。另外，较早之前的沽出获利者亦可能在这个水平再次买入补回，于是行情开始再次上升。但与此同时，对该股信心不足的投资者会因觉得错过了在第一次高点出货的机会而马上在市场出货，加上在低水平获利回补的投资者亦同样在这个水平再度卖出，强大的沽售压力令股价再次下跌。由于高点两次都受阻而回，令投资者感到该股没法再继续上升

（至少短期内如此），于是越来越多的投资者卖出，令股价跌破上次回落的低点（即颈线），整个双重顶形态便告形成。

双重顶形态形成时，许多常用的技术指标，如 KDJ、RSI、MACD 等，会同时出现顶背离信号，这些指标可以帮助投资者确认底部的形成。双重顶是一个转向形态，当出现双头时，即表示股价的升势已经终结。

2. 双重顶的分析要点

（1）双重顶的两个最高点并不一定在同一水平，两者之间的差距在3%以内都可以视为双重顶。一般来说，第二个头可能较第一个头高出一些，原因是看好的力量企图推动股价继续上升，可是却没法使股价超越前一高点3%。

（2）双重顶最小跌幅的量度方法，是由颈线开始计起，至少会再下跌双重顶最高点至颈线之间差价的距离。

（3）形成第一个头部时，股价回落的低点比最高点低10%～20%。

（4）双重顶不一定都是反转信号，有时也会是整理形态，这要视两个波谷的时间差而定。通常，两个高点（或两个低点）形成的时间相隔大多会超过一个月。

（5）双重顶的两个高峰都有明显的高成交量，这两个高峰的成交量同样尖锐和突出，但第二个头部的成交量较第一个头部显著变少，反映出市场的购买力量已在转弱。

3. 运用双重顶对趋势的研判

投资者需要注意的是，双重顶反转形态并不一定意味着股价必定反转。股价如在回落到颈线部位时获得支撑，则有可能再创新高，继续朝原趋势方向运动；或者又退回来进而形成三重顶、多重顶、矩形等多种形态。在判断"M"形态到来后趋势是否继续进行时，可以参考以下几个标准。

（1）看趋势线和颈线

投资者可以通过趋势线和颈线来判断趋势的运行方向。投资者可以看股价是否跌破了原有的左斜向上的趋势线，当跌破该趋势线时，下一个支撑位就是颈线，出现了颈线，自然就有可能出现双重顶、三重顶、矩形等形态。

（2）看时间

如果两个顶之间形成的时间间隔较长（如一个月），那么形成顶部的可能性较大，因为其中消耗了大量的多头热情，使得股价得不到迅速的上升，产生了压制下跌、维持出货的可能。

（3）看峰顶回撤的幅度

峰顶回撤的幅度也叫双重顶形态的高度，如果从两个顶部回撤的幅度是原来上涨趋势的15%～20%，那么这种有力度的回撤也有可能意味着顶部正在形成。但两个顶之间间隔的时间越长，对于顶之间下跌的幅度要求就越小。

（4）看两个峰之间的距离

双重顶形态的两个峰之间的距离越远，也就是形成两顶所持续的时间越长，将来双重顶形态反转的潜力就越大，反转之后的波动也就越剧烈，这又体现了时间和空间的互换含义。

K 线实战

投资者在运用双重顶来研判个股时，可能会发现这样的情形：有时在初期看成双重顶的形态，在经历一段时间后有可能成了双重底形态。因此，投资者在研判时，要综合各种因素进行考虑，从而可以比较准确地判断是否会出现真正的顶部。

在上升的趋势中，一些所谓的双重顶往往会演绎成双重底的形态。当然，有的个股的确在一个高点之后出现较大幅度的下调，之后再度上涨到前期高位后再度下跌，形成了真正意义上的头部。投资者需要清楚的是，形成双重顶的内在因素是：介入的主力资金被套后无法顺利出局，因此被迫再度拉高股价，以便择机出局。这其实是主力一种无奈的举动。

双重顶出现在下降通道中的情况比较多，由于市场上往往有超跌抢反弹的资金在前期的低点附近做多，又在前期的高点附近做空，从而导致了双顶的形成。此时技术形态表现出来的特征往往是第二个头部低于第一个头部，这是通常出现的情况。这种下降通道中形成的双顶意味着短期的抵抗结束，市场再度向下走低，一般而言也意味着其形成的箱体中箱底的位置具有较强支撑，是未来值得关注的位置。

（三）三重顶形态

三重顶又称为三尊头，它是以三个相约之高位而形成的转势图表形态，通常出现在上升市况中。三重顶形态也和双重顶十分相似，只是多一个顶，且各顶分得很开、很深，成交量在上升期间一次比一次少，如图5-4所示。

典型的三重顶通常出现在一个较短的时期内，以穿破支持线来确立形成。另一种确认三重顶的信号，可从整体的成交量中找到。在三重顶形成过程中，成交量逐渐减少，直至价格再次上升到第三个高位时，成交量才开始增加，形成一个确认三重顶的信号。

1. 三重顶的形态特征

（1）三重顶三个顶部的高度相差不多，只要幅度不超过3%，就不会影响对形态的分析。在实际走势中，常见的是第三个顶最高，第一个顶最低。三重顶的第二个顶部不能过高，否则便形成了头肩顶，其形态虽然也是顶部反转信号，但与三重顶的应用法则是有区别的。

（2）在第一个顶形成之前，股价较之底部已经有了相当大的涨幅（个股一般在70%以上），涨幅越大越可靠。

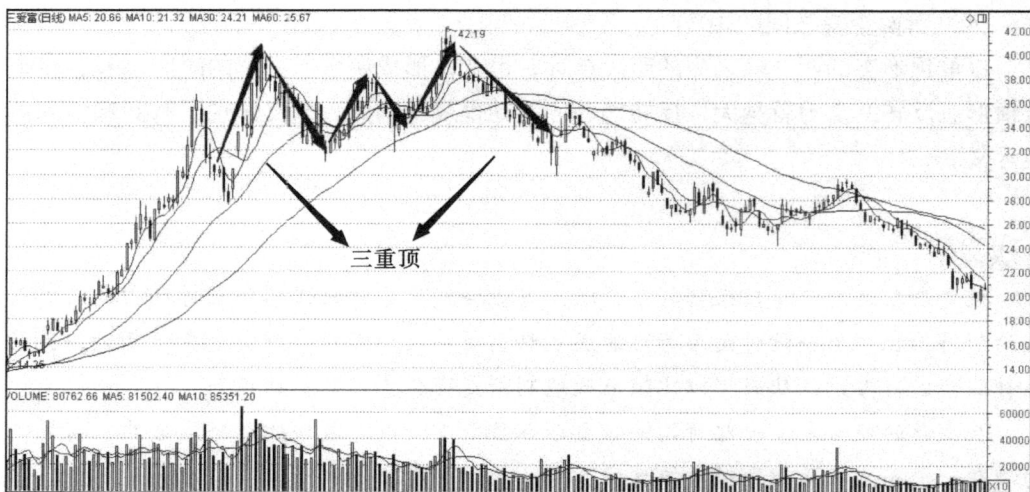

图 5-4　三重顶

（3）在三重顶中，第一个顶成交量可能最大，第二个顶成交量次之，最后一个顶成交量最小，最好是成交量明显萎缩。

（4）三重顶的形成周期从第一个顶算起至少要两个月，如果时间少于两个月，则很可能是失败的三重顶。

（5）三重顶形态必须处在高位，如果出现在低位或是上升途中，就不能按三重顶形态进行操作了。

2. 三重顶的市场含义

价格上升到某一高度后，投资者开始获利回吐，股价在他们的沽售下从第一个峰顶回落，当股价落至某一区域时，又吸引了一些看好后市的投资者的兴趣，另外，以前在高位沽出的投资者亦可能逢低回补，于是行情再度回升，但市场买气不是十分旺盛，在股价回复至前一高位附近时，在一些减仓盘的抛售下，股价再度走软，在前一次回挡的低点又被错过前一低点买进机会的投资者及短线客的买盘拉起，但由于高点两次都受阻而回，这令投资者在股价接近前两次高点时都纷纷减仓，股价又逐步下滑至前两次低点时，一些短线买盘开始止损，此时愈来愈多的投资者意识到大势已去同时沽出，令股价跌破上两次回落的低点（即颈线），于是整个三重顶形态便告形成。三重顶形成后，做多的投资者大多会在此平仓。同时有的投资者会在第三个顶部出现时做空，两股空头力量汇聚在一起，价格会向下跌落得更快。

3. 三重顶的研判要点

（1）投资者在研判三重顶时，可以参考其中的颈线。股价在颈线以上一般会有强劲的支撑，投资者可以持股或买入股票，股价一旦有效下破颈线位，应及时卖出股票或

持币观望，而且这条颈线位还会对股价的反弹构成较强的压力。

（2）三重顶顶峰与顶峰的间隔距离和时间不必相等，三个顶点价格也不必相等，相差3%以内都是可以的。

（3）当股票的收盘价向下跌破颈线幅度3%以上，并有比较大的成交量放出，而且没能在三个交易日内重新回到颈线位之上时，为有效突破。颈线一旦被有效跌破，股价将开始进入一个较长时间的下跌过程。

（4）有部分股票在完成颈线突破后，可能会有一个反抽颈线的机会，此时投资者应抓住机会卖出部分或全部股票。

（5）三重顶形态一旦形成，其准确性很高而且杀伤力极大。与头肩顶和双重顶一样，基本量度跌幅也是三重顶形态很关键的一点。由于在股价实际走势中三重顶的下跌幅度往往超过基本量度跌幅，因此投资者更应加以重视。

（6）在三重顶形态中，如果在股价从第一个顶下跌至第一个底的过程中，成交量出现极度萎缩，说明主力只是洗盘，投资者可以放心买入，等待股价拉升；从第二个顶下跌至第二个底的过程中成交量并没有萎缩多少，说明庄家在大肆出货，投资者应及时卖出股票，更不可轻易买入。

（7）成功的三重顶形态一般是后一个顶比前一个顶高，如果是后一个顶比前一个顶低，可能是失败的三重顶，投资者可综合三角形整理形态来加以研判。

（8）三重顶形态中形成三个顶点的时间跨度越长，反转形态就越成立。如果三顶之间的间隔很近，则可能是整理形态，而非大势反转。

K线实战

三重顶是非常可信的高位反转形态，操作过程中投资者应该注意以下几点。

1. 注意第一顶回调的深度

因三重顶形态顶点与颈线位之间的波动一般较大，投资者可以利用波动做差价。要注意的是，投资者在短线做多时要考虑第一顶回调的深度，如果深度达不到获利的有效空间，最好放弃操作。

2. 把握好三重顶形态的最佳做空点位

一是第三顶形成后第一次跌破颈线时的价位；二是价格跌破颈线后不久，出现反弹走势，向上穿越颈线，然后价格再次跌破颈线时的点位。

3. 注意止损

操作三重顶要注意设好止损点，如果价格冲破止损点位，就要改变操作方向。

（四）圆弧顶形态

圆弧顶是指股价或股指呈弧形上升，虽然顶部不断升高，但每一个高点微升即回落，先是出现新高点，之后回升点略低于前点，如果把短期高点相连接，就可形成一个圆弧状的顶。同时，在成交量方面也会呈圆弧状。如图5-5所示。

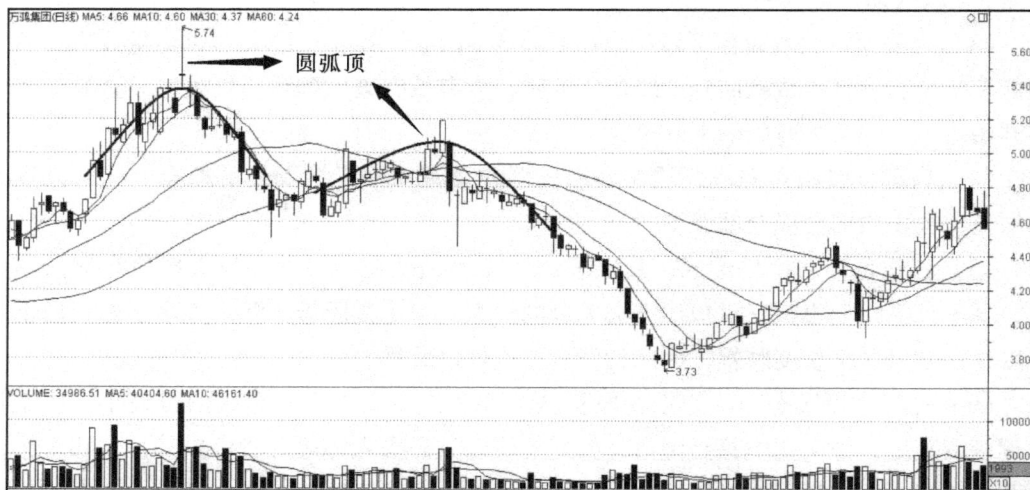

图5-5　圆弧顶

1. 圆弧顶的市场含义

市场在经过一段买方力量强于卖方力量的升势之后，买方趋弱或仅能维持原来的购买力量，使涨势缓和，而卖方力量却不断加强，最后双方力量均衡，此时股价会保持没有下跌的静止状态；如果卖方力量超过买方力量，股价就会回落，开始只是慢慢改变趋势，跌势并不明显，但后期则由卖方完全控制市场，跌势便告急转，说明一个大跌趋势将来临，未来下跌之势将转急变大。在多空双方拉锯形成圆弧顶期间，影响股价的经济、政治、市场人气、突发消息等各种因素均没有发生，市场只是物极必反的转势心理占据了主导地位，使得个股呈"温水煮青蛙"式的出货态势。先知先觉者往往在形成圆弧顶前抛售出局，不过在向下突破圆弧顶颈线时，出局也不算太迟。圆弧顶在不同时间周期的K线图上都常能见到。

2. 圆弧顶的应用

（1）由于圆弧顶形态耗时较长，不像其他图形有着明显的卖出点，但其有足够的时间让投资者依照趋势线、重要均线系统及其他指标，在其形成之前及早退出。

（2）圆弧顶最小跌幅为圆弧顶至颈线的垂直距离，在跌破颈线3%，向下突破确立后，投资者可采取卖出策略。

（3）在圆弧底末期，股价跌到一定程度时，会引起持股者恐慌，使跌幅加剧，常出现跳空缺口或大阴线，此时是一个强烈的出货信号，投资者应果断离场。

（4）圆弧顶成交量多呈现不规则状，当圆顶右侧量小于左侧量甚为明显时，圆弧

顶形成的几率很高。投资者应该时刻关注，感觉风险来临时，应果断卖出。

3. 圆弧顶的研判要点

（1）在形态形成的初期，市场中往往弥漫着极度乐观的气氛。

（2）圆顶反转的理论目标点位价格很难确定，一般只有通过支撑压力、百分比、黄金分割等方法来预测价格。

（3）有时圆弧顶部形成后，股价不一定马上下跌，只是重复横向发展形成平台整理区域。这个平台整理区域称作碗柄。不过，这个碗柄很快会被突破，股价将继续朝预料中的趋势下跌。

（4）圆弧反转在股价的顶部出现，待股价跌破前一次形成圆弧顶的始点时，形态才能确立。

（5）成交量没有固定特征，一般呈逐级递减，在开始股价上升时成交量增加，在升至顶部时显著减少，在股价下滑时，成交量又开始稍放大，有时也出现巨大而不规则的成交量，有时也会呈圆顶形状或 V 形。

K 线实战

圆弧顶多出现于绩优股中，由于持股者心态稳定，多空双方力量很难出现急剧变化，主力在高位慢慢派发，K 线易形成圆弧顶。

三、底部反转形态

（一）头肩底形态

头肩底由左肩、头、右肩及颈线组成，三个连续的谷底中，以中间的谷底（头）最深，第一个及最后的谷底（分别为左、右肩）较浅、接近对称，因而形成头肩底形态，如图5-6所示。头肩底跟随下跌市势而行，并发出市况逆转的信号。

1. 头肩底的形态特征

（1）股价经过长期下跌，成交量相对减少，接着出现反弹（次级上升），成交量没有显著增加，形成左肩。

（2）股价在第一次反弹后受阻，之后第二次下跌，其价格低于左肩之最低价，而其成交量在下跌过程中未减少，甚至有所增多，在低价盘旋时成交量则迅速萎缩，然后一口气回升至越过左肩底价的价位，成交量迅速增加，大于形成左肩的成交量，形成头部。

（3）股价第二次反弹至第一次反弹高点处受阻，又开始第三次下跌。但股价下降到与第一个波谷相近的位置后受到支撑，成交量出现极度萎缩，此后股价再次反弹形成

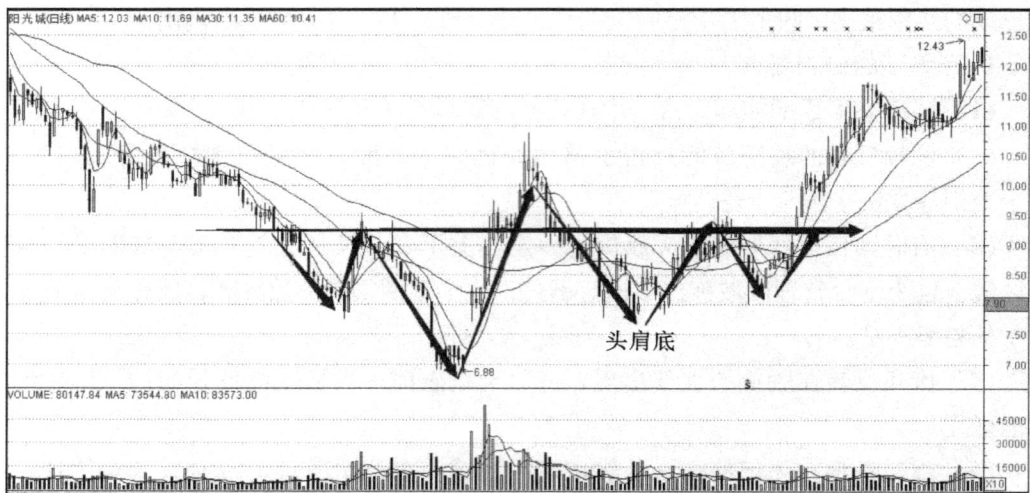

图 5-6　头肩底

了第三个波谷，这就是通常说的右肩。第三次反弹时，成交量显著增加。

（4）由左肩高点至右肩画一条水平线，就是颈线。最后，股价在巨量的推动下，一举突破颈线，当收盘价突破幅度超过3%时，为有效突破，头肩底形态成立。投资者见到头肩底这个图形，应该想到这是个底部回升的信号，此时不能再继续看空，而要随时做好进场抢筹的准备。

一旦股价放量冲破颈线时就可以考虑买进一些股票，这通常称为第一买点。如果股价冲破颈线回抽，并在颈线位附近止跌回升再度上扬时可加码买进，这通常称为第二买点。

投资者需要注意的是，若是股价向上突破颈线时成交量并无显著增加，则可能是一次假突破，这时投资者应逢高卖出，考虑暂时退出观望。

2. 头肩底的市场含义

头肩底的分析意义和头肩顶相似，也是告诉投资者过去的长期性趋势已发生扭转。股价一次又一次地下跌，第二次的低点（头部）明显较先前的一个低点更低，但很快又掉头弹升，接下来的一次下跌，股价未跌到上次的低点水平便已获得支撑而回升，这反映出看多的力量正逐步改变市场过去向淡的形势。当两次反弹的高点阻力线（颈线）被打破后，看多的一方已完全把空方击倒，买方将代替卖方完全控制整个市场。

3. 头肩底的应用

（1）头肩底告诉投资者，过去的长期性趋势已扭转过来，买方力量代替卖方力量完全控制整个市场。

（2）头肩底是一个"转向形态"，通常在熊市的底部出现。

（3）当头肩底颈线被突破时，就是一个真正的"买入信号"，虽然价格和最低点比较，已上升一段幅度，但升势只是刚刚开始，尚未买入的投资者应该继续追入。

（4）其"最小幅度"的量度方法是从头部的最低点画一条垂直线相交于颈线，然后从右肩突破颈线的位置开始，向上量度出同样的高度，所量出的价格就是股价将会上升的最小幅度。

（5）在股价回抽颈线位时买入，适于稳健型投资者，但如果遇到走势强劲的黑马股，往往突破之后不做回抽，可能会因失去机会而令人失望。

（6）在突破颈线位当天收市前买入，适于进取型投资者，但由于追进价较高，可能要承担回抽时暂时套牢或者是无效突破而高位套牢的风险。

（7）更为大胆的投资者为获取更大利润，往往在头肩底的右肩形成过程中即开始建仓，也就是根据一般情况下形态对称的特性，在右肩接近左肩低点时买入。

4. 头肩底的使用要点

头肩底的使用要点主要有以下几个方面。

（1）头肩底和头肩顶形状差不多，主要的区别在于成交量。

（2）当颈线阻力被突破时，必须要有成交量激增的配合，否则这可能是一个错误的突破。不过，如果在突破后成交量逐渐增加，形态也可确认。

（3）一般来说，头肩底形态较为平坦，因此需要较长的时间来形成。

（4）在突破颈线后，股价可能会出现暂时性的回跌，但不应低于颈线。如果回跌低于颈线，或者股价在颈线水平回落，无法突破颈线阻力，而且还跌至低于头部的位置，则说明这可能是一个失败的头肩底形态。

（5）头肩底是极具预测威力的形态之一，一旦获得确认，升幅大多会大于其最小升幅。

5. 使用头肩底时需要注意的事项

投资者需要注意的是，所谓的头肩底技术形态并非都有机会，也有失败的时候，投资者在选择此类个股机会的时候需要注意以下几个方面。

（1）选择那些基本面良好、有长远发展前景的品种作为参与的对象。因为即使短期的参与失败了，从长期来看，成功的概率依旧较大，并且此类个股往往是长线资金关注的对象，只要调整到一定位置，就会有相当多的资金逢低买入参与。

（2）投资者在选择个股的时候，应关注那些右肩略高于左肩并且有明显放量的个股品种。因为这意味着该股的反弹力度大，并且盘整中放量意味着参与资金充足，所以后市值得看高。

（3）所谓的"肩"的形态（即横盘整理的平台）不应太长，其时间应在两周左右，对于太长时间横盘的个股，投资者要注意其中的风险。

（4）向下突破探底的时候，其下跌的幅度不应太深，反弹的时候力度要大于下跌的速度。

另外，投资者还需要知道：与任何技术操作技巧一样，用头肩底形态选择个股操作的时候，也要注意风险控制，一旦失败了要注意及时止损。如果右边平台盘整的时间过长，往往意味着新的下跌会来临，此时就应及时出局，以避免更大的损失。因为头肩底失败后，后市下跌的空间会更大，有的还会创出新低。

K 线实战

投资者在运用头肩底形态选股时不必强求形似，关键是要强调神似，因为，头肩底的形成过程和形态本身比较复杂，有时候会发生变异现象，如变成复合头肩底形态等。这类底部形态的研判技巧与正常头肩底形态的研判没有多少不同，而且，这种复杂的头肩底往往更加安全可靠。

（二）双重底形态

双重底也称"W底"，是指股票的价格在连续两次下跌的低点大致相同时形成的股价走势图形，如图5-7所示。双重底是标准的低价反转型，此后，股价定会不断上升。

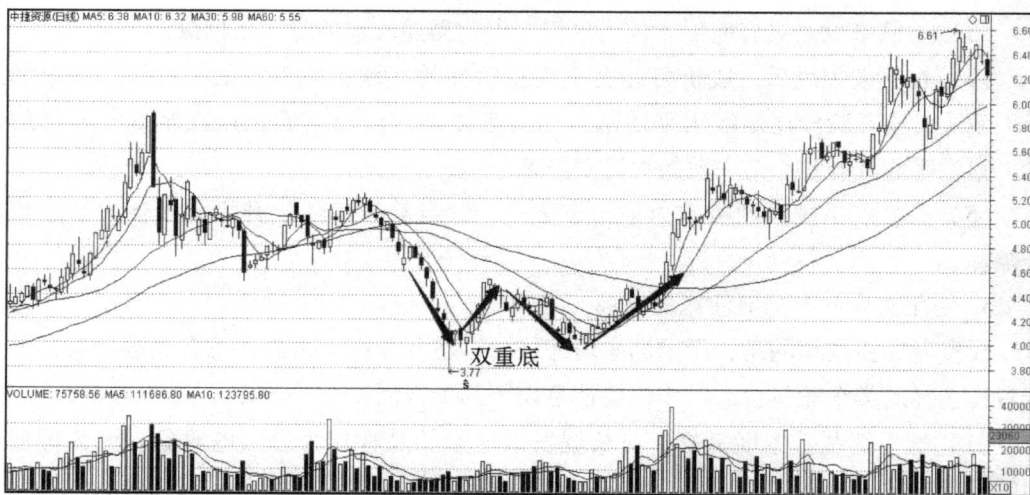

图 5-7　双重底

1. 双重底的市场含义

由于市场经过一段长时间的空头趋势后，股价跌幅已较大，持股的投资者觉得价格太低而惜售，而另一些投资者则因为新低价的吸引而尝试买入，于是股价呈现回升状态，当上升至某一水平时，较早以前短线投机买入者获利回吐，那些在跌市中持货的投

资者亦趁回升时卖出，因此股价再一次下挫。但对后市充满信心的投资者觉得他们错过了上次低点买入的良机，所以这次股价回落到上次低点时便立即跟进，当越来越多的投资者买入时，求多供少的力量便会推动股价扬升，而且还突破了上次回升的高点（即颈线），扭转了过去下跌的趋势。

2. 双重底的内在含义

真正的双重底形态反映的是市场在第一次探底消化获利筹码的压力后下探，而后再度发力展开新的行情。既属于技术上的操作，也有逢低吸筹的意义，也就是在第一次上涨中获得的筹码有限，为了获得低位的廉价筹码，所以股价再度下探。

这就反映出两重含义：一是做多的资金实力有限并且参与的时间仓促，所以通过反复的方式获得低位筹码，同时消化市场压力，否则市场的底部就会是 V 形的；二是市场的空方压力较大，市场上涨过程中遇到了较大的抛盘压力，市场并没有形成一致看多的共识，不得不再次下探。

3. 双重底的研判要点

（1）投资者在研判双重底时，可以重点参考颈线。股价在颈线之下，颈线就是一条重要的长期压力线，当颈线一旦被有效突破后，它就是一条极为重要的长期支撑线。

（2）当股票的收盘价向上突破颈线幅度超过3%，并伴有较大的成交量放出时，为有效突破，股价将进入一个持续时间较长的上涨阶段。

（3）一般情况下，股价在完成颈线突破后，都有一个短暂的向下回落过程（三个交易日以内），以确认颈线是否被有效突破。而股价只要不跌破颈线，就会很快向上拉升，投资者应抓住这个最好的中短线机会买入股票。

（4）投资者需要注意的是，股价向上突破颈线时，需要较大成交量的配合，而在以后的股价上升过程中，成交量不一定会大量放出，只要成交量不过度萎缩就没有关系。

（5）股价有效向上突破颈线后，其上升的幅度最少相当于底部至颈线的垂直距离，即基本量度升幅。而且实战中双重底的上升幅度往往会超过基本量度升幅，特别是流通股在一亿股以下的中小盘股。

（6）颈线和基本量度升幅是双重底形态中两个重要的研判标准，在实际研判和操作中，投资者一定要注意。

（7）双重底的两个底部往往不是在同一水平线上，只要两者之间幅度相差不超过10%就不影响分析。在两个底部中，如果第二个底部的位置更高，意味着市场做多的力量占据上风，否则就表明当前走势是弱势，即这种双底非常弱。再者，第二个底的成交量与第一个相比，明显放大，不仅是上涨过程中有成交量配合，并且在下跌过程中，缩量程度与前期相比也是明显放大的，这表明有新资金介入。当然，如果直接涨停，则是更强的表现。具备了这两个基本特征，就可以说明市场走势已经企稳，后市有一轮上涨行情。

（8）投资者可以结合均线理论来研判双重底形态，这样准确性更高。

K 线实战

许多投资者往往喜欢在市场下跌趋势中运用双重底来判断底部和预测未来，但在实际的走势中，如果大的趋势是向下的，途中出现这种短期的双重底，多数情况下会演绎成 M 头形态继续走低。真正成功使用该种技术形态的时段是在大趋势向上途中——市场股指或者个股股价遇到了获利回吐的压力后出现的调整和波动，只有这时，成功的概率才较高；而在趋势向下的情况下，运用这种形态判断底部常常是错误的。因此，在具体的个股操作时，建议投资者关注那些大趋势向上（至少不是向下）的个股。

（三）三重底形态

三重底比双重底多一个底，由三个底部组成，如图5-8所示。三重底既是头肩底的变异形态，也是 W 形底的复合形态，三重底相对于 W 形底和头肩底而言比较少见，却又是比后两者更加坚实的底部形态，而且形态形成后的上攻力度也更强。

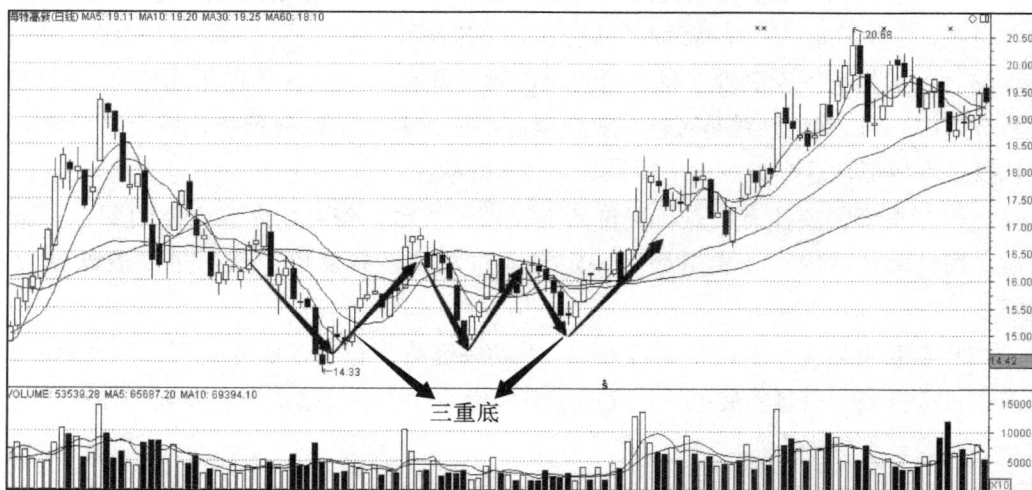

图5-8　三重底

1. 三重底的形态特征

（1）该形态多发生在波段行情的底部或是多头与空头行情的修正走势之中。不是上述两种位置的三重底，不能认定价格跌到了低位，做多容易被套，更谈不上获利。

（2）该形态的三个底部低点应大体处在同一水平线上，即三个底部的最低价位应

基本接近，三个底部的低点如果相差过大，就不能按三重底操作。

（3）该形态的三个底部低点之间应保持一定的间隔，间隔的距离越大，后市上涨的空间就会越大。

三重底形态的上升规律与双重底形态的上升规律一样，也是颈线以上的升幅，至少是底部低点连线到颈线垂直距离的一倍。

2. 三重底的市场含义

主力在吸筹阶段需要大量吃进股票，买盘的介入使股票成交量放大。短线客跟风入场抢筹码，使股价被推高。主力此时如果没有买到足够数量的筹码，便会在某一价位，通常是前期成交密集区或重要技术位处，向下砸盘，迫使部分短线跟风盘离场、股价下跌，庄家趁机再吸货，反抽至前期高点后，主力如法炮制，剩余短线客为了避免再次坐"电梯"，纷纷抛售股票，随后形成第三次底部，待股价重新回到颈线处，庄家如果发现浮动筹码已寥寥无几时，便会一举突破。此种形态称为三重底。

3. 三重底的应用

三重底的应用主要体现在以下几个方面。

（1）在运用三重底时，激进型投资者可以选择在股价有突破颈线位的确定性趋势，并且有成交量伴随时介入。

（2）成熟型投资者可以选择在股价已经成功突破颈线位时介入。

（3）稳健型投资者可以选择在股价已经有效突破颈线位后的回挡确认时介入。

（4）投资者在正确把握好三重底的介入时机买入股票后，就需要掌握三重底的最佳卖出价位。这需要研判三重底的上涨力度并推算大致的上涨空间。

三重底的上涨力度，主要取决于以下因素。

（1）股价从三重底的第三个底部上升时，成交量是否能持续性温和放大。

（2）股价在向上突破颈线位的瞬间时成交量是否能够迅速放大。

（3）三重底的低点到颈线位的距离。距离越远，形态形成后的上攻力度越大。

（4）股价在底部的盘旋时间。通常盘旋得越久，其上涨力度越大。

4. 三重底的研判要点

分析三重底时，投资者需要关注如下要点。

（1）三重底的谷底与谷底间隔距离与时间也不一定相等。

（2）三个谷底股价不需完全相同，差距可达3%，不要机械地理解。

（3）确认三重底是否真正成立。

投资者需要注意的是，三重底不是只有三个低点就能形成的，三针探底的形态只能表示股价的走势图形具有三重底的雏形，未来发展极有可能向三重底演化，至于最终是否能构筑成三重底，并形成一轮上升行情，还需要进一步检验。

（4）了解三重底成立的确认标准

三重底成立的确认可依据如下标准。

a. 形成三次低点的时间间隔

三重底形态的三次低点时间，时间间隔通常至少要保持在 10～15 个交易日，如果时间间隔过小，往往说明行情只是处于震荡整理中，底部形态的构筑基础不牢固，即使形成了三重底，由于其形态过小，后市上攻力度也会有限。

b. 需要成交量的配合

三重底的三次上攻行情中，成交量要呈现出逐次放大的态势，否则极有可能反弹失败。如果大盘在构筑前面的双底形态，两次上升行情中，成交量始终不能有效放大的话，极有可能导致三重底形态的构筑失败。

c. 三重底的最后一次上攻

在三重底的最后一次的上攻行情中，如果没有增量资金积极介入的放量，仍然会功败垂成。所以，三重底的最后一次上涨必须轻松向上穿越颈线位时才能最终确认。股价必须带量突破颈线位，才能有望展开新一轮升势。

K线实战

投资者需要注意的是，在实际操作中不能仅仅看到有三次探底动作，或者已经从表面上形成了三重底，就一厢情愿地认定是三重底而盲目买入，这是非常危险的。因为，有时即使在走势上完成了形态的构造，但如果不能最终放量突破其颈线位的话，三重底仍有功败垂成的可能。三重底由于构筑时间长，底部较为坚实，因此突破颈线位后的理论涨幅，将大于或等于低点到颈线位的距离。所以，投资者需要耐心等待三重底形态彻底构筑完成，股价成功突破颈线位之后，才是最佳的建仓时机。大可不必在仅有三个低点和形态还没有定型时过早介入，这样做虽然有可能获取更多的利润，但从风险收益比率方面计算，反而得不偿失。

（四）圆弧底形态

圆弧底指的是 K 线排列呈圆弧形的底部形态，多出现在价格底部区域，是极弱势行情的典型特征，其形态表现在 K 线图中形如锅底状，如图5-9所示。

1. 圆弧底形成的特征及条件

（1）股价处于低价区。

（2）股价变动简单且连续，先是缓缓下滑，而后缓缓上升，K 线连线呈圆弧形。

（3）圆弧底是在经历股价大幅下跌之后形成的，一般筑底的时间较长，几周、几个月甚至几年都有。

（4）底部股价波幅小，成交量亦极度萎缩，盘整到尾段时，成交量呈缓步递增，

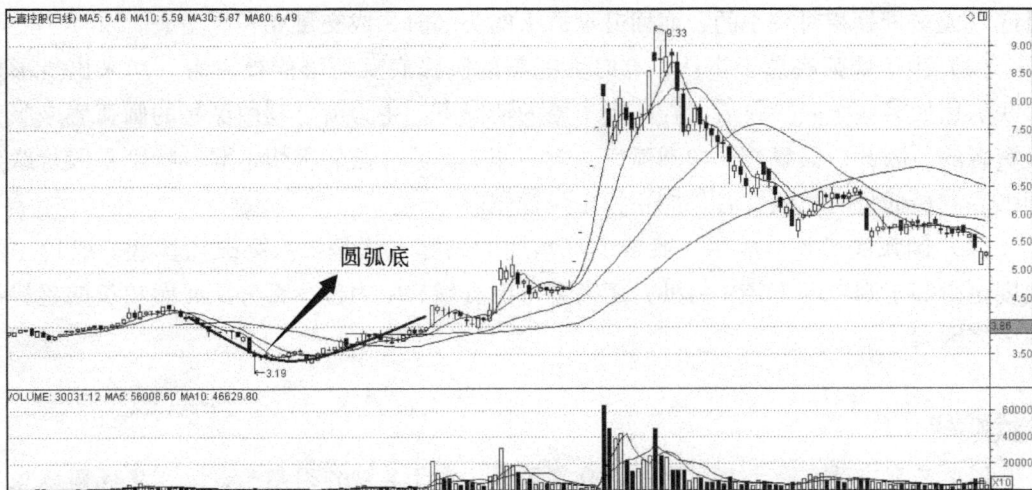

圆弧底

图5-9 圆弧底

之后是巨量向上突破前期阻力线。

（5）在形成圆弧底后，股价可能会反复徘徊形成一个平台，这时候成交已逐渐增多，在价格突破平台时，成交必须显著增大，股价才会加速上升。

（6）假如圆弧底出现时，成交量并不是随着价格沿弧形增加，则该形态不宜信赖，应该等待进一步的变化，待趋势明朗时再做决定。

2. 圆弧底的市场含义

股价从高位跌下来，卖方的势力逐步减弱，主动性抛盘减少，买方力量畏缩不前，于是成交量随着股价下跌持续下降。股价虽然继续下跌，但买卖双方都已接近精疲力竭，所以股价跌幅越来越小，直至水平发展，同时成交量也极度萎缩。当股价跌至极低位时，开始有主力机构或先知先觉者入场悄悄收集，多方力量渐渐增强，股价及成交量缓缓上扬。最后，买方收集完成，完全控制市场，股价迅速攀升，因为底部耗时长、换手充分，所以向上突破后，卖方无力抵抗，往往无需回挡，短期升幅会相当惊人。

3. 圆弧底的应用

投资者可以在突破圆弧底并有成交量配合时果断跟进，具体操作策略如下。

（1）圆弧底是相对可靠的底部反转形态，一旦个股左半部完成后，股价将出现小幅爬升，成交量温和放大；形成右半部圆形时，便是中线分批买入时机，股价放量向上突破时是非常明确的买入信号，其突破后的上涨往往是快速而有力的。由此可见，圆弧底末期应是最佳买入时机。

（2）圆弧底重要的特征就是股价在大幅下跌之后，在构筑底部的过程中，股价和成交量的变化均呈现圆弧状且完成的时间较长。主力机构建仓前夕，成交量是放大的，见底时成交量是相对较小的，而回升至原来的头部时，成交量亦相应增大。

（3）由于圆弧底易于辨认，有时太完美的圆弧底反而可能被主力利用来出货形成骗线。比如某些个股除权后，在获利丰厚的情况下，主力就是利用漂亮的圆弧底来吸引投资者的。因此，如果公认的圆弧底久攻不能突破或突破后很快走弱，特别是股价跌破圆弧底的最低价时，投资者仍应止损出局观望。

（4）圆弧底形态形成后，股价上涨幅度的测算方法是：从突破点算起，股价上涨幅度至少等于圆弧的半径。另外，还需要考虑支撑和阻力位、百分比回撤和长期趋势线等诸多因素。

K 线实战

圆弧底形态通常是大型投资机构吸货区域，由于其炒作周期长，故在完成圆弧底形态后，其涨升的幅度也是惊人的。投资者如在圆弧底形态内买进，则要注意大型投资机构于启动价格前在平台上的震仓。股价完成圆弧底形态后，在向上挺升初期，会吸引大量散户买盘，从而给大型投资机构后期拉抬增加负担，故大型投资机构会让价格再度盘整，而形成平台整理，将一批浮动筹码与短线客清扫出局，然后再大幅拉抬价格。在价格上涨途中，大型投资机构不断地利用旗形与楔形调整上升角度，延续涨升幅度。所以，圆弧底形态从某种角度上来说，也可谓是黎明前的黑暗。在形态内，价格貌似平静如水，实际上是在酝酿着一波汹涌的滔天大浪。

（五）潜伏底形态

股价在一个极狭窄的范围内横向移动，每日股价的高低波幅极小，且成交量亦十分稀疏，图表上形成一条横线般的形状，因此称之为潜伏底，如图 5-10 所示，该形态又被称为线形底。潜伏底一般耗时较长，从数月到数年不等，但是一旦向上突破，往往很少回调，涨幅常以倍数计。

1. 潜伏底的形态特征

（1）股价处于历史低价区。

（2）股价波动幅度小。

（3）成交量稀少。

（4）历时较长，少则数月，多则数年。

（5）伴随成交量突然放大，股价将突破盘局、迅速上扬。

2. 潜伏底的市场含义

潜伏底大多出现在市场淡静之时，及一些股本少的冷门股上。由于这些股票流通量少，而且公司不注重宣传，前景模糊，结果受到投资者的忽视，稀少的买卖使股票的供求十分平衡，价格就在一个狭窄的区域里一天天地移动，既没有上升的趋势，也没有下

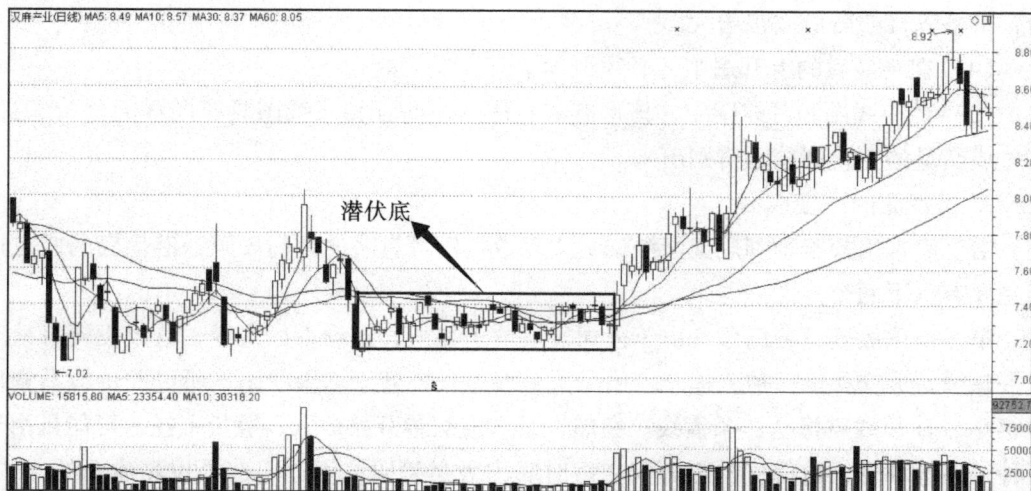

图 5-10　潜伏底

跌的迹象，就像是处于冬眠时的蛇一样，潜伏不动。最后，突然出现不寻常的大量成交，原因可能是受到某些突如其来的消息的刺激，例如公司盈利大增、分红前景利好等，股价会脱离潜伏底，大幅向上扬升。

先知先觉的投资者会在潜伏底形成期间不断地做收集性买入，当形态突破后，未来的上升趋势将会强而有力，而且价格的升幅甚大。所以，当潜伏底向上突破时，值得投资者马上跟进，这些股票的利润将十分可观，而风险却很低。

3. 潜伏底的投资策略

（1）一般来说，潜伏底形态的个股通常成交稀少，股价变化不大，容易被投资者忽视。然而，一旦爆发，涨幅将相当惊人。为了避免"走漏眼"，投资者可以采用这种方法加以识别：将日K线显示窗口的时间放大到半年甚至一年以上，这样容易发现股价波幅小、日K线呈"一条线"形态的个股。

（2）不要过早介入。潜伏底耗时较长，而且在向上突破之前，也许真的是一支毫无希望的弱势股。如果过早介入，会将资金锁定相当长一段时间。较佳的介入时间应选在放量向上突破的2~3天，大胆抢进。

（3）"横有多长，竖有多高"。在底部横盘时间越长，积累的上攻能量越大。同样是潜伏底突破形态，投资者应选择底部耗时较长的个股介入，获利会更加丰厚。

4. 潜伏底的要点提示

（1）一般来说，潜伏底都是在交投不活跃的股票中出现。

（2）通常潜伏底时间较长。

（3）投资者必须在长期性底部出现明显突破时方可跟进，突破的特征是成交量激增，价格每日的高低波幅增大。

（4）在突破后的上升途中，必须继续维持高成交量。

（5）在周线图和月线图中，该形态依然适用，而且和日线图具有同样的分析意义，不过成交量的变化则较难辨别出来。

5. 潜伏底的内在成因

潜伏底常出现于个别成交清淡、被大多数投资者忽略的冷门股中，潜伏底的内在成因主要有以下两个方面。

第一，该股确是冷门股，由于公司发展前景黯淡，业绩不如人意，造成投资者缺乏投资热情，成交稀少，被人遗忘。由于买卖双方长期处于均衡状态，所以股价波动幅度也很小，日K线就像是一条横线。突然，某天成交量开始放大，股价上扬，可能是由于某种突发性利好，迫使机构主力要在短时间内吸足筹码，不得不选择拉高建仓的方式。此方式建仓成本较高，所以主力一定还要将股价拉至更高位置，才可能获利出局。

第二，在长期成交稀少的过程中，偶尔会出现成交量与股价出现异动的情况，只有少数敏锐的投资者才能察觉。这种现象很可能是有主力在耐心吸筹，为了避免被人发现，每天一点一点地买，但因为资金量大，难免会在盘面上留下蛛丝马迹。在吸足筹码之后，主力开始拉抬，盘面上的反映就是成交量放大、股价上扬。由于主力吸筹时间长，换手充分，所以拉抬轻松，短期内就可将股价推至高处。

K 线实战

潜伏底与其他底部形态不同的是，潜伏底一旦向上突破之后，股价就会一路上窜，很少出现回探现象。这是因为股价横盘时间已经很长、换手也相当彻底。有些投资者在潜伏底构筑过程中，因过早入市受不了股价不死不活的长期折磨，在股价发动上攻行情前离它而去，这是很可惜的。因此潜伏底的入市时间应选择在股价放量上冲这一阶段。

四、V 形与倒 V 形反转

（一）V 形反转

1. V 形走势的形态特征（见图 5-11）

（1）下跌阶段：通常 V 形的左方跌势十分陡峭，而且会持续一段较短的时间。

（2）转势点：V 形的底部十分尖锐，一般来说，形成这种转势点的时间仅两三个交易日，而且成交在这类低点明显增多。有时候，转势点就出现在恐慌交易日中。

（3）回升阶段：股价从低点回升，成交量亦随之而增加。

"伸延 V 形"走势是 V 形走势的变形。在形成 V 形走势期间，其中上升（或是下

图 5-11 V 形反转

跌）阶段呈现变异，股价在一部分时间里出现横向发展的成交区域，其后又突破这一徘徊区，继续完成整个形态。

2. V 形走势的市场含义

由于市场中卖方的力量很大，令股价稳定而又持续地下挫，当这股抛售力量消失之后，买方的力量会完全控制整个市场，使得股价出现戏剧性的回升，几乎以下跌时同样的速度收复所有失地。因此，股价在图表上形成一个 V 字形的移动轨迹。

3. V 形反转的注意要点

（1）V 形走势在转势点必须有明显成交量配合，在图形上形成 V 形。

（2）股价在突破伸延 V 形的徘徊区顶部时，必须有成交量增加的配合，在跌破倒转伸延 V 形的徘徊底部时，则不必有成交量增加。

（3）投资者发现个股呈现显著的 V 形反转时，结合个股基本面的研判，当有快刀斩乱麻般的勇气介入。

（4）V 形反转的底部最好是在前期的底部附近，或者有上升趋势的支撑。

（5）前期该股曾是市场的牛股（新股除外），或者有一波力度不俗的涨幅，这样的个股庄家通常未出局，V 形反转比较可信。

4. 大盘 V 形反转和个股 V 形反转

大盘的 V 形反转主要是前期股指过度急跌导致的，它能在短期之内出现惊人的上涨，最典型的例子是 2012 年 12 月 4 日达到 1949 点的底部前后大盘的走势，如图 5-12 所示。此类行情往往在发生之前就有较大的跌幅，继之出现超跌，之后在一些利好消息的刺激下开始报复性反弹。也就是说，它是由于累计亏损巨大导致的、有内外双重因素刺激的反弹行情。而且，在初期阶段，市场几乎所有的个股全都出现大幅上涨的走势，不久之后个股走势分化，但会出现持续上涨的主流热点，投资者只要抄到了底部，就可以获得十分丰厚的收益。

图 5-12　大盘 V 形反转

当大盘的 V 形反转出现时，投资者一般都有充足的时间来进行个股品种的选择，而且此时几乎所有的个股都有机会，投资者可积极参与建仓。因为后市往往会快速拉升，会在相对较短的时间内完成一次力度较大的上涨行情，因此投资者初期就应介入。

个股的 V 形反转主要是由于突发性利多引发的上涨，一般都是有改变上市公司基本面的重要信息突然公布，而在此之前，其股价并没有特别的反应，在消息明确之后，股价往往持续涨停。此类例子非常多，如历史上的国金证券、安信信托，以及近几年的外高桥都是如此。其特点是利好属于突发性，事前保密性极强，因此当信息公布时，股价反应极为强烈。或者是之前股价虽有所反应但并不充分，因利好的力度极大，前期上涨不足以反映公司基本面的变化，当信息公布时，股价便急速上涨。当然，也有一些 V 形反转个股是技术上的炒作，是主力资金借助短期题材疯狂地拉升，介入的主力资金往往是快进快出。但一般来说，V 形反转多数还是由于重大利好刺激而引发的行情。

个股的 V 形反转往往难以把握，这是因为许多个股往往连续涨停，不给投资者买入机会。当涨到相当幅度、投资者有机会买入的时候，一般来说也是风险较大的时候。但此类个股会有两种机会：一种是如果第一个涨停不坚定，投资者可积极参与；另一种是上涨一波后会有短暂的调整，之后又再度发力发起第二波冲击，因此在中期调整时投资者可积极介入。但此类情况不太多，因为这需要非常大力度的利好刺激。

（二）倒V形反转

倒V形反转是指股价先一路上涨，随后一路下跌，头部为尖顶，在图形上就像倒写的英文字母"V"，如图5-13所示。

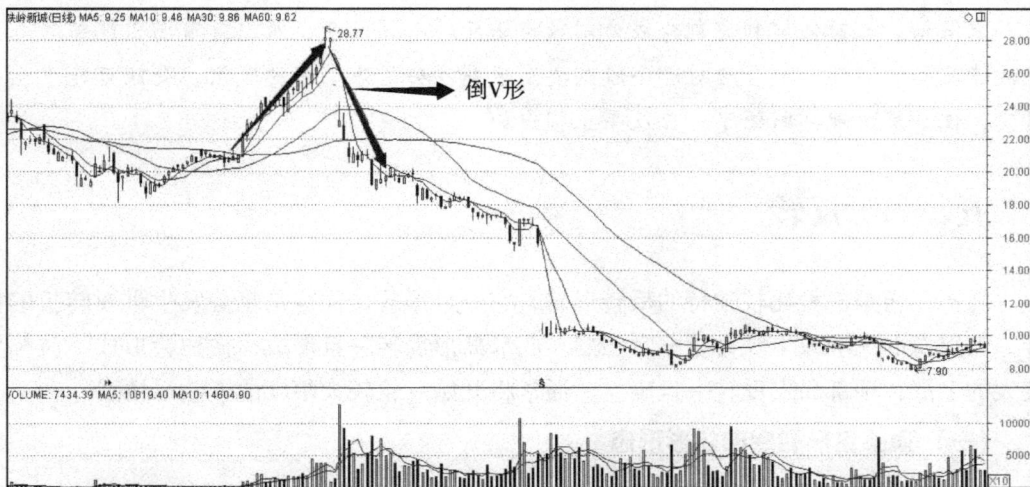

图5-13　倒V形

1. **倒V形走势的形态特征**

（1）多发生于行情的末升段，指数在急涨之后，又再急速下跌，非常类似K线形态的"一日反转"。

（2）最常引发此种行情的原因，多为消息面的因素令投资人来不及对市场的快速变化做出反应所致。

（3）在行情发展过程中，投资者较难马上发现倒V形反转，但该形态很容易发生在对称三角形的形态之后。

2. **倒V形走势的市场含义**

股价在上涨趋势中，由于市场看多的气氛使得买盘强劲增多，股价上涨的速度越来越快，最后出现宣泄式暴涨。多头得到极度宣泄之后，便出现了危机，短线客见股价上涨乏力便会反手做空，这种现象越演越烈，股价走势也出现了戏剧性的变化，股价触顶后便一路下跌，这样就产生了倒V形走势。

3. **倒V形走势的行情研判**

（1）倒V形走势行情判断极为不易，无法从先前的指数走势来预推其发生的可能性。

（2）反转发生后，低点爆大量时才是指数比较容易出现的止跌点，但并不表示后续走势会反转。

K线实战

一般来说，大盘和个股的V形反转行情都是可遇而不可求的，都具有突发性。但相对而言，对大盘走势的预测还有一定的脉络可寻，即股指往往跌到非常低的位置，市场被严重低估，此时任何利好都会成为刺激市场反转的导火索，所以，市场出现超跌是大盘快速反转的前提；投资者对于个股则要高度关注公司基本面的变化，关注可能发生的质变，但如果发现判断错了，应及早止损出局。

五、岛形反转

岛形反转是一种比较独特的反转形态，它一旦形成，往往是趋势发生重要转折的信号，其引发的上涨或下跌力量非常强烈。底部岛形反转一旦形成，往往会形成一波幅度较大的上涨；顶部岛形反转一旦确立，通常将开始一轮较大幅度的下跌行情。

（一）顶部岛形和底部岛形形态

1. 顶部岛形形态

股价在经过一段时间的持续上升后，某日出现跳空缺口性加速上升，但随后股价在高位徘徊，不久股价却以向下跳空缺口的形式下跌，而这个下跌缺口和上升向上跳空缺口，基本处在同一价格区域的水平位置附近，使高位争持的区域在K线图表上看来，就像是一个远离海岸的孤岛形状，左右两边的缺口令这岛屿孤立地立于海洋之上，这就是顶部的岛形反转形态，如图5-14所示。

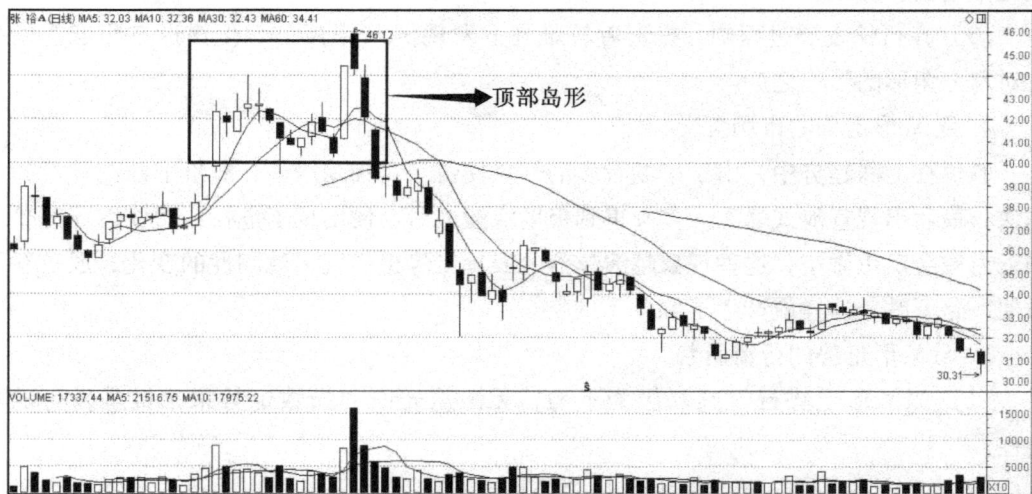

图5-14 顶部岛形

2. 底部岛形形态

股价在持续下跌过程中也会出现岛形反转形态，股价在经过一段时间的持续下跌后，某日突然跳空低开留下一个下调缺口，随后几天股价继续下沉，但股价下跌到某低点又突然峰回路转，股价向上跳空开始急速回升。这个向上跳空缺口与前期下跌跳空缺口，基本处在同一价格区域的水平位置附近，使低位争持的区域在 K 线图表上看来，就像是一个远离海岸的孤岛形状，左右两边的缺口令这岛屿孤立地立于海洋之上，这就是底部的岛形反转形态，如图 5-15 所示。

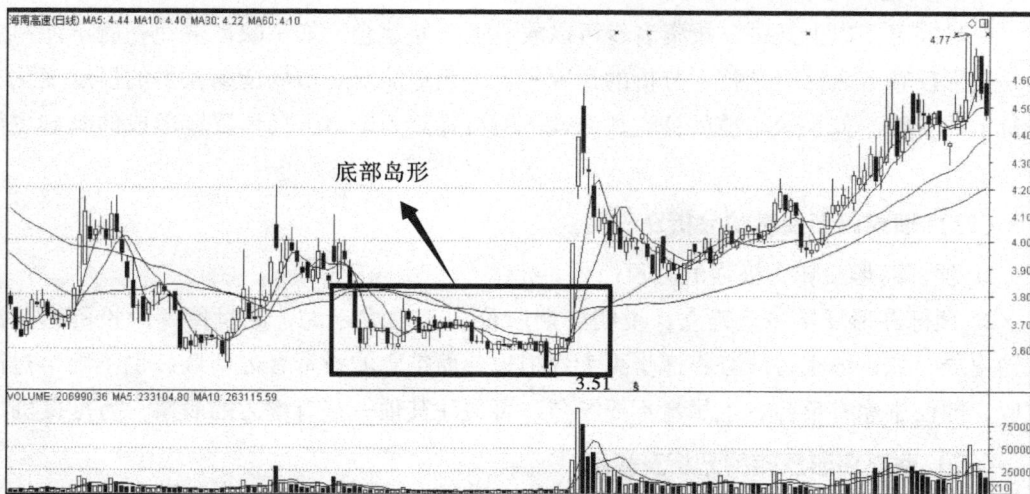

图 5-15　底部岛形

（二）顶部岛形和底部岛形的市场含义

1. 顶部岛形的市场含义

股价不断上升，使原来想买入的投资者没法在预期的价位追入，持续的升势令他们终于忍不住开始不计价格抢入，于是形成一个上升缺口。可是价格却没有因为这样的跳升而继续向上，在高位明显出现阻力，经过一段短时间的争持后，股价终于没法在高位支持，而出现跳空下跌。

2. 底部岛形的市场含义

股价在不断的下跌途中，原来想卖出的没法在预期的价位抛售，而持续的跌势却令他们终于忍不住开始不计成本地抢先出局，于是就形成一个向下的跳空缺口。可是股价却没有因为这个缺口而继续向下，而是在跌到较低价位时明显受到了强力支撑，经过一段短时间的争执后，投资者发现先前的抛售是一种错误，转而反手开始大量买入，这也就形成了一个向上的跳空缺口。从这点可以看出，岛形反转是由于投资者对市场有了重新的认识而形成的。因此，岛形反转出现在中级行情或长期行情中，一旦形成岛形，我们可以当机立断做出反应，而且其爆发力度相对来说很强。

（三）岛形反转有效性的判断

一般来说，研判反转形态需要具备以下几个条件。

1. 形成岛形的两个缺口大多在同阶段价格范围之内。

2. 岛形前一缺口为空头力量耗尽的缺口，而后一缺口为多方开始反攻的突破缺口，而该缺口在较长的时间内是不会回补的。

3. 成交量在岛形反转中应有较大的放大。

一旦满足了以上条件，投资者就可以放心地开始建仓。如果缺口被回补就不能再看作是岛形反转了。因为从技术分析的角度来看，跳空缺口是市场情绪发生的极度变化在股价上的反映。如果缺口被回补，那么就不能再称其为缺口，岛形反转形成的基础也就没有了。

（四）顶部岛形反转的分析及应用

1. 顶部岛形反转为极强的见顶信号。

2. 顶部岛形反转一旦确立，说明近期股价向淡已成定局，此时持筹的投资者只能认输出局，如果继续持股必将遭受更大的损失。而空仓的投资者近期最好也不要再过问该股，即使中途有反弹，也尽量不要参与，可关注其他一些有潜力的股票，另觅良机。

（五）底部岛形反转的分析及应用

1. 底部岛形反转时常伴有很大的成交量，如果量小，则反转图形很难成立。

2. 底部岛形反转是转势形态，表明股价已见底回升，将从跌势化为升势。出现此图形后，股价不免震荡，但多数情况下回抽到缺口处会止跌，然后再次发力上攻。

3. 投资者面对这种底部岛形反转的个股，应首先想到形势可能已经开始逆转，不可再看空了。

不同类型的投资者可以选择不同的时机介入，激进的投资者可在岛形反转后向上跳空缺口的上方处买进，稳健的投资者可在股价急速上冲回探向上跳空缺口获得支撑后再买进。当然，如果股价回探封闭了向上跳空缺口就不要买进了，而应密切观望。

一般来说（其他形式），向上跳空的缺口被封闭后，后市就会转弱。值得注意的是，有很多股票底部岛形反转向上跳空缺口被封闭后，股价并没有重现跌势，不久又会重新发力上攻。这可能是底部岛形反转的向上跳空缺口与一般的向上跳空缺口的不同之处。因此，投资者对那些填补向上跳空缺口之后，再度发力上攻跃上跳空缺口上方的个股要继续密切加以关注，持筹的仍可持股做多，空仓的可适时跟进。当然，这里要注意的是，对填补向上跳空缺口后股价还继续下沉的个股，就不可再看多了，此时投资者应

及时止损离场观望。

（六）岛形反转的分析要点

1. 顶部岛形（底部岛形）首先出现的缺口为衰竭性缺口，其后在反方向移动中出现的缺口为向下（向上）突破性缺口，而该缺口在较长的时间内是不会回补的。

2. 这两个缺口往往在很短时间内先后出现，最短的时间可能只有一个交易日，亦可能长达数天至数个星期左右。

3. 形成岛形的两个缺口大多在同等价格区间范围之内。

4. 岛形以消耗性缺口开始，以突破性缺口结束。经典的理论认为，岛形反转的后一个缺口是否被回补是这种形态成立与否的关键。一旦被回补，这时就不能再看作是岛形反转。因为从技术分析的角度来看，跳空缺口是市场情绪的极度变化在股价上的反映。如果缺口被回补，那么它就不再是突破性缺口，岛形反转形成的基础也就没有了。投资者需要注意的是，在大的反转级别中确实如此，但许多小级别的上涨图形中，第二个跳空的缺口往往被反抽回补，成为庄家打压洗盘的一种常见形态而被反复运用。投资者若能从本质上运用这一反转形态，就会对庄家打压洗盘的意图了然于心。

K线实战

岛状反转不是主要反转形态，因为它形成的时间相当短，不足以代表主要趋势的意义，不过它通常是一个小趋势的折返点。其理由明显，因为前一个跳空发生后，不久便发生反向的跳空，表明原来既有的趋势在过度预期后，发生后继无力的现象。既有趋势的力道在后继无力之下突然间消失，因此反向势力便趁势而起，发生反向的跳空。这是多空势力在短时间内的消长结果，所以当反向缺口没有马上被填补时，便代表多空势力消长确立，成为趋势的反转信号。

一、K线的买进信号

K线图的买进信号很多,本节将介绍一些常用的底部买入信号,希望对广大股民朋友们有所帮助。

(一) 底部大阳线

底部大阳线表示在开盘后,买方发动的攻势较强,卖方难以阻挡,因此股价一路上升;但在收盘前,股价受卖方打压,价格开始回落,如图6-1所示。

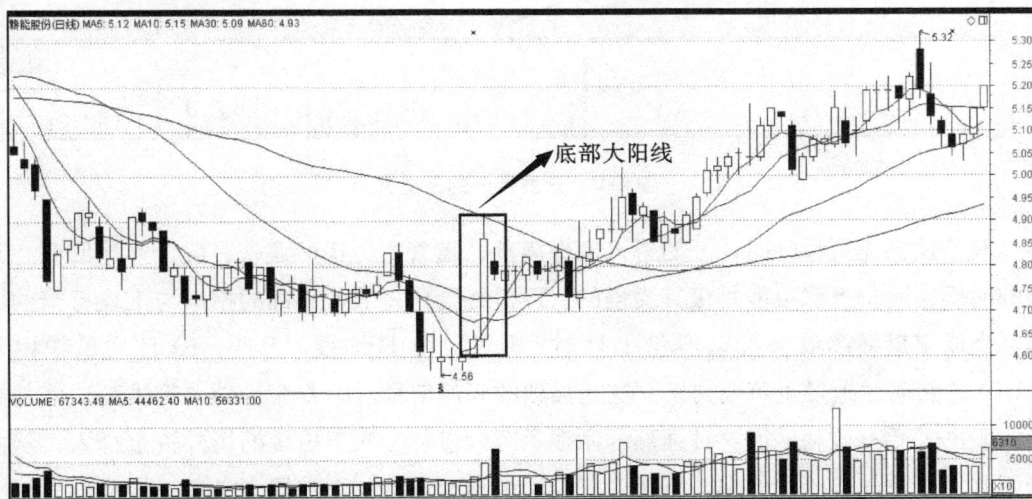

图6-1　底部大阳线

一支股票经过深度回调,并在低价位横盘数日,如果一日出现了底部大阳线,则说明股价已经见底,后市将会有一段时间的回涨。如果第二天继续收阳,就是介入的最佳时机。

低价位或箱形整理底部大阳线是一个强烈的买入信号,但是需要注意的是,此阳线要确实出现在底部,可以结合其他指标判断,同时阳线不宜过长。第二天若继续收小阳,则可大胆介入;若收阴,则应继续观望。

（二）三线合一的三金叉

所谓三金叉见底，就是均线、均量线与MACD的黄金交叉点同时出现，股价在长期下跌后开始企稳筑底，而后股价缓慢上升，这时往往会出现5日与10日均线、5日与10日均量线以及MACD的黄金交叉点，这往往是股价见底回升的重要信号，如图6-2所示。

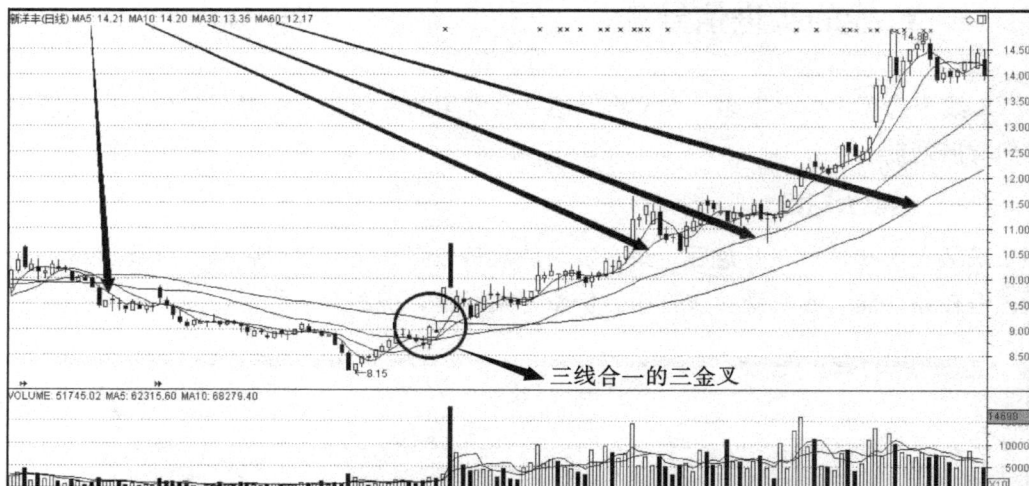

图6-2 三线合一的三金叉

股价跌到无可再跌时，开始进入底部震荡，随着主力逐渐建仓，股价开始回升。开始的时候，股价上涨可能是极其缓慢的，但最终会出现股价底部的抬高与上攻行情的雄起。当成交量继续放大推动股价上行时，5日、10日均线，5日、10日均量线以及MACD自然而然地发生黄金交叉，这是强烈的底部信号。随着股价的继续推高，底部买入的股民开始有盈利，而这种强烈的赚钱示范效应将会吸引更多的场外资金介入，从而全面爆发一轮气势磅礴的多头行情。三金叉的出现包括如下三层含义。

1. 短中期均量线的金叉表明了股市人气得以进一步恢复，场外新增资金在不断地进场，从而使量价配合越来越良好。

2. 短中期均线的金叉表明市场的平均持仓成本已朝着有利于多头的方向发展，随着多头赚钱效应的不断扩大，将吸引更多的场外资金入市。

3. MACD的黄金交叉，不管DIF、MACD是在0轴之上还是在0轴之下，当DIF向上突破MACD时，皆为中短期的较佳买点，只不过前者为较好的中期买点，而后者仅为空头暂时回补的反弹。

随着三金叉的出现，在技术分析"价、量、时、空"四大要素中如有三个发出买

入信号，将极大地提高研判的准确性，因此三线合一的三金叉为强烈的见底买入信号。

（三）三川破晓明星

股价经过深幅调整后在低价位出现一条大阴线，而次日，向下空跳收一条小 K 线（阴阳均可），在三日内将该向下跳空缺口补去并拉出中阳线，称为"三川破晓明星"线（如图 6-3 所示）。该线的出现表示重要的阶段性底部已经显现，这是强烈的见底信号，可抓紧买入。

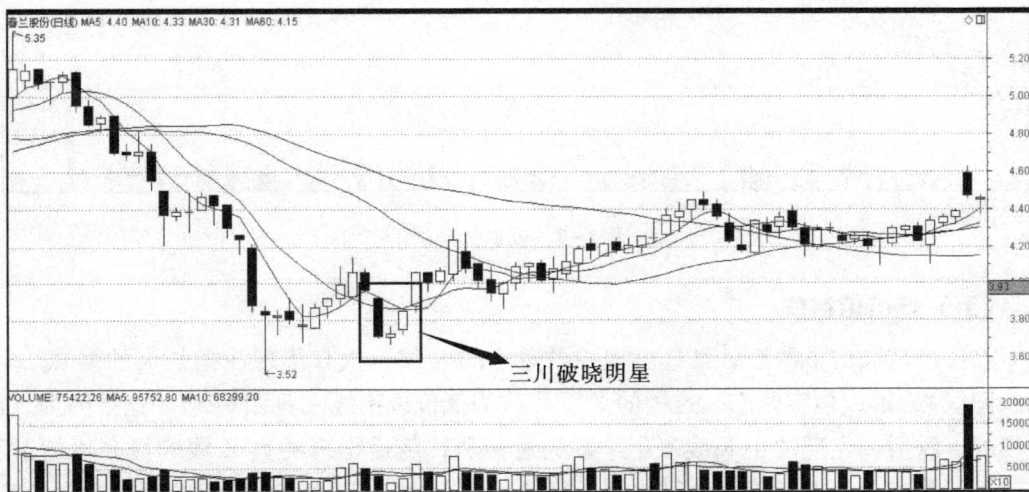

图 6-3　三川破晓明星

（四）低价位或整理阶段孕线

低价位孕线是指经过一连串的阴跌或整理之后出现了一根大 K 线（阳线、阴线），而次日又出现了一根短小的 K 线，其上下的幅度都没有超过前一个交易日。这样的情况，我们称为低价位孕线（见图 6-4），分为"阳孕阴""阴孕阳""阴孕阴""阳孕阳""十字星孕线"等形态。在低价区，上述形态均为买入信号。

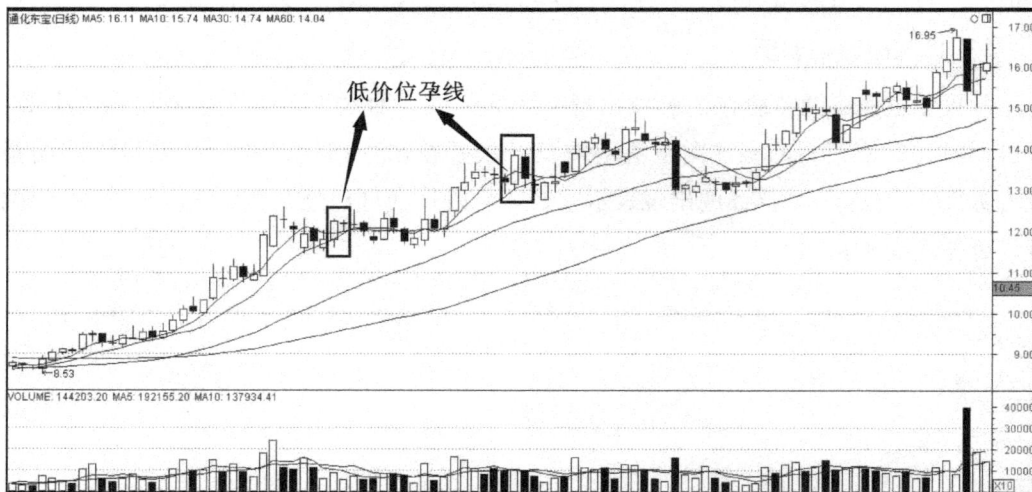

图 6-4　低价位孕线

（五）低价位抱线

在一段持续的下跌后，某日出现一条短小的 K 线，次日出现一条长大的 K 线（阴线或阳线），形成包容状态，这样的 K 线图称为低价位抱线（见图6-5）。这是因为，在持续的下跌后，出现的小 K 线表示下跌力量减弱，随后出现的大 K 线的最高价超过了前一日的最高价，表示买方力量加强，形势利于多方，此图不论是阳抱阴还是阴抱阳，或是阳抱阳、阴抱阴，都是买入信号。

低价位抱线一般是比较准确的买入信号，尤其是"异性相抱"，阴抱阳或者阳抱阴都比较准确。低价位抱线的周抱线比日抱线更加准确，基本可以放心地买入。而下降途中的阴抱阴抱线，一般是反弹信号，最好不要介入，如果想介入，那么需要快进快出。

（六）底部三鸦

底部三鸦是由倒"山"形的三条阴线组成的图形，如图6-6所示。

底部三鸦多出现在股价深跌后的低位，是典型的见底买入信号，投资者可放心做多。有时也出现在其他位置，但没有实际意义，可不予理会。底部三鸦有如下三个形态特征。

图6-5　低价位抱线

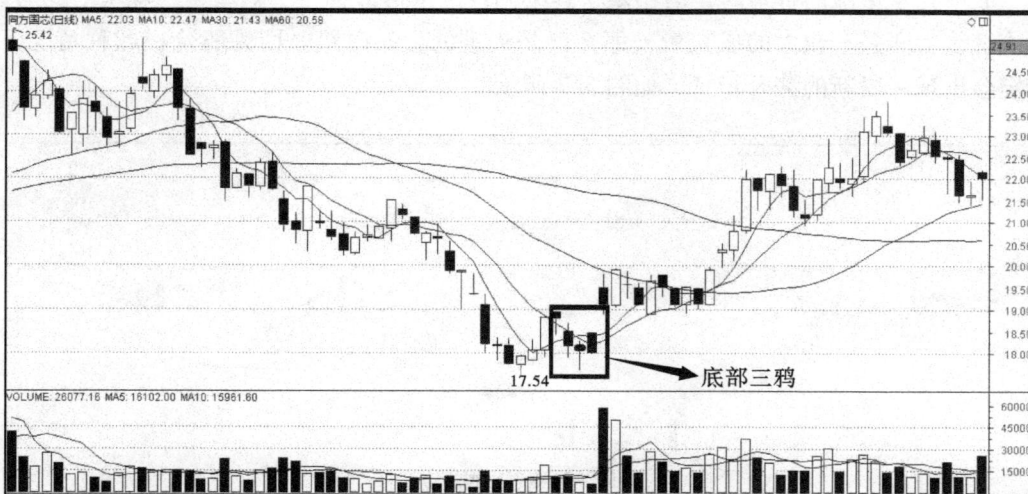

图6-6　底部三鸦

1. 三条图线由中阴线构成，实体的长短应大体相等，如图6-6所示，中间的阴线为阴十字星，这更加确定了底部的信息。

2. 该形态的第二条图线一般平开，低开更好，如留有较长的下影线，其见底的有效性更高。

3. 第三条图线一般是向上跳空高开，高开的幅度应与前两条阴线实体的长度相当，略小也可，但不宜太小，收盘价最好是收在第二条线的开盘价之上，如果第三条线的收盘价收到第二条线的实体内较下的地方，则不能按底部三鸦的图形操作。

投资者在应用底部三鸦时，应该注意以下几个方面。

1. 底部三鸦形态完全符合前面说的三大特征是不多见的，所以底部三鸦形态不能像其他的图线那样要求"达标"，只要是相似或近似就可以。这些相似的 K 线组合或近似的形态，与标准形态的底部三鸦所显示的信号同样可信，应放心操作。

2. 后市能否获利的关键是要认真分析底部三鸦形态是否处在低位。判断是否处在低位，一般的办法是观察该股前段下跌的幅度，若前段下跌的幅度超过 30%，就可视为处在低位，即使不是底部，股价下跌了 30% 后，绝大多数的股票也都会出现一次较大的反弹，投资者若抓住了这次反弹，所得到的收益也会令人满意。

3. 底部三鸦形态中的第二条阴线如果带有较长的下影线，则投资者应放心大胆做多。因为长下影线本来就是一个可信的见底信号（即"下浮底部线"），这两种见底信号的叠加，显示见底更加有力，操作起来更令人放心。

（七）二颗星

股票处于上涨的行情时，若出现了连续阳线的情形即称为二颗星、三颗星。此时若股价继续上涨并有较大的成交量，那么就是买进的大好时机。因为股价在此种情况下，必定会出现一段新的涨升行情，如图 6-7 所示。

图6-7　二颗星

（八）下跌行情中的舍子线

在股市大跌的行情中，跳空出现十字线，这显示着股价筑底已经完成，买盘力量将增强，是股价反弹向上的征兆，投资者应抓紧时机买进股票。

（九）跳空上扬

在上涨行情中，某日股价跳空拉出一条阳线后，即刻出现一条下降阴线，此为价格加速上涨的前兆，投资者无需惊慌做空，价格必将持续前一波涨势继续上升。

（十）最后包容线

在连续的下跌行情中出现小阳线，隔日即刻出现包容前日K线的大阴线，这代表筑底完成，行情即将反弹。虽然图形看起来呈现弱势，但该杀出的空头均已出尽，行情必将反弹而上。

（十一）假三兵阴线

股价在上涨的行情中，出现了三条连续下跌阴线，为逢低承接的大好时机。当第四天阳线超越前一天的开盘价时，表示买盘强于卖盘，应立刻买进以期价格扬升，如图6-8所示。

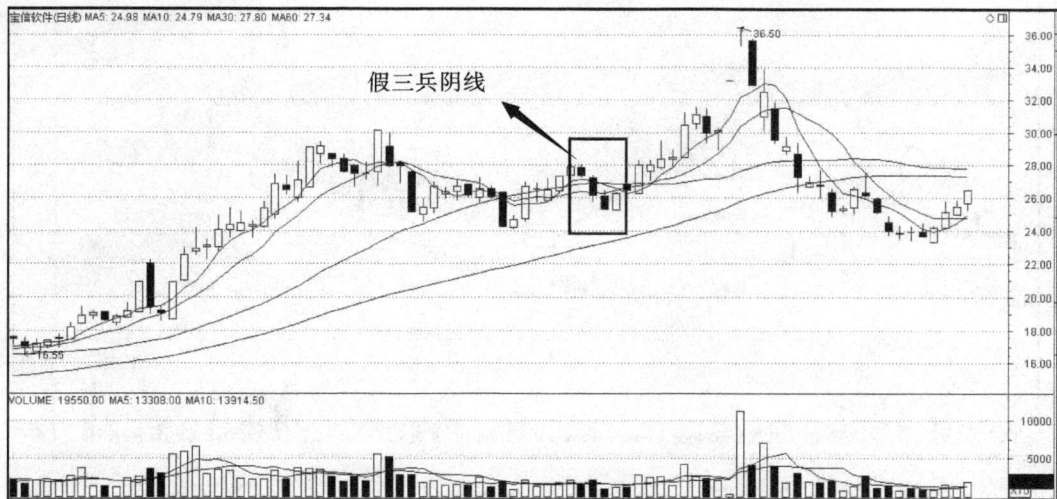

图6-8 假三兵阴线

（十二）反弹阳线

在下跌行情的末期，某一天行情出现阳线（反弹阳线）时，即为买进信号，若反弹阳线附带着长长的下影线，则表示低挡已有主力大量承接，行情将反弹而上，投资者要及时介入。

（十三）上挡盘旋

股价行情随着强而有力的大阳线往上节节拉升，在高挡时，略作整理，等待大量换手，随着成交量的大增，另一个涨势即将来临，上挡盘整的时间一般为6～11天。若盘整时间过长，则表示上升无力，投资者应见机行事。

（十四）阴线孕育阴线

在下跌行情中，出现大阴线的次日行情呈现一条完全包容在大阴线内的小阴线，显示卖盘出尽，有转盘的迹象，股价将反弹。

（十五）超越覆盖线

行情上涨途中若是出现覆盖线，表示已达天价区，此后若是出现创新天价的阳线，代表行情有转为买盘的迹象，行情会继续上涨，投资者应该及时介入。

（十六）上涨插入线

行情震荡走高之际，在出现覆盖阴线的隔日，拉出一条下降阳线，这表示的是股价的短期回挡，行情将会上涨，投资者应把握机会吃进，如图6-9所示。

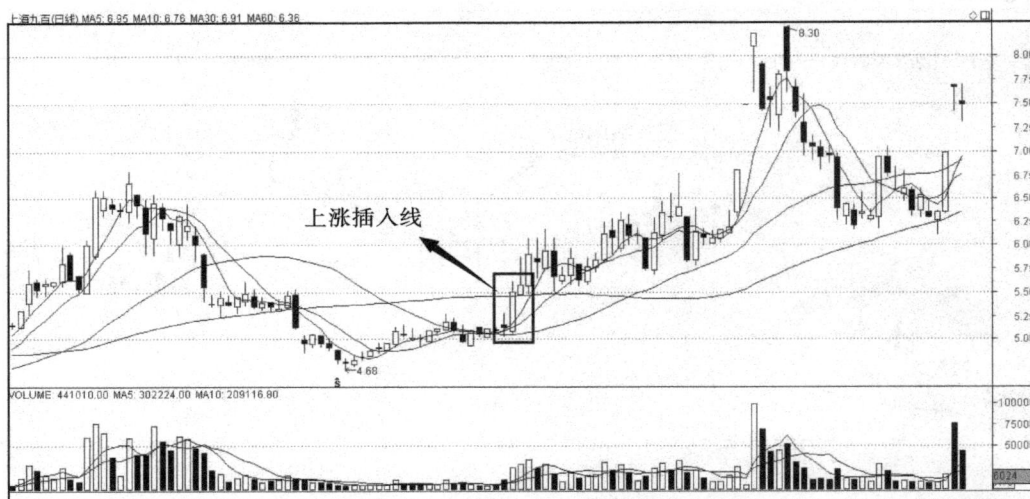

图6-9　上涨插入线

（十七）五条阴线后一条大阴线

当阴阳交错拉出五条阴线后，出现一条长长的大阴线，投资者可判断股价已到底部，如果隔日高开，即可视为反弹的开始。

（十八）连续下降三颗星

确认价格已跌深之后，股价于低挡盘整跳空出现连续三条小阴线（极线），这是探底的前兆，如果第四天出现十字线，第五天出现大阳线，则可确认底部已筑成，价格将反转直上。

（十九）三空阴线

行情出现连续三条跳空下降阴线时表明卖方不会再继续出货，市场买方力量会逐步增强，此为强烈的买进信号，行情即将反弹。

二、K线图的卖出信号

（一）十字线

经过一段时间的上涨之后，股价已经处于高位。此时若出现十字线（开盘收盘等价线），并留下上下影线，其中上影线较长，则表示股票价格经过一段时间后，已涨得相当高，欲振乏力，开始要走下坡，这是明显的卖出信号，如图6-10所示。

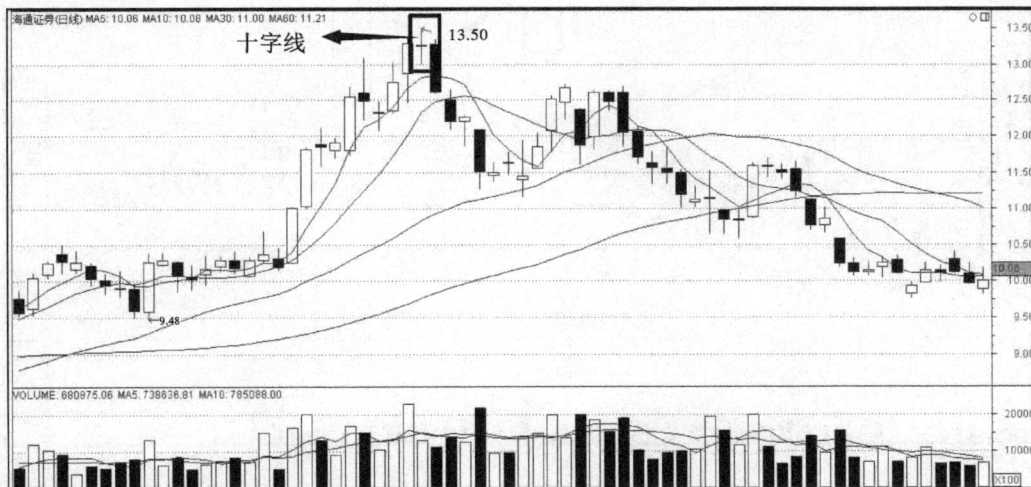

图6-10　十字线

（二）覆盖线

覆盖线是指股价连续多天上涨之后，第一天以高价开出，随后买盘不想追高，使涨势变为跌势，收盘价跌至前一天的阳线以内，有被覆盖之势，所以叫覆盖线。这是超买之后形成的卖压涌现，获利了结的筹码大量释出的缘故，股价的趋势是下跌，因而是卖出的信号。

（三）孕育阳线

经过一轮上升行情之后，隔日出现一根小阳线，并完全孕育在前日的大阳线之中，表示股价上升乏力，是暴跌的前兆。

（四）孕育阴线

经过连日飙升后，当日的开收盘价完全孕育在前一日的大阳线之中，并出现一根阴线，这也代表上涨力道不足，是下跌的前兆。若隔天再拉出一条上影阴线，更可判断为行情暴跌的征兆。

（五）上吊阳线

股价在高挡开盘，先前的买盘因获利了结而杀出，使得大势随之滑落，低挡又逢有力承接，价格再度攀升，形成的下影线为实体的三倍以上，如图 6-11 所示。此图形看起来似乎买盘转强，然而应慎防主力拉高出货，空仓者不宜贸然介入，持仓者宜逢高抛售。

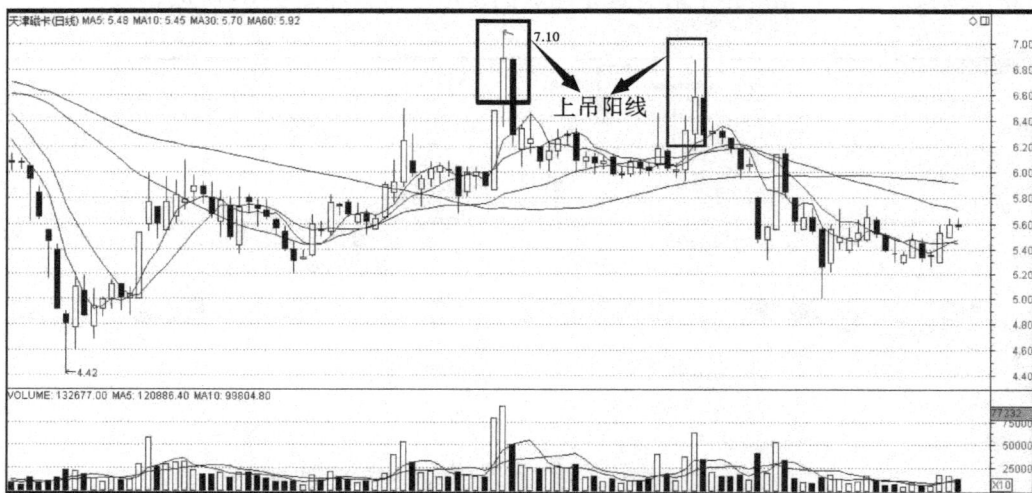

图 6-11　上吊阳线

（六）跳空

跳空指的是两条阴阳线之间不互相接触，中间有空格。连续出现三根跳空阳线后，卖压必现，一般投资者在第二根跳空阳线出现后，即应先行获利了结，以防回挡惨遭套牢。

（七）最后包容线

当行情持续数天涨势后出现一根阴线，隔天又开低走高拉出一根大阳线，将前一日的阴线完全包住，这种现象看来似乎买盘增强，但只要隔日行情出现比大阳线的收盘价低的情况，则投资人应该断然做空。若是隔日行情高于大阳线的收盘价，也很有可能成为覆盖阴线，投资者应慎防。

（八）孕育十字线

孕育十字线是指当股价连续上涨拉出了三根大阳线，随后出现一根十字阴线，表明多头不敢再追高，这是下跌的信号。

（九）反击顺沿线

此处所称的顺沿线是指自高挡顺次而下出现的两根阴线。为了打击此两根阴线而接着出现一根大阳线，看起来似乎买盘力道增强了，但投资人须留意这只不过是根"障眼线"，主力正在拉高出货，这也是投资人难得的逃命线，宜做空。

（十）尽头线

在上升趋势中，原行情进展得相当顺利，一般投资者都认为这个趋势会进行下去，结果在一根长阳线的右方却出现了一根完全涵盖在上影线范围内的短十字或小阴（小阳）线，这就构成了尽头线，如图6-12所示。

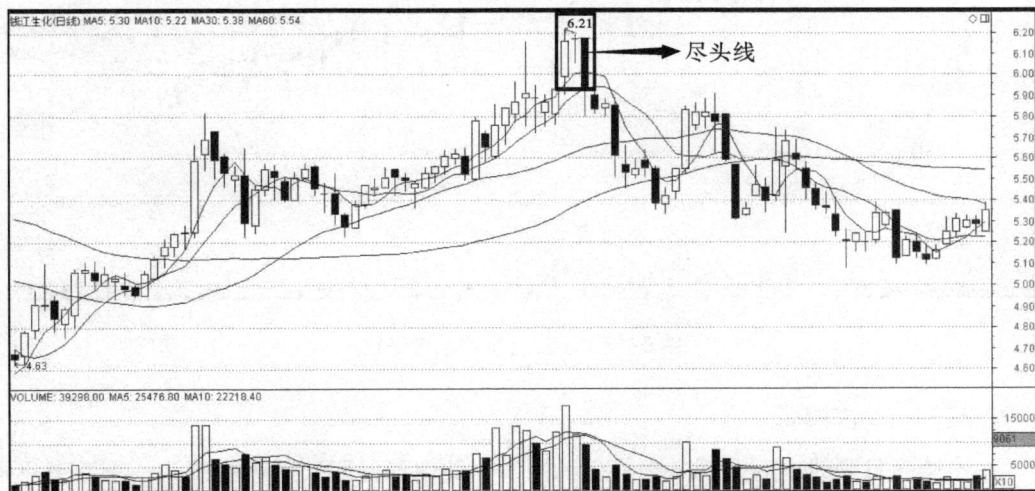

图6-12　尽头线

尽头线是转势信号，在上涨行情中出现，预示着股价要下跌，这时投资者要考虑卖出。

标准的尽头线出现概率不高，实战中大多都是不太标准的尽头线，如果第二根K线的上下影线不是很长，但只要它的实体较短，且完全被第一根K线的影线包容，也可以看作是尽头线，且并不影响它发出的股价转势信号，对投资者仍有相当大的参考价值。

只要是尽头线，不管形态是否标准，投资者都要密切加以关注。在涨势中出现尽头线，投资者要进行减仓操作，并随时做好退场准备。

（十一）跳空孕育十字线

当价格跳空上涨后拉出三根大阳线，随后又出现一根十字线，代表涨幅过大，买盘不愿追高，持仓者纷纷杀出，股票价格将暴跌。

（十二）上涨行情中的舍子线

行情跳空上涨形成一根十字线，隔日却又跳空拉出一根阴线，这暗示行情即将暴跌，如图 6-13 所示。此时价格涨幅已经相当大，无力再往上冲，以致跳空而下，为卖出信号。在此情况下，成交量值往往也会随之减少。

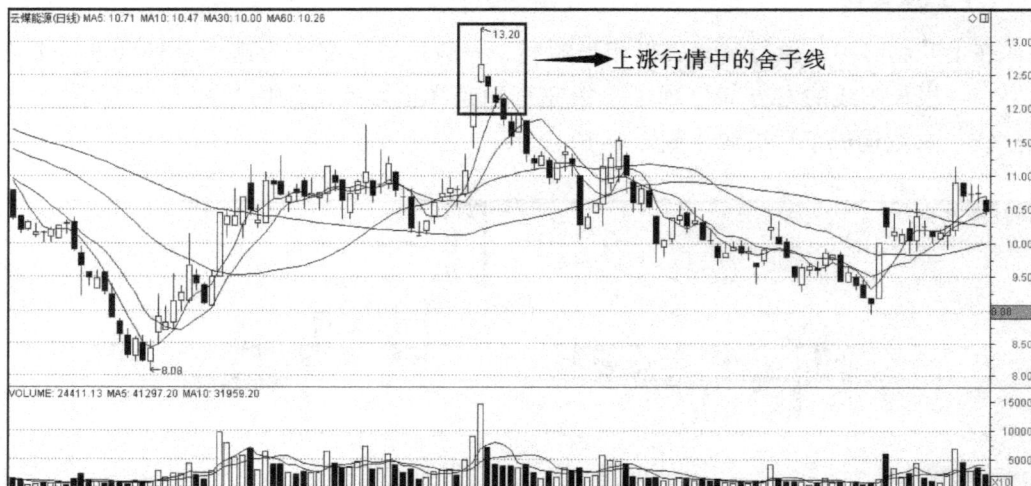

图 6-13　上涨行情中的舍子线

（十三）跳空下降

在连续多日阴线之后出现一根往上的阳线，此情形是回光返照的征兆，投资者宜把握时机卖出，否则价格会继续下跌，如图 6-14 所示。

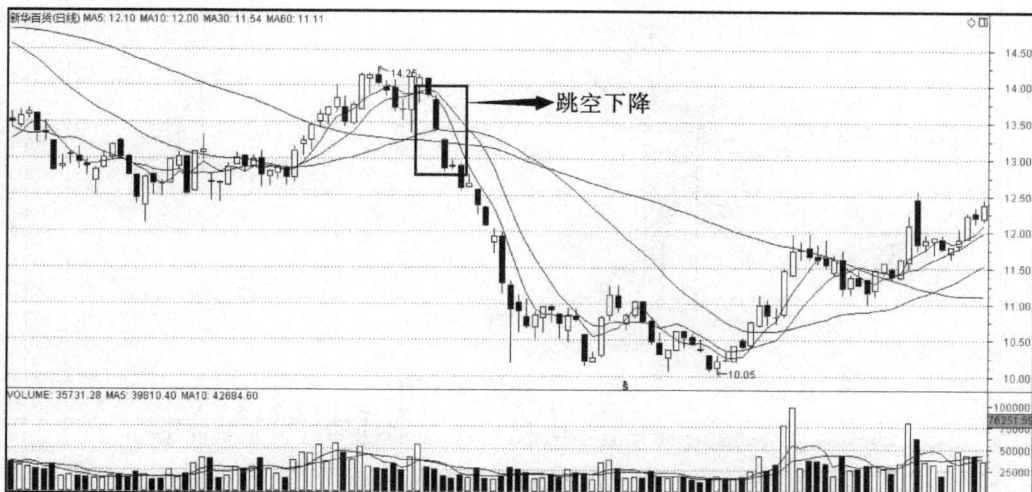

图6-14 跳空下降

（十四）八段高峰获利了结

当价格爬上第八个新高价线时，投资者应及时获利了结。就算此时不脱手，也不可放至超过第十三个新高价线。

（十五）三颗星

在股价持续下跌行情中，出现波幅较小的小阴线或小阳线，表示市场疲软，买盘稀少，股价必将持续下跌。

（十六）三段大阳线

行情持续下跌中出现一根大阳线，此大阳线将前三天的跌幅完全包容，这是绝好的逃命线，投资人宜尽快平仓，价格将持续下跌。

（十七）顺沿线

当股价行情上涨一个月以后，出现了连续两条下降的阴线，那么可以断定，前几天的高价即为天价，股价上涨的力量已经不足，将会继续下跌，投资者应尽快抛出自己手中所持有的股票。

（十八）暴跌三杰

股价在经过一轮上涨之后，处在高位，此时若出现三条连续阴线，即为卖出信号，这是暴跌的前兆，行情将呈一个月以上的回挡整理局面，如图6-15所示。

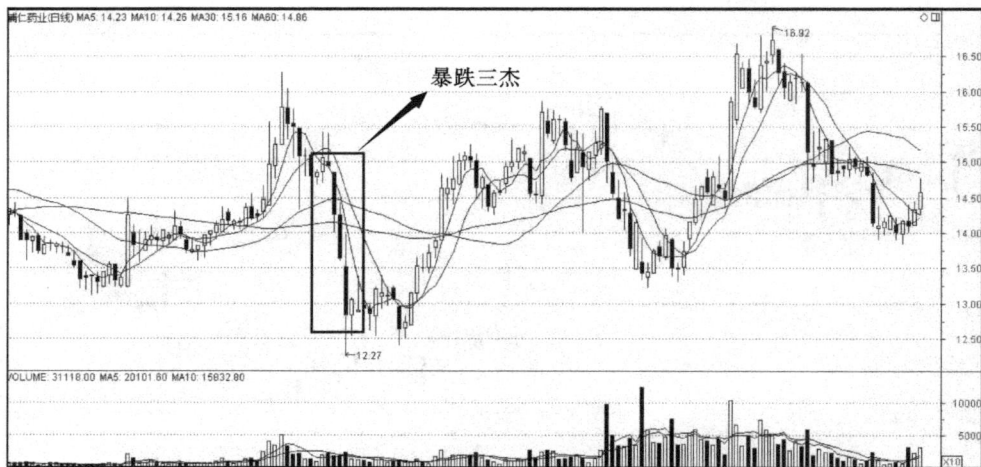

图 6-15　暴跌三杰

（十九）跳空下降二阴线

在下跌的行情中出现跳空下降的连续两根阴线，这是暴跌的前兆。通常在两条阴线出现之前，会有一小段反弹行情，但若反弹无力，连续出现阴线时，表示买盘将大崩盘，行情将继续往下探底。

（二十）低挡盘旋

低挡盘旋是一种在下跌途中出现的 K 线形态，由若干小阴小阳线组成，横盘之后出现一根跳空向下的阴线，如图 6-16 所示。低挡盘旋的出现表示后市将会下跌，是一个典型的卖出信号。

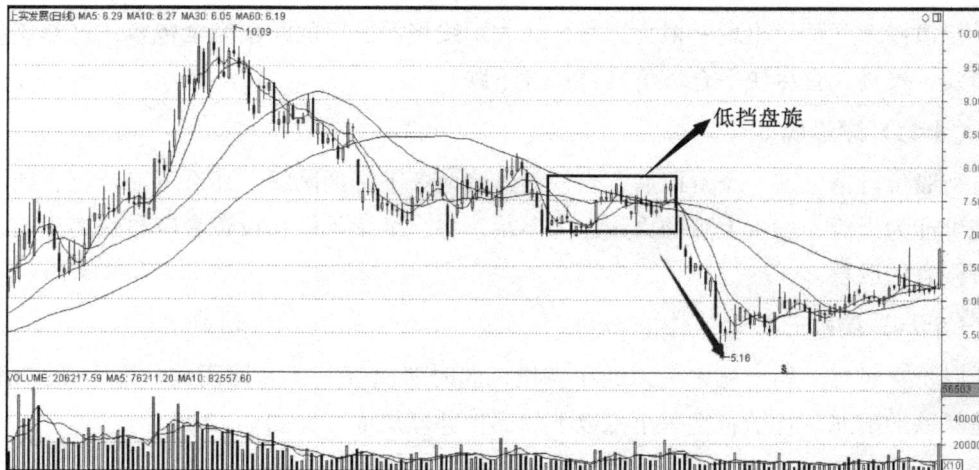

图 6-16　低挡盘旋

一般来说，盘整时间通常在 6 ~ 11 天，若接下来出现跳空阴线，则为大跌的起步。也就是说，前段的盘整只不过是中段的盘整罢了，股价将持续回挡整理。

低挡盘旋形 K 线组合的出现，表明新一轮跌势即将开始，前面小阴小阳的横向整理只不过是跌势中的盘整而已。因此投资者见到此 K 线组合，应及时减仓，避免股价继续下跌带来的风险。

（二十一）下降覆盖

在高挡震荡行情中，出现一根包容大阴线，隔日牵出一根下降阳线，接下来又出现覆盖线，则暗示行情已到达天价价位，此时为脱手线。

（二十二）下降插入线

在股价行情持续下跌的阴线中，出现了一条开价走低、收价走高的阳线，此为卖出时机，股票的价格将会持续下跌。投资者不能被图形所迷惑，应卖出股票。

一、从 K 线图上判断庄家吸货动向

投资者需要注意的是，吸筹是庄家介入一支股票的第一个实质性动作。庄家在做这些动作时是极其隐蔽的，目的是为了防止消息泄露，以免散户与庄家争抢低位筹码，给庄家带来损失。但是，只要是大规模的吸筹，主力庄家便很难做到不留任何痕迹。

一般来说，主力庄家的吸筹大多发生在熊市期间。这是因为，熊市的股票都比较便宜，并且熊市是散户恐慌的季节，散户们害怕股价可能会跌得更低，于是纷纷把股票抛出去，以便在更低的价位抄回来，降低自己的成本，于是主力就有了吸筹的机会。

庄家调动巨额资金做庄一支个股，不可避免地会对这支个股的走势产生影响，庄家建仓吸筹必须实实在在打进买单、吃进筹码，其巨额资金进出一支个股要想不在盘面留下痕迹是十分困难的。一般来说，庄家建仓吸筹时的 K 线形态具有如下特征。

（一）慢牛走势

主力庄家进场吸筹改变了一支股票的供求关系，使得一支股票的下跌动能被完全抵消，股价呈现缓慢上扬的格局，如图 7-1 所示。形成慢牛走势的原因是庄家坐庄于一支股票，需要大量的筹码，如果主力吸筹过猛的话，会引发这支股票迅速上涨，从而暴露主力的意图，引起市场公众的追涨，这是主力吸筹时所忌讳的。所以，主力的吸筹永远是温和而隐蔽的。

（二）牛长熊短

庄家建仓一般是将股价有计划地控制在一个价格区域内，当股价经过一段慢牛走高之后，庄家通常会以少量筹码迅速将股价打压下来，这段快速打压我们通常称为"快熊"，庄家为的是重新以较低的价格继续建仓，如此反复，在 K 线图上就形成了一波或几波牛长熊短的 N 形 K 线形态。

另外，投资者需要注意这种走势所发生的位置，只有相对低位的牛长熊短才可能被判为主力吸筹，在一支股票已经上涨了很大幅度之后的牛长熊短，仅可以理解为主力不大可能出货，而不能简单地理解为主力正在加仓。

（三）红肥绿瘦

庄家吸筹阶段为了在一天的交易中获得尽量多的低位筹码，通常采取控制开盘价的

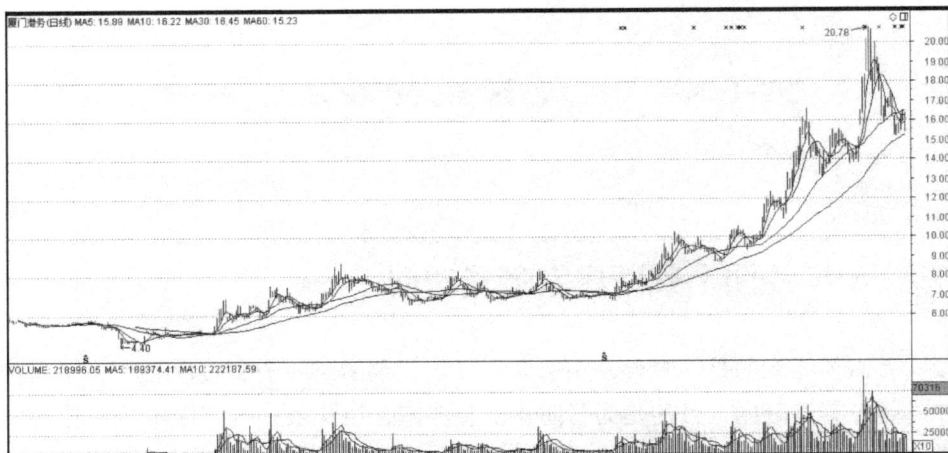

图 7-1　慢牛走势

方式，使该股低开，而当天庄家的主动性买盘必然会推高股价，这样收盘时 K 线图上常常留下一根红色的阳线，在整个吸筹阶段，K 线图上基本以阳线为主，夹杂少量绿色的阴线，这样的 K 线形态我们通常称之为红肥绿瘦。

（四）窄幅横盘

一支个股底部区域表现出来的窄幅横盘的箱体，往往是庄家吸筹留下的形态，通常个股的跌势只有在庄家资金进场的情况下才能真正得到遏制。若下跌趋势转为横盘趋势，而横盘的区间又控制在一个很窄的范围（幅度 15% 以内），则基本上可以认为庄家资金已经进场吸筹，股价已被庄家有效地控制在主力计划的建仓价格区间之内，如图 7-2 所示。

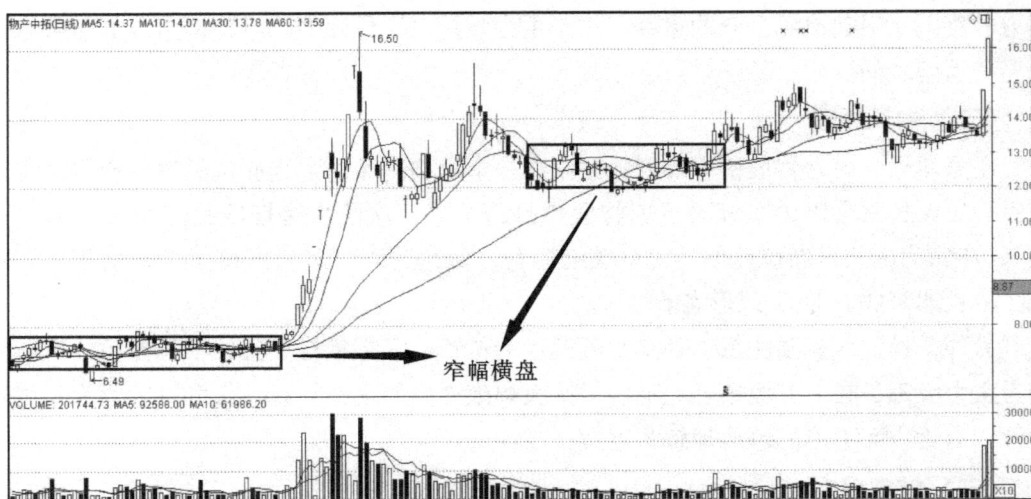

图 7-2　窄幅横盘

K线实战

庄家吸筹是指在股市中庄家介入某一支个股，在一段时间内不断买入（建仓或加仓）的行为。一般所说的吸筹都是指主动吸筹，被动吸筹则是指主力在操作股票的过程中遇到事先没有料到的局面，而不得不通过大量买入来达到目标的行为。

二、从 K 线图上判断庄家洗盘

（一）洗盘阶段的 K 线特征

1. 大幅震荡，阴线阳线夹杂排列，市势不定。

2. 成交量较无规则，但有递减的趋势。

3. 常常出现带上下影线的十字星。

4. 股价一般维持在庄家持股成本的区域之上。若投资者无法判断，可关注 10 日均线，非短线客则可关注 30 日均线。

5. 按 K 线组合的理论分析，洗盘过程即整理过程，所以图形上也都大体显示为三角形整理、旗形整理和矩形整理等形态。

（二）常见的几种洗盘方式

1. 阴雨连绵

此形态是指日线图上收出一连串阴线，但股价并未大幅下调，每天收盘价都比较接近，往往构筑一个小整理平台，这通常是牛股在中场休息，主力在卖力洗盘。

2. 长阴砸盘

有些个股在平缓的上升通道上会突然拉出难看的长阴线，跌破通道下轨，此种走势多为主力的洗盘震仓行为。

3. 地面塌方

有些个股在上升通道上突然放量下跌，但很快便收复失地，犹如地面出现塌方，这便是俗称的"空头陷阱"。主力一旦大肆挖井，表明其已迫不及待，准备拉升了，如图 7-3 所示。

（三）几种典型的洗盘 K 线图形

1. 影线洗盘

影线洗盘是主力借助前期高点之势和影线之形而实施的一种上影线的洗盘技巧，其不但消化了前期被套盘，且由于其在形态上呈现的在前期小高点处形成的短期头部特征，迫使抄底资金离场出局，而后股价快速拉起。长长的影线对于前期被套及获利未出局者有着

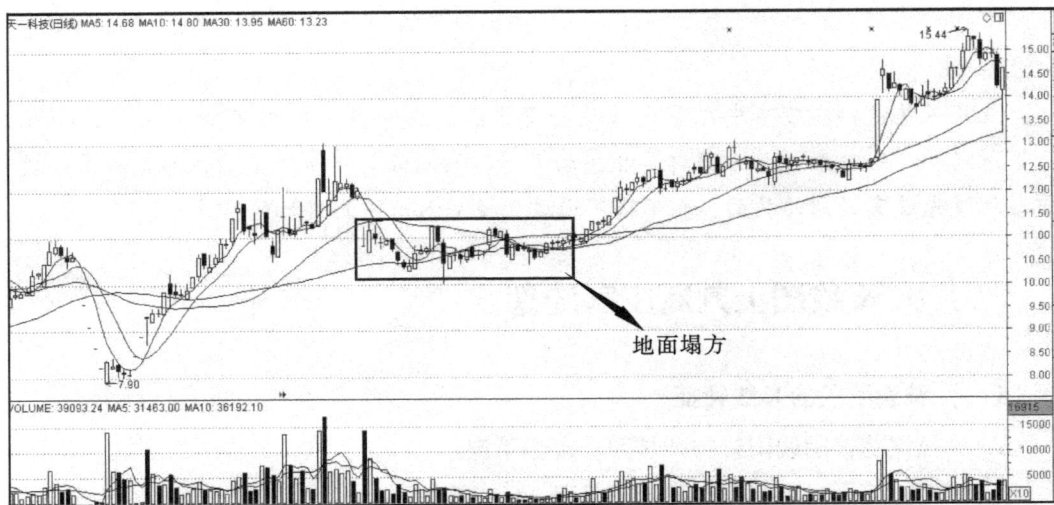

图 7-3　地面塌方

强烈的吸引力，庄家利用这部分投资者的恐惧心理使其出局，充分清洗了浮动筹码。

影线洗盘形态具有如下几个方面的特征：

（1）在股价向上运行形态中，多出现在 60 日均线附近；

（2）股价在前期调整后出现了两周左右的无量横盘；

（3）股价在调整中间不能出现大的震荡；

（4）洗盘后可能会出现一天或两天的无量小阴或阳线。

2. 高开巨阴线洗盘

股价处于前期技术高点成交密集区或底部横盘区域，主力采取一种大幅高开而后走低的手法，做出一根高开巨阴线，进行震仓洗盘，让持股者失去方向感，同时，巨大的阴线对持股者的心态有着极强的威慑作用，持股意愿不坚定者将会轻易被洗盘出局。如此凶悍的洗盘手法，同时也决定了主力一般会接着采取极端的拉升方式。

3. 高位双阴线洗盘

这种洗盘形态是股价在一波上涨之后，主力在前期头部反向利用传统 K 线分析方法"顶部一阳二阴"制造的洗盘陷阱。从形态上看，前面没有出现天量大阳线或吸引跟风的走势，盘口显示较轻，但突然高位收阴，并在第二天低开低走，且收出近似光脚的阴线。这是一种快速的洗盘方法，随后股价则以大阳线连续拉抬，甚至连续地涨停。这是一种较为凶狠的主力操盘手法。

4. 平台破位洗盘

个股经过下跌或调整后，抛盘逐渐枯竭，在 60 日均线下走出小平台走势（窄幅横盘），之后突然出现大阴线破位，或连续的几根大阴线打破平台位置，这种形态多是主

力诱空陷阱，随后股价快速拉升，如图7-4所示。

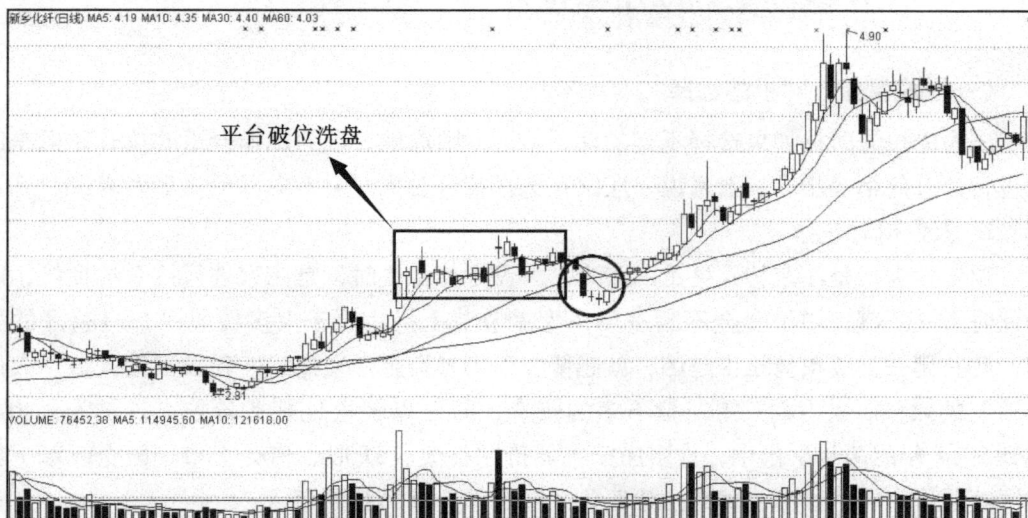

图7-4 平台破位洗盘

一般来说，此种情况下一旦出现平台破位的走势，短线投资者会止损出局，但是如果第二天出现一根大阳线，这些投资者又将会后悔不已。所以在这种情况下，投资者可以继续观望，到第二天再决定去留。

5. 黄昏之星洗盘

庄家通常在相对的前期高点或成交密集区采用此种方法进行洗盘。当个股从底部走强重新站在60日均线之上，震荡上行时，在走势图上经常出现黄昏之星的形态，这往往是主力利用传统经典的K线形态进行洗盘。这种洗盘方式的特点是：技术和图形刚刚走好，突然直接回抽到60日均线收盘。这是主力进攻前经常出现的一次回挡打压操作，迫使恐慌的短线跟进筹码出局。

K线实战

洗盘动作可以出现在庄家操作的任何一个区域内，基本目的无非是为了清理市场多余的浮动筹码，垫高其他投资者的平均持股成本，把跟风客赶下马去，以减少进一步拉升股价的压力。同时，在实际的高抛低吸中，庄家也可兼收一段差价，以弥补其在拉升阶段将付出的较高成本。

三、从 K 线图上判断庄家拉升

（一）庄家拉升时机的选择

庄家的拉升时机如果选择不当的话，将会一败涂地，因为选择合适的拉升时机是庄家进行拉升的第一步。一般来说，庄家在选择拉升时机时会考虑以下几个因素。

1. 大势相对平稳

顺势而为，是庄家特别注重的因素。大盘走势稳健时，是庄家进行拉升的良机，因为此时人气旺盛，增量资金不断进场，大盘节节上扬。由于大多数股民都有追涨的心理，此时哪一支股票被拉得越凶，就越能吸引场外资金的追捧，达到"风助火势，火借风威"的效果。主力则只需花费不多的资金，就可以轻松地把股价拉高。例如，2013年到2014年的两年牛市中，许多庄家在低价题材股、ST股、借壳上市、国企改革、新能源等题材中轮番炒作，肆意拉抬股价，最后个个都大胜而归。

逆势而行虽然也有成功的例子，但成功的概率很小，其过程也是困难重重，所以在大势较弱的情况下，股价拉升的情况极少，这也是通常投资者在弱势中不介入个股的主要原因。

2. 重大利好的出台

由于现在证券市场的主要特征是容易受到政策、消息的影响，因此利好消息对股价的影响非常大。利好消息包括市场和公司基本面两个方面，市场方面的利好消息指利好大市的国家经济形势、政策、方针等。这是庄家拉升的极好时机，尤其是一些实力不太强的庄家正好可以借机顺水推舟，借助市场的人气和资金抬高股价，哪怕大市处于盘整或下跌市道，利好消息也可成为庄家拉升的兴奋剂，起到锁定筹码、减轻抛压的作用。公司基本面的利好是指个股的资产重组题材、送配方案、业绩改善或增长等。但不管是哪一类利好，都为庄家创造了拉升的条件。

3. 热点板块的形成

股票市场历来有板块联动的规律，特别是趋势向上时，表现得格外明显。如果庄家的目标股刚好处于市场的热点板块，庄家的拉升就会具有很好的隐秘性。

4. 利用含权和除权

这是庄家拉升出货最常见、最基本、最有效的方法，许多投资者的亏损也是中了这方面的陷阱。这种方法主要是利用了人们"贪便宜"的心理，而这种心理又恰恰是绝大多数人难以克服的，所以送股后股票变多以及除权后股价变低成了一种虚假的引诱，庄家常常借此采用抢权和填权的方式来拉升。

5. 图形及技术指标修复之时

由于现在懂技术分析的人越来越多，不少人还以技术分析来决定自己的买卖。于是一些庄家利用这种心理千方百计把图形修得很好，把技术指标调整到相对低位，造出三角突破、菱形突破、头肩底突破、圆弧突破、颈线位突破等假象。趁技术派看好之时拉升股价，以减少拉升的阻力。但有一点得提醒大家注意，光靠图形去拉升股价的庄往往是弱庄，而那些敢于制造恶劣图形，不看指标而肆意拉抬股价的庄才是真正的强庄。

（二）庄家拉升时的技术特点

1. 经常走出独立于大盘的走势，一般发生在大势乐观之时。

2. 强调快速，具有爆发性。

3. 在拉升初期经常出现连续轧空的走势。

4. 经常呈现涨时放量、跌时缩量的特点。

5. 拉升现象通常出现在同一交易日开市后不久或收市前几分钟。这主要是因为中小散户在刚刚开市时（和闭市前）并不知道自己所持的某支股票是否会上涨和上涨多少，所以此时挂出的卖单较少。庄家在这两个时刻只需动用很少的资金就可将散户的抛单统统吃掉，从而轻易达到拉升效果。

散户投资者需要注意的是，尾市时拉升经常带有刻意成分，其目的主要是为了显示庄家的实力，吸引散户注意和跟风，或者是为了做 K 线（骗线）图、构筑（维系）良好的技术形态。

6. 具有良好的技术形态。如均线系统呈典型的多头排列，则主要技术指标处于强势区，日 K 线连续飘红收阳。

（三）庄家拉升时的手法及 K 线特征

1. 急速式拉升

采用这种方式拉高的庄家，一般都是资金实力十分雄厚的，在低位收集了大量筹码，操作手法极其凶狠，常常连续拉大阳线或涨停板，制造井喷式行情，这样既可以节省资金，缩短拉升时间，又可以打开上升空间，如图7-5所示。这种方式多出现在小盘股或部分中盘股。通常具备投资价值或有特大的利好题材作为支持，市场基础良好，投资者的追涨意识十分强烈。庄家并不在乎剩余筹码的威胁，在日 K 线图上经常会跳空高开，形成突破缺口，短期内一般不会回补，其操作的股票一般都成为市场中的黑马股。如果投资者中途下马，会后悔不已。

2. 台阶式拉升

从走势上来说，台阶式拉升的走势简单明快。从形态上看，台阶式拉升在股价上涨了一定幅度后采取平台或强势整理的方法，经过清洗或盈利盘换手后再度拉升，股价呈现出台阶样步步高升。台阶式拉升适用于主力实力较强、运作项目基本面优良、后市存

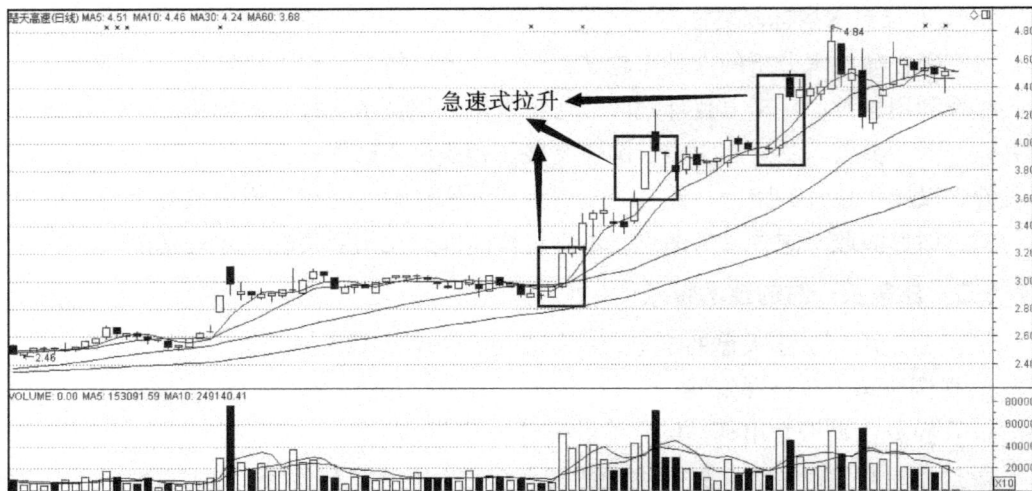

图7-5　急速式拉升

在重大题材的大盘绩优个股。这种主力操作风格通常较为稳健。

　　由于主力实力雄厚且个股基本面优秀，所以主力信心十足。主力往往在股价拉到一定涨幅的时候采取横盘的方法，经过长期换手后，清洗下挡跟进的获利筹码。在大盘或者人气较旺的时候，主力适时抛出一部分筹码压制盘面；在大势或者人气较差的时候，主力又适当地买进一部分筹码进行护盘，由于股价长时间处于横盘状态，保持不涨不跌的态势，从而促使下挡早期跟进的获利盘出现焦躁不安的情绪，信心不坚定者草草出局，信心坚定者继续持仓，而看好后市的新多头此时则是兴高采烈地入场买进。这样经过充分换手，采取不断提高他人投资成本的方法，为下一波拉升行情打下坚实的基础。在日K线形态上反复运用这种手法就使得股价形成了像楼梯一样的逐级上升趋势。

　　台阶式拉升方法的另一优点就是给投资者造成心理定势。由于前期股价在低位徘徊时间较久，无形中给大部分投资者造成了一种心理定势。当股价从低位启动上升到一个新的境界时，一般投资者站在相对高位开始有点犯恐高症，觉得赚钱了或者有风险了从而不认可新的价位。而主力采用这种横盘方法的目的，就是经过长期横盘从而形成新的价值中枢，使投资者对新价位接受和认可。

　　3. 波段式拉升

　　这种方式多发生在大盘股及中盘股中，在市场中表现出十分稳健的姿态，比较容易被投资者所接受，如图7-6所示。其特点是股价有起有伏，一波又一波，状似浪涌，但股价的低点和高点在不断抬高，所谓一浪高过一浪。

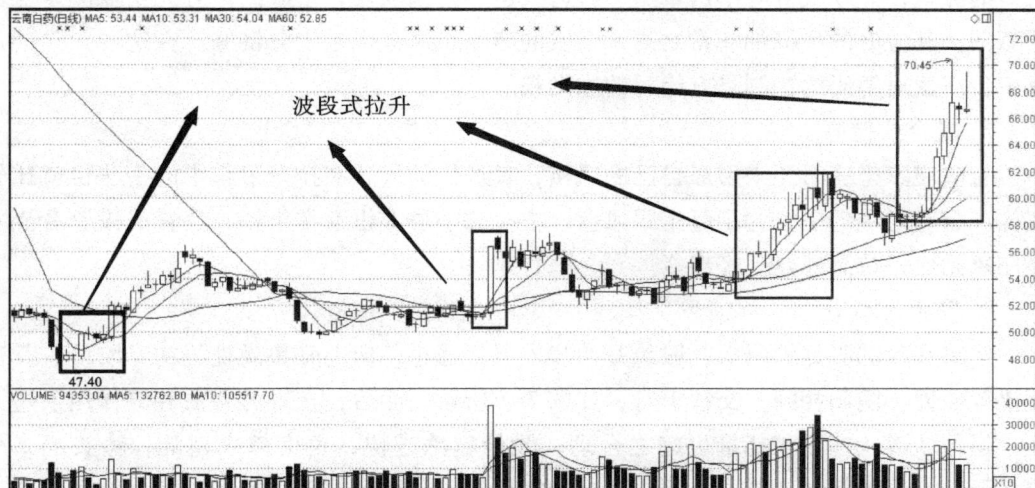

图7-6 波段式拉升

多数庄家都乐意采用这种方法。此手法通常是在拉升过程中进行洗盘，尤其是在重要阻力区域，以小回或横盘震荡的整理走势来消化阻力，并完成散户由低成本向高成本换手的过程，尽量减轻上行时的压力，然后趁着利好消息或市场良好的氛围再将股价拉高一个波段，进入下个股价箱。形成突破之后，股价进入加速上扬阶段。

4. 震荡式拉高

震荡式拉高指的是在股价上涨的过程中，庄家人为地制造股价的波动，虽然股价大级别的上升趋势始终未变，但是从短线上来讲，股价上下的落差空间往往是较大的。由于庄家手中持仓量不足，所以，当股价上涨到一定高度以后，便会先进行相应的减仓操作，而当股价回落到一定的低点后，庄家便会再度入场建仓。通过这种高抛低吸的操作，庄家可以不断降低持仓成本和调整筹码结构，同时也降低了跟风者的盈利幅度并提高了他们的持仓成本。

5. 推土机式拉高

这种拉高方式就是庄家沿着一定斜率的直线拉高股价，在当日走势上，表现为下方有大量大额的买单，以显示庄家实力，然后一分一秒地把股价往上拉升；拉升一段时间后，还常常放下鱼钩，以吸引买盘去逢低吸纳，然后又将股价拉上去。采用此手法拉升的庄家实力一般较强，出货时往往还会有上市公司题材配合。著名的庄股新疆屯河（600737）就是采用这种方式拉升的典型。该股拉升时不但当天分时图呈45度斜线上升，日K线图也近似于沿着45度斜线上涨。

6. 随心所欲式拉高

一般来说，此类庄家的资金雄厚，股价是以小阳的方式连续上扬，并且常常不理会

— 147 —

大盘的涨跌，操纵股价时不讲章法，我行我素、独来独往，个股的走势完全取决于庄家的意图，其拉升的目标都非常之高，个股的市场跟风盘也是十分良好。在这种拉升的过程中，庄家对筹码的控制具有绝对的主动权。

7. 复合式拉高

有些庄家坐庄时还未形成自己的风格，其炒作的股票在拉升过程中的手法也就比较多样。有些老练的庄家为了赶走跟风盘，在拉高手法上也常常出新，让普通投资者弄不清庄家到底是拉高还是已经出货。

8. 圆弧形拉升

庄家在底部吸足筹码后，股价开始步入上升通道，但上升势尚处于初升阶段，其速度比较缓慢，阴阳相间，交替上升，如图7-7所示。而后，在推力和惯性的作用下进入正常运行轨道，速度与能量也趋之合理。股价越涨越快，角度越来越陡，势头越来越凶，行情进入最后冲刺阶段。不久，行情宣告结束，整个拉升过程呈圆弧形上升。

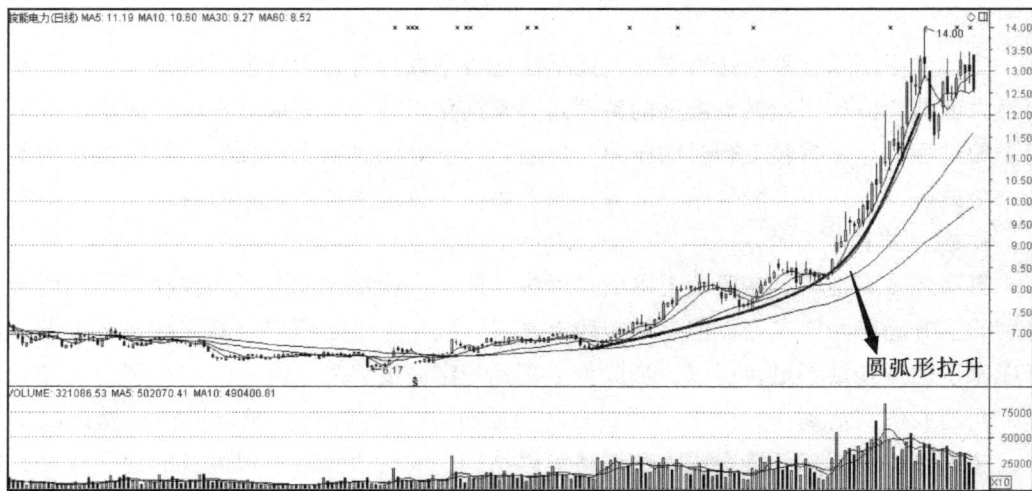

图7-7　圆弧形拉升

K线实战

由于庄家在建仓、整理、洗筹等环节投入了大量的资金，如果不拉升股价完成出货任务，其成本将会大大增加；再者，随着庄家的运作过程延长，庄家的意图和某些商业秘密泄露的可能性也越来越大，这样将造成许多不必要的麻烦和损失，股价的拉升可以很大程度上避免这些问题；另外，股价的拉升，可以提升股票的形象并积聚市场的人气，吸引投资者的参与，为日后的出货打下了较好的基础。

四、从 K 线图上判断庄家出货

（一）庄家出货的征兆

1. 涨幅较大，目标达到

当股价的涨幅较大时，投资者可以采取几种方法来预测庄家的目标点位。当预测的目标位接近的时候，就是主力可能出货的时候了。

2. 该涨不涨

在形态、技术、基本面都要求上涨的情况下股价却不涨，这就是庄家要出货的前兆，这种例子在股市中是非常多的。形态上要求上涨，结果不涨；技术上要求上涨，但该涨不涨；还有的是公布了预期的利好消息，基本面要求上涨，但股价不涨。这些都是庄家出货的前兆。

3. 利好消息大量涌现

主流的媒体，如各证券报刊、电视台、广播电台等，出现各种投资价值分析报告，大肆宣传目标股，有些股评人士也在推荐，这些宣传无非是想证明该股价格与价值背离，股价严重低估等。如果短线投资者仔细留意一下就会发现，这些报告大多会在股价翻番的时候出现。在刚开始上涨时，是不会有这些好消息的。投资者必须记住这一句股市格言：利好出尽是利空。这无非是庄家萌生退意，故意放出的烟雾弹，为掩护出逃做准备。短线投资者可将计就计，利用这些消息做反向分析。

4. 传言增多

当某一支股票的传言满天飞时，也是庄家将要出货的时候。庄家通过网络传播大量的传闻，庄家选择网络散播传言的原因是即使消息是假的也可以不负责任且无人追究，并且总能让一部分投资者相信传言是真的。再者，庄家通过一些朋友把这些所谓的内幕消息传播出去。通过这两种手段，使跟风的投资者增多，主力稍一发力，跟风盘就蜂拥而来，庄家派发就极为轻松了。

5. 黑马狂奔，市场狂热

大庄家将出货时，总是会把声势造得很大，股评也众口一词说大盘将不断创出新高。其实，这是掩护主力出场的烟幕弹，是为了掩护大部队撤退，主力往往会拿出一部分资金，抓住一些盘子小、有朦胧利好题材的个股大炒特炒，制造黑马狂奔、天天涨停板个股不断的狂热气氛，使退场的投资者又返身进场，捕捉股价早已高企的黑马。这样，就帮助大主力稳住大盘，使大主力得以苟延残喘，获得更多顺利出逃的时间。

如果有了这些征兆，一旦股价跌破关键价位，不管成交量是不是放大，投资者都应该考虑出货。因为对很多庄家来说，出货的早期是不需要成交量的。

（二）从 K 线形态观察庄家出货信号

1. 在高价区域连续三日出现巨量长阴代表大盘将反多为空，投资者可先卖出手中持股。

2. 在高位出现连续 6～9 日小阳、小阴或十字线及较长上影线，代表高位向下，再追高意愿已不足，盘久必跌。

3. 在高位出现倒 N 字形股价走势及倒 W 字形（M 头）的股价走势，大盘将反转下跌。

4. 高位出现长上影线，是一种明显的见顶信号。上升行情中股价上涨到一定阶段，连续放量冲高或者连续 3～5 个交易日放量，而且每日的换手率都在4%以上时，比较容易出现长上影线。当最大成交量出现时，其换手率往往超过 10%，这意味着主力在拉高出货。如果收盘时出现长上影线，表明股价冲高回落，抛压沉重。如果次日股价不能收复前日的上影线，成交开始萎缩，表明后市将调整。遇到此情况，投资者要坚决减仓甚至清仓。

5. 高位出现十字星。当股价被拉到高位后，如果当日 K 线出现十字星或长上影线的倒锤形阳线或阴线时，是卖出股票的关键时点，如图 7-8 所示。

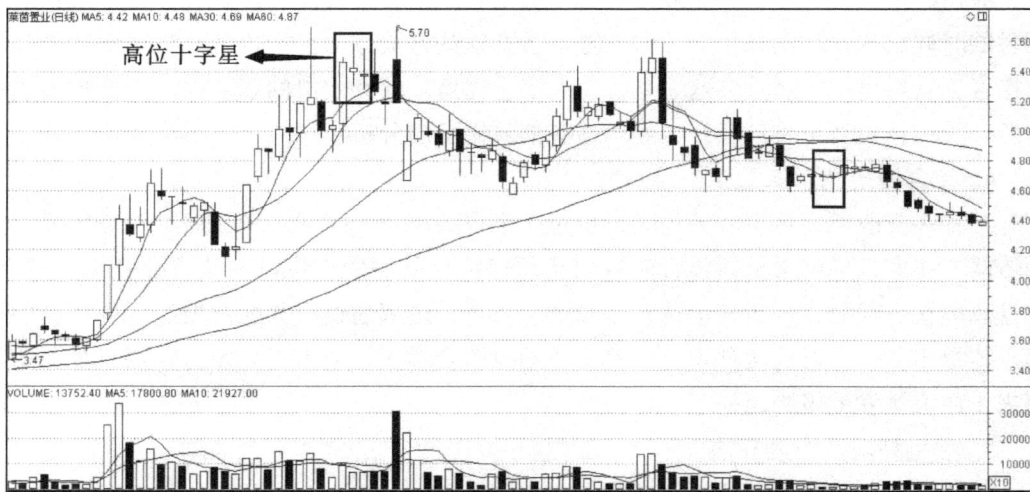

图 7-8　高位十字星

日 K 线出现高位十字星显示多空分歧强烈，局面或将由买方市场转为卖方市场，高位出现十字星反映市场将发生转折，投资者为规避风险可出货。股价大幅上升后，出现带长影线的倒锤形阴线，反映当日抛售者多，空方占优势，若当日成交量很大，更是见顶信号。许多个股形成高位十字星或倒锤形长上影阴线时，80%～90% 将会形成大头

部，所以减仓为上策。

当股价不再出现新的突破，形成第二个头时，投资者应坚决卖出，因为从第一个头到第二个头都是主力派发阶段。M形的右峰较左峰低时，为拉高出货形，有时右峰也可能形成较左峰高的诱多形再反转下跌则更可怕，至于其他头形，如头肩顶、三重顶、圆形顶，也都类似，只要跌破颈线支撑，投资者都得赶紧了结出货，免得亏损扩大。

（三）主力常见的出货手法以及K线形态

主力常见的出货手法有以下几种。

1. 震荡出货法

股价被拉到高位后，在时间和大盘背景允许的情况下，总是希望将自己手中的筹码在较高的价位卖出以获取更多的利润。因此庄家就会把股价维持在高位，摆出以前震荡洗盘的架势，利用跟风盘对震荡行情最后走向的不确定认识，以及对股价会再创新高的幻想，分批缓慢出货，而且庄家为了吸引更多的场外资金进场，会加大震荡幅度，提供获利机会勾引短线客进场以便自己抛出更多的筹码，直到自己基本完成出货任务。其在K线图上表现为均线系统经历大幅上扬后横向走平，它表明上涨动力消失，股价震荡幅度加大，K线阴阳交错而成交量无法萎缩，一切都表现出一种即将溃退逃跑前的混乱，这也叫中级出货。这时，由于对短线利润的贪婪，跟风盘进入市场将遭受巨大的损失。

2. 拉高出货法

股价被拉到高位，当突发性的重大利好消息发布后，股价巨幅高开，吸引散户全面跟进。庄家利用最后拉高时成交量巨幅放大、追涨气氛疯狂的市场条件，以盘中震荡为掩护，采用卖出10万股买进5万股、多出少进的方式让跟风盘作冲锋，维持股价继续大幅上涨，达到自己出手大部分筹码的目的。其在K线图上表现为有下影线的中大阳线，成交量呈现阶梯式放大特征，位置发生在中期乖离较大的时候，且均线系统角度无法伴随股价上涨而同步变大，如图7-9所示。

一般来说，这种出货操作一两天就能完成。这种出货方式要求人气旺盛，消息刺激性强，适合中小盘股操作。但这种出货方式庄家风险很大，只能在行情较为火爆时才能有较大把握成功出货。

3. 打压出货法

庄家直接打压股价出货，往往是因为其发现了突发性的利空，或者其他某种原因迫使庄家迅速撤庄。投资者千万别以为庄家只有拉高股价才能出货，事实上庄家持股成本远远低于大众持股水平，即使打压出货也有丰厚利润。这种出货方式阴险毒辣，容易将股性搞坏，一般庄家不愿采用。股价总体走势呈逐波下探之势，重心快速下移，在日K线上往往形成长阴线。

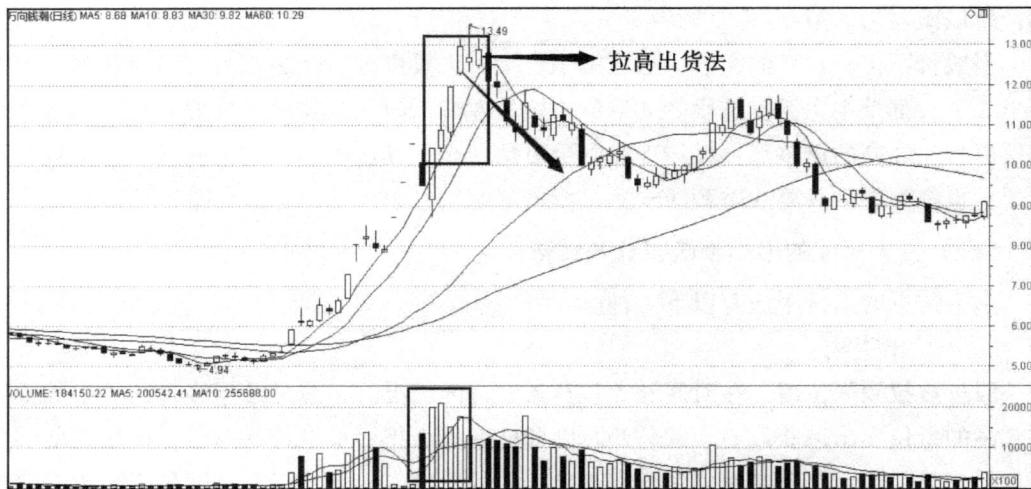

图7-9 拉高出货法

K 线实战

　　一般而言，主力从建仓到出货，股价要有一倍左右的涨幅，这样主力才能有50%左右的利润，这种利润要在较为平静的大势中才能取得。若大势不好，主力的利润就要减少，若大势较好，主力就会更上一层楼，把价格拉得更高，获取更丰厚的利润。

第八章 K 线图与移动平均线的实战应用

一、认识移动平均线

移动平均线（MA），简称为均线，是以道·琼斯的"平均成本概念"为理论基础，采用统计学中"移动平均"的原理，将一段时期内的股票价格平均值连成曲线，用来显示股价的历史波动情况，进而反映股价指数未来发展趋势的技术分析方法。它是道氏理论的形象化表述。

移动平均线的计算公式为：

MA ＝（C1 ＋ C2 ＋ C3 ＋ … ＋ Cn）／N　　　　C：某日收盘价　　　N：移动平均周期

移动平均线是反映价格运行趋势的重要指标，其运行趋势一旦形成，将在一段时间内继续保持，趋势运行所形成的高点或低点又分别具有阻挡或支撑作用，因此均线指标所在的点位往往是十分重要的支撑或阻力位，这就提供了买进或卖出的有利时机，均线系统的价值也正在于此。

（一）移动平均线的种类

移动平均线的种类很多，但总的来说，可分为短期移动平均线、中期移动平均线和长期移动平均线三种，如图 8-1 所示。

1. 短期移动平均线

短期移动平均线主要是指 3 日均线、5 日均线和 10 日均线。3 日均线是指三天收盘价的加权平均价，5 日均线就是五天收盘价的加权平均价，10 日均线就是十天收盘价的加权平均价。

3 日移动平均线有时起伏很大，尤其遇到大行情，股价指数连续大涨或大跌，平均线与当日股价指数相差很远，震荡行情时平均线有扭曲现象，极不规则，没有一定的轨迹可循。

5 日移动平均线可与周 K 线相互印证，但采样的个数仍然太少。由于 5 日平均线起伏较大，震荡行情时该线轨迹极不规则，无规律可寻，因而又诞生了 10 日平均线，此线取十日收盘价为样本，简单易算，是投资大众参考与使用最广泛的移动平均线。它能较为正确地反映短期内股价平均成本的变动情形与趋势，可作为短线进出的依据。

图 8-1　移动平均线

2. 中期移动平均线

中期移动平均线主要包括月线和季线。月线采样一般为 24 日或 26 日，该线能让使用者了解股价一个月的平均变动成本，对于中期投资而言，有效性较高，尤其在股市走势尚未十分明朗前，月线能预先显示股价未来的变动方向。其次是 30 日移动平均线，取意仍是以月为基础，不过由于以 30 日为样，计算较前者简便。最后是季线，采样为 72 日或 75 日。由于其波动幅度较短期移动平均线平滑且有轨迹可循，又比长期移动平均线敏感度高，因而优点明显。

3. 长期移动平均线

长期移动平均线主要包括半年线和年线。半年线，采样一般为 146 日或 150 日，由于沪市上市公司每年公布其财务报表时，公司董事、监事与某些消息灵通人士常可先取得这方面的第一手资料，进行炒作，投资者可借此获坐轿之利，不过由于沪市投机性浓厚，投资者注重短线差价利润，因而此方法的效果也打了点折扣。200 日移动平均线，是美国的葛兰碧专心研究与试验移动平均线系统后，着重推出的，但在我国运用得不甚普遍。年线取样 255 日左右，是超级大户、炒手们操作股票时参考的依据。

短期均线和长期均线在反映股价走势时所具有的特点有所不同。相对而言，短期均线灵敏，长期均线迟缓；短期均线反映苗头，长期均线反映趋势；短期均线的支撑压力弱，长期均线的支撑压力强，中期均线处于短期均线和长期均线之间。因此，只看短期均线容易迷失大方向，只看长期均线容易失去最佳投资机会，把二者结合起来运用，取长补短，中短线组合滚动操作，则比较容易掌握主动。

（二）移动平均线的特点

1. 追踪趋势

均线指标的构造原理决定了它具有反映价格运行趋势的特性，因此其指标可以对价格运行起到趋势跟踪的作用，也许在某一天或者某一时刻，价格的波动会暂时脱离原来的运行趋势，但只要其均线系统没有出现相应的变化，投资者就不能肯定价格的运行趋势出现了转折。

2. 滞后性

在股价原有趋势发生反转时，由于均线追踪趋势的特性，均线的行动往往过于迟缓，调头速度落后于大趋势。这是均线的一个极大的弱点。等均线发出反转信号时，股价调头的深度已经很大了。

3. 稳定性

从均线的计算方法就可知道，要比较大地改变均线的数值，无论是向上还是向下，都比较困难，必须是当天的股价有很大的变动。因为均线的变动不是一天的变动，而是几天的变动，一天的大变动被几天一分摊，变动的效果就会变小而显不出来。这种稳定性有优点也有缺点，投资者在应用时应多加注意，掌握好分寸。

4. 助涨助跌性

这是投资者务必注意的一个问题，当价格对均线形成突破后，均线指标将对价格突破后的运行产生助涨或助跌的作用，尤其是当均线系统多头发散或者空头发散时，所产生的助涨助跌性就更为强烈。

5. 支撑线和压力线的特性

由于均线的上述四个特性，使得它在股价走势中起着支撑线和压力线的作用。

（三）葛兰碧均线八大法则

美国投资专家葛兰碧创造的八大法则是移动平均线理论的精华，很多投资者都用它来进行技术分析。八大法则中的四条是用来研判买进时机的，另外四条是研判卖出时机的。总的来说，当移动平均线在股价之下，而且又呈上升趋势时，是买进时机；反之，平均线在股价线之上，又呈下降趋势时则是卖出时机。如图8-2所示。

葛兰碧均线的四条买入法则如下。

1. 均线从下降逐渐走平且略向上方抬头，而股价从均线下方向上方突破，为买进信号。

2. 股价位于均线之上运行，回挡时未跌破均线后又再度上升时，为买进时机。

3. 股价位于均线之上运行，回挡时跌破均线，但短期均线继续呈上升趋势，此时为买进时机。

4. 股价位于均线以下运行，突然暴跌，距离均线太远，极有可能向均线靠近，此

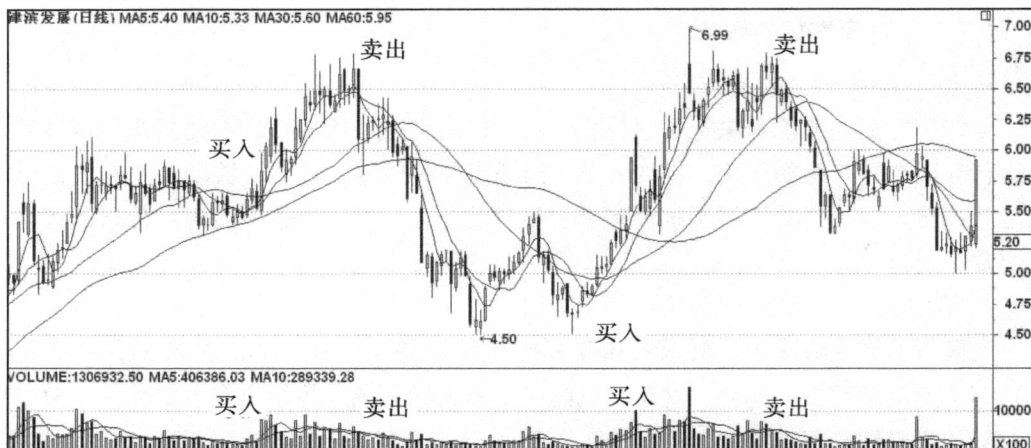

图 8-2　葛兰碧均线八大法则

时为买进时机。

葛兰碧均线的四条卖出法则如下。

1. 股价位于均线之上运行，连续数日大涨，离均线越来越远，说明近期内购买股票者获利丰厚，随时都会产生获利回吐的卖压，应暂时卖出持股。

2. 均线从上升逐渐走平，而股价从均线上方向下跌破均线时，说明卖压渐重，应卖出所持股票。

3. 股价位于均线下方运行，反弹时未突破均线，且均线跌势减缓，趋于水平后又出现下跌趋势，此时为卖出时机。

4. 股价反弹后在均线上方徘徊，而均线却继续下跌，宜卖出所持股票。

投资者需要注意的是，以上八大法则中第三条和第八条不易掌握，具体运用时风险较大，在未熟练掌握均线的使用法则前，可以考虑放弃使用。第四条和第五条没有明确股价距离均线多远时才是买卖时机，投资者可以参照乖离率来判断。

（四）单一均线和均线组合

移动平均线的实际运用有两种方式：单一均线和均线组合。

投资者可以用单一均线（如 10 日或 30 日均线）与股价的位置关系来分析短期或中期趋势、判断买卖时机，其中最具实战意义的是葛兰碧八项买卖法则。投资者也可以用均线组合来分析短期、中期和长期趋势并判断买卖时机。其中最常用的有 5 日、10 日、30 日均线组合，用于短期和中期趋势的分析。30 日、60 日、120 日均线组合用于中期和长期趋势的分析等。

1. 单一均线的优点和缺点

单一均线的优点在于运用较为简单、直观和实用性强，适用于单一的短线、中线或长线操作；缺点是不能兼顾短期与中期趋势。

2. 均线组合的优点和缺点

均线组合的优点是短期、中期或长期兼顾，但由于三条均线来回交叉，有时不能给出明确的信号，甚至给的是互相矛盾的买卖信号，使投资者无所适从。

（五）移动平均线的优点和缺点

移动平均线的优点主要有以下几个方面。

1. 运用移动平均线可观察股价总的走势，无需考虑股价的偶然变动，借此可自动选择出入市的时机。

2. 平均线能显示买入或卖出信号，降低风险水平。不管平均线怎样变化，反映买入或卖出信号的途径都是一样的。如股价（收盘价）下穿移动平均线，便是卖出信号；反之，如股价上冲移动平均线，便是买入信号。利用移动平均线，作为买入或卖出信号，通常可获得颇为可观的投资回报，尤其是当股价刚开始上升或下降时。

3. 平均线运用起来比较简单，投资者稍加分析就能清楚地把握当前价格的动向。

移动平均线的缺点主要有以下几个方面。

1. 移动平均线由于取的是平均值，因而不能恰如其分地把股价的高峰与低谷表现出来。

2. 在价格波幅不大的牛皮市道中，平均线折中于价格之间，会出现上下交错的卖出和买入信号，使投资者无所适从。

K线实战

通过分析均线系统可以得出一系列买卖信号，但均线系统本身反应较慢，不易把握股价趋势的高峰与低谷，所以应该结合日K线、KDJ指标、OBV曲线等其他分析方法，通过多种技术分析方法来确定买卖策略。

如正文中所述，在价格波幅不大的牛皮市期间，平均线折中于价格之中，出现上下交错型的出入货信号，使分析者无法定论，在无趋势期间，重复的亏损将是不可避免的，因此，投资者此时应选择其他的技术分析方法。

二、K线上穿移动平均线

K线上穿移动平均线指的是某一根K线或者某一种K线组合形态的空间位置从移动平均线的下方向上运行，穿过移动平均线，最终稳稳地站在移动平均线之上。这样的组合图形就是 K 线上穿移动平均线，如图 8-3 所示。

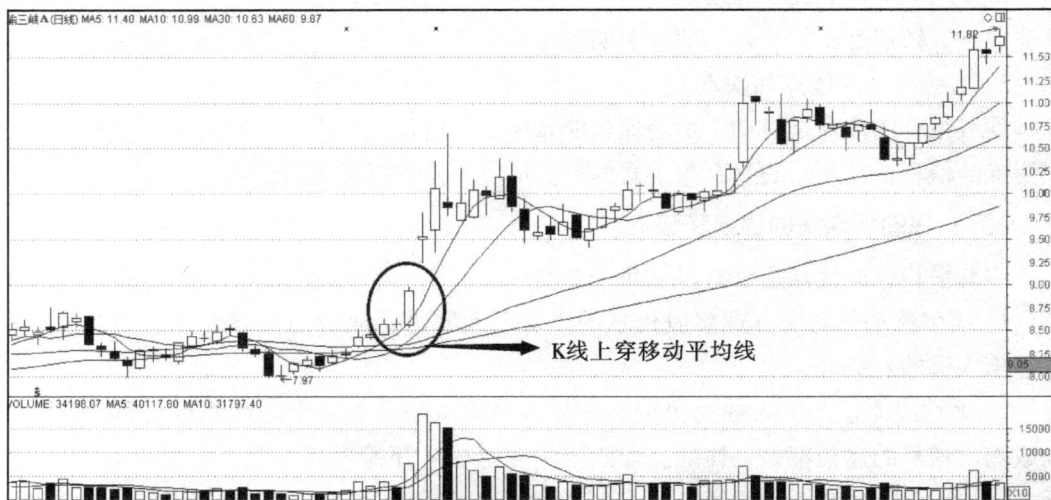

图 8-3　K 线上穿移动平均线

　　一般来说，K 线上穿移动平均线是一种很典型的买入信号。在实战操作中，如果在盘面上出现 K 线由下方上穿移动平均线并站稳在移动平均线之上的情形，投资者应当知道这是比较典型的买入信号。短线投资者应当考虑如何行动了，否则，就有可能错过最佳买入时机。

　　投资者需要知道的是，标准的 K 线上穿移动平均线图形应当符合以下条件才比较可靠。

　　1. 移动平均线已经随着股价运行的下行趋势而出现了大幅度的下跌，整个股价的走势已经在下降趋势中呈现出疲态，空方的动能已经出现了衰竭。

　　2. 股价运行走势经过一段比较长时间的下行之后，盘面上出现了移动平均线开始走平的情形。

　　在这样的大背景下，当盘面上出现股价由下方向上放量突破已经走平了的移动平均线时，便是投资者买入股票的最佳信号。

K 线实战

　　投资者需要知道的是，在运用这一组合图形来进行技术分析的时候，所选择的移动平均线的条数越多，买入信号的可靠程度就越大，准确性就越高。

三、K 线向下穿破移动平均线

K 线向下穿破移动平均线指的是 K 线从移动平均线的上方向下运行，穿破移动平均线，如图 8-4 所示。

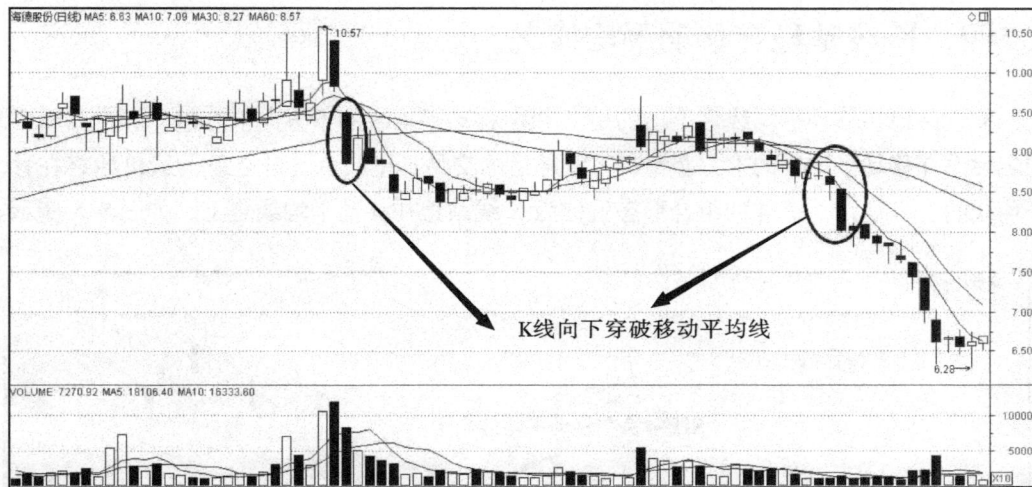

K线向下穿破移动平均线

图8-4　K 线向下穿破移动平均线

由均线的概念可知，当股价处于上升趋势时，均线也会呈现大幅度的上升。股价在经过一段时间的上升之后，或者股价有了一定的涨幅之后，随着股价的回落，盘面上移动平均线开始出现走平的情形。

一般来看，一旦盘面上出现股价由移动平均线上方转头而朝下运行，跌破正在走平或者已经走平了的移动平均线的时候，说明此时股价已经跌破了支撑，投资者应当坚决地选择卖出。

短线投资者可以结合 K 线和 5 日均线、10 日均线来共同研判买卖时机。一般来说，股价运行到了一定的高位之后，一旦出现 K 线向下突破 5 日或 10 日移动平均线的情形，短线投资者应果断卖出。

股价所突破的移动平均线的数量越大，就越具有实战分析意义。因此，投资者可以多选用几条不同日期的移动平均线，以便相互参照。通常情况下，从事短线炒作的投资者应当特别关注 3 日、5 日、10 日、14 日、20 日、30 日移动平均线变化的情形，并根据自己的操作实际随时调整操作计划。

K线实战

当 K 线向下突破移动平均线时，投资者应当关注成交量的变化。在正常的情况下，如果 K 线向下穿破移动平均线的当天盘面上收出的是阳线，那么成交量应当是相应减小，如果 K 线向下穿破移动平均线的当天盘面上收出的是阴线，那么成交量应当是相应增加，这样的情况下，卖出的信号更加明确。

四、K 线站稳在移动平均线之上

K 线站稳在移动平均线之上指的是 K 线由移动平均线的下方向上穿越，穿过移动平均线之后，在移动平均线的上方企稳，不管随后的交易日里股价是升是跌，股价始终在移动平均线的上方运行，这样的组合形态就称为 K 线站稳在移动平均线之上，如图 8-5 所示。

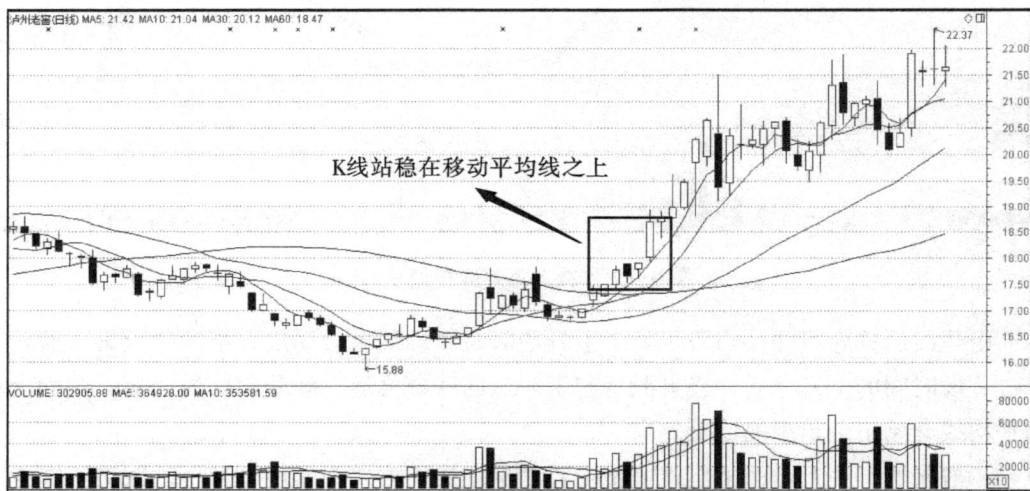

图 8-5　K 线站稳在移动平均线之上

K 线站稳在移动平均线之上的组合形态表明此时股价运动处于强势之中，此时投资者应当坚决做多。

短线投资者可以使用 5 日均线与 K 线组合进行研判，一旦盘面上出现股价站稳在 5 日移动平均线上的情形，就是很好的买入信号。

一般来说，K 线站稳在短期移动平均线之上的买入信号具有以下特征。

1. 移动平均线随着股价运行的不断攀升而处于向上发散的状态之中。

2. 股价运行在移动平均线之上，但是持续的时间不会长久，运行一段时间之后，很快又会跌到移动平均线之下。之后，又会再次回升到移动平均线之上来。

实战经验表明，股价跌破短期移动平均线之后，不久又出现开始回升的态势，当向

上突破移动平均线并站稳在移动平均线之上时，就是很好的买入信号。

K 线实战

投资者会发现，在实际操作中，股价运动行情上升的过程中，K 线站稳在移动平均线之上这一信号可能会多次出现。稳健的投资者可以结合大盘的升跌走势情况，分批分挡次地逐步买入。

五、短期均线与 K 线的综合运用

（一）5 日均线与 K 线的综合运用

短线投资者应该充分利用 5 日均线进行短线操作（如图 8-6 所示），这是因为 3 日均线过于敏感，10 日均线又略显迟钝，所以 5 日均线是做短线最好的工具。

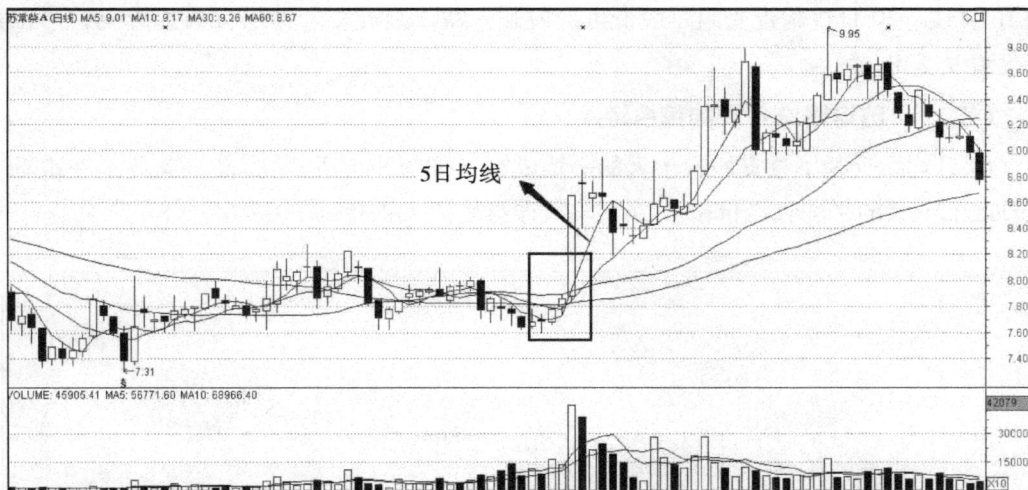

图 8-6　5 日均线

5 日均线操盘手法主要有以下几个要点。

1. 乖离率是指股价与移动平均线之间的偏离程度，通过百分比的形式来表示股价与移动平均线之间的差距。当 5 日乖离率太大，也就是股价离开 5 日线过远、高于 5 日线过多时，则属于短线卖出时机。

乖离率多大可以卖出，视个股强弱、大小有所不同，一般股价高于 5 日线 7% ~ 15%，属于偏高，适宜卖出。若是熊市，一般股价低于 5 日线 7% ~ 15%，适宜短线买进。

2. 股价回落、未跌破5日线又再次启动时，适宜买入。一般来说，慢牛股在上升途中，往往不会破5日线或者10日线。只要不破，投资者就可结合大势、结合个股基本面，继续持仓。若是熊市，股价回升、升不破5日线的话，再次出现较大抛单、展开下跌时，适宜卖出。

3. 股价如果跌破5日线、反抽5日线未能突破的话，投资者需要谨防追高被套，注意逢高卖出。若是熊市，股价如果升破5日线、反抽5日线时跌不破的话，或者反抽5日线跌破但又止住的话，投资者需要谨防杀跌踏空，注意逢低买回。

4. 投资者还可利用5日均线斜率进行操作。5日均线的斜率会随股价的上升不断加大，当斜率达到45度以上时，应密切关注。实战经验表明，此时股价有可能重新上攻，一旦成交量放大，走势急且陡时，应果断跟进，可在极短的时间内获取大利。

5. 股价如果有效跌破5日线，一般将跌向10日线或者20日线。如果跌到10日线、20日线企稳、股价再次启动，则高位卖出的筹码，可以视情况短线回补，以免被轧空。若是熊市，股价如果有效升破5日线，一般将向10日线或者20日线方向上升。如果升到10日线、20日线附近受阻、股价再次展开下跌，则投资者在低位买的筹码，可以视情况短线卖出。

（二）10 日均线与 K 线的综合运用

10日均线反映了这支股票十天的平均成本（如图8-7所示），是某支股票在市场上某日之前十天的平均收盘价格。10日均线操盘手法主要有以下几类。

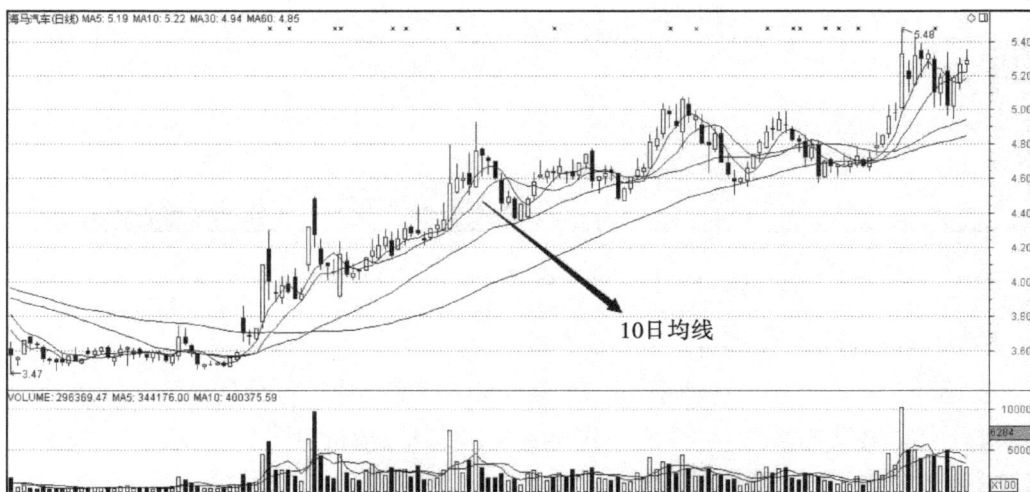

图8-7　10日均线

1. 股价向上突破10日均线是重要买入时机，具体操作如下。

（1）10日均线是多空双方力量强弱或强弱市场的分界线。当多方力量强于空方力

量时，市场处于强势，股价在 10 日均线之上运行；当空方力量强于多方力量时，市场处于弱势，股价在 10 日均线之下运行。

（2）稳健的投资者可以选择股价站上 10 日均线后再买入，此时虽然不是最低价位，但此时上升趋势已明确，涨势刚刚开始，仍是买入的良机。

（3）投资者需要知道的是，股价向上突破 10 日均线应有量的配合，如果没有量的配合，可能仅仅是下跌中途的反弹，很快又会跌回 10 日均线之下。所以，投资者此时应止损出局。特别在 10 日线下降走平再上行而后又归下行时，更应止损，这说明跌势尚未结束。

（4）10 日均线特别适用于追踪强势个股的波段操作和对大盘趋势的分析。当大盘指数站上 10 日均线时看多、看涨，成功的概率较高。但是，在上升行情中，走势弱于大盘而没有庄家照顾的某些个股，会时而跌破 10 日均线、时而站上 10 日均线，形成震荡走高的态势，较难以运用 10 日均线把握。

（5）投资者在使用 10 日均线时可以结合 5 日均线和 30 日均线共同研判，这样效果更佳。

（6）10 日均线操作法多用于趋势明确的牛市或熊市行情，而对于牛皮市效果不佳。

2. 上升趋势中股价回挡不破 10 日均线是买入时机，具体操作如下。

（1）在下跌行情中，10 日均线是重要的阻力线，而在上升趋势中却是强有力的支撑线。股价回调不破 10 日均线说明强势特征明显，任何一次回调都是买入时机，说明涨势还会继续。

（2）在上升趋势中，股价回挡至 10 日均线附近时成交量应明显萎缩，而再度上涨时成交量应放大，这样后市上升的空间才会更大。

（3）如果股价回调至 10 日均线附近买入，其后又很快跌破了 10 日线，还是应坚持止损原则，需等到调整结束、股价重回 10 日均线之上时再买入。

3. 下跌趋势中股价急跌或暴跌远离 10 日均线是买入时机，具体操作如下。

（1）在持续性下跌之后又出现暴跌，致使指数 10 日负乖离率达 10% ～15% 后，次日再跌往往是中期底部，而中期以上头部出现以后不久出现急跌或暴跌，致使大盘的 10 日负乖离率达 10% ～15% 时，往往是短期强劲反弹的底部。

（2）如果大盘没有急跌或暴跌，个股由于涨幅太大，使庄家获利非常丰厚急于兑现，从而采用打压方式出货，导致股价持续大跌或暴跌，而 10 日负乖离率达到 10% ～15% 甚至大于 20%，投资者也不能轻易买入。除非 10 日负乖离率更大，否则止损出局在所难免。

K 线实战

10 日均线位于股票 K 线图上方时，如果 10 日均线与 K 线图之间的距离突然加大，则表示多头势力已衰竭，后市会有大幅下跌，投资者也应该立即卖出股票。

10 日均线与 K 线图重叠或与 K 线图纠缠在一起时，投资者应持币观望。如果 10 日均线离开 K 线图并向右下方移动时，后市跌幅较大，投资者应该卖出股票。

六、万能均线与 K 线的综合运用

万能均线即 20 日均线，是某支股票在市场上某日之前 20 天的平均收盘价格，其意义在于其反映了这支股票 20 天的平均成本（如图 8-8 所示）。一般来说，长期均线只能用作长周期的股价趋势判断，短期的也只能以短线的买卖作为参考。在实盘操作中，长短两个周期各有利弊，周期太长不容易得到短线的操作指导，周期太短反而不容易判断大的整体趋势。万能均线是兼顾长短两个周期的综合应用指标，它能在股价的任何位置给出明确的操作指导。20 日均线的意义在于周期不是很长也不是很短，与 10 日均线相比，20 日均线的时间周期间隔又要多 10 个交易日，因此 20 日均线运行中的变动频率与 10 日均线相比，前者注重趋势性变化的程度要大得多。与 30 日均线相比，20 日均线又显得更灵活。所以 20 日均线能够真实反映出股价最为客观的趋势。

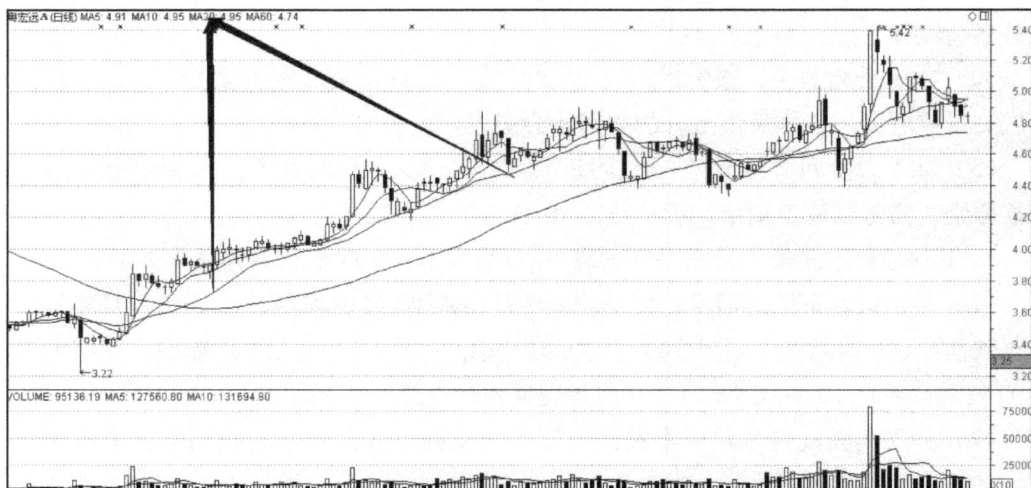

图 8-8　20 日均线

（一）20 日均线在使用中应注意的条件

1. 20 日均线由于选取的周期参数相对要大一些，故其尽管属于短期均线的范畴，但已经开始接近中期均线了。所以在实战中使用 20 日均线研判市场走势时，投资者应

考虑中短期走势，不能只考虑短期变化，否则将会出现操作上的失误。

2. 20日均线的趋势研判仍为上升代表中短期趋势向上，下行则表示趋势向下，所以在使用20日均线来分析走势时，还可以用其来判断市场的支撑或压力的位置，但同时一定要关注20日均线作为支撑或压力的有效性，否则将导致错误性止损。

3. 20日均线在行情箱形运行过程中将会相对平稳。若行情的波动幅度不大，20日均线则可能出现接近平行的运行状态。

（二）20日均线的使用原则

1. 当20日均线从高位回落至一个相对低位后，在形态上表现为均线自高位下滑，从"陡"状到低位逐渐走平，市场含义为：相对20日内的投资者的平均成本已经有从亏损向获利转变的可能，这时的股价跌势已有所减缓或者得到了抑制。

2. 当股价真正意义上止跌并开始上涨，一举突破20日均线的压制并伴随有成交量的同步放大时，表示股价的趋势已经彻底得到了扭转，由跌势转为升势。此时的操作要点是股价在20日均线附近就是买入点，或者在股价突破20日均线时果断介入。投资者需要注意的是，此时应综合采用成交量的配合，否则20日均线将会失去意义。

3. 股价不断上升，20日均线也随之上移。当股价上涨至某一压力区出现滞涨情形时，20日均线随之跟上后开始走平，股价的变化形态也出现围绕20日均线横向震荡的局面。一旦这种平衡状态被打破，股价将随之下穿20日均线，此时被认为是最佳的卖出时机。

K线实战

万能均线之所以万能，是因为它在股价的任何时间和位置都能准确地给出操作信号。它的操作要点在于只要股价上穿万能均线并且有成交量放大的配合，就被认为买入信号；只要股价下破万能均线，就被认为是卖出信号。在周期组合上，万能均线被认为是一个综合周期，因此无论长线投资还是短线投资均适用。

七、中长期均线与K线的综合运用

下面主要讲述30日均线、60日均线、120日均线、250日均线与K线的综合运用。

（一）30日均线与K线的综合运用

30日均线指的是30天收盘价的加权平均价，属于中期均线的技术范畴，所选取的周期参数为30个交易日，其市场作用带有研判中期走势的意味。30日均线在实战操作中有着较为重要的作用，但其应用和把握的难度也相对要大一些。30日均线的操盘要点如下。

1. 分析 30 日均线的运行情况时，投资者应注意 30 个交易日之内股价波动的趋势。因为 30 日均线的目的就是通过 30 个交易日的市场情况来综合研判 20 日、10 日内的股价变化过程。所以用 30 日均线来分析时，投资者应秉持中线操作的思想，不能急于求成。

2. 30 日均线是沪、深股市大盘的中期生命线，每当一轮中期下跌结束、指数向上突破 30 日均线时，往往会有一轮中期上升。对于个股来说，30 日均线是判断有庄无庄、庄家出没出货以及其走势强弱的标准。30 日均线有着特殊的趋势性，无论是上升趋势还是下跌趋势，一旦形成很难改变。同时，30 日均线也可以判断市场的中期支撑或中期压力情况，这一点在实战中是比较重要的。

3. 投资者需要注意的是，股价向上突破 30 日均线时必须要有成交量放大的配合。有时股价向上突破 30 日均线后又回抽确认，但不应再收盘在 30 日线之下，且成交量必须较突破时显著萎缩，此时是最佳买入时机。无论是在突破当日买入还是回抽时买入，万一不涨反跌，而股价重新跌破 30 日均线走势疲软，特别是股价创新低继续下跌时，投资者应止损出局。因为前期的上涨很可能是下跌中途的一次中级反弹，真正的跌势尚未结束。

4. 在应用 30 日均线做市场分析时，要密切注意 10 日均线与 20 日均线的变化，因为 10 日与 20 日均线的变化最终会导致 30 日均线的方向改变。

5. 股价经过一段时间的上涨后进入涨势末期，30 日均线开始走平，此时若股价跌破 30 日均线且回抽没有站上 30 日均线或 30 日均线拐头向下时，便是卖点。

6. 由双重底、头肩底、圆形底等典型底部向上突破时，主要看 30 日均线的突破，当股价在向上突破颈线位的同时向上突破 30 日均线时，应为买入时机。

7. 30 日负乖离率过大是中短线买入时机，股价在 30 日均线之上运行的股票属于强势股，在 30 日均线之下运行的股票是弱势股。投资者需要明确的是，强势股和弱势股是可以相互转化的。因此，在下跌趋势中，股价在 30 日均线的反压下持续下跌，远离 30 日均线致使 30 日负乖离率过大时，必然会产生中级反弹而使股价向 30 日均线靠近。一般来说，阴跌之后再急跌或暴跌，30 日均线负乖离率达 20% 左右特别是 25% 以上时，是较佳的中短线买入时机。

（二）60 日均线与 K 线的综合运用

60 日均线指的是某支股票在市场上某日之前 60 天的平均收盘价格（如图 8-9 所示），其意义在于它反映了这支股票 60 天的平均成本。60 日均线对个股后期走势有重要意义，个股如果有效跌破 60 日均价，大多后市看跌。大盘指数也有这种规律，当指数跌破 60 日平均线后，意味着大盘将有一定的下跌空间。

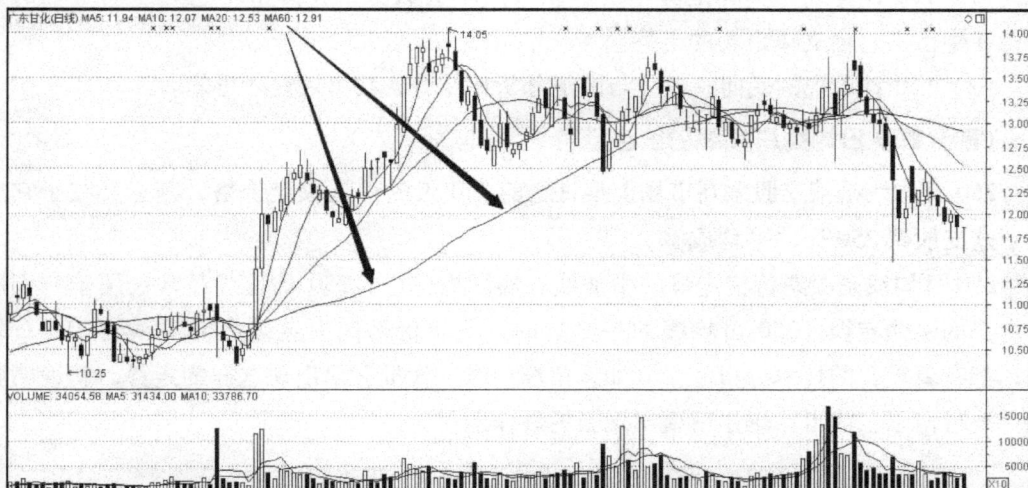

图8-9 60日均线

（三）120 日均线与 K 线的综合运用

120 日均线指的是某支股票在市场上某日之前 120 天的平均收盘价格，其意义在于它反映了这支股票 120 天的平均成本，120 日均线也称为"半年线"。由于 120 日均线周期长，趋势一旦形成就不易改变，所以主力庄家不易制造骗线。

1. 120 日均线的作用

（1）助涨作用。当 120 日均线处于上涨状态时，有助涨作用。

（2）重压作用。当 120 日均线处于下降趋势时，其对股票价格走势具有重压作用。120 日均线下降斜率如果比较陡，则对股票价格走势的压力更加明显，即使股票价格走势出现快速上涨，随后往往也会出现更为快速下跌的走势。

（3）确定买入时机。投资者可以以 120 日均线作为支撑线，当股价回跌到 120 日均线附近时买入。

（4）中长期股价趋势判别。投资者可以从 120 日均线的变动中，把握中长线的股价运动趋势，这是因为 120 日均线由于变动缓慢，趋势一旦形成或改变，不论是上涨还是下跌，都要持续一段时间。

（5）市场成本及趋势指导作用。比如，许多庄家主力在操盘时，也按 120 日均线为参考线；庄家在洗盘打压价格时往往也在 120 日均线止步；长期平台整理时也往往是在 120 日均线涨上来后进行向上突破等。

2. 120 日均线的用法

投资者在应用 120 日均线时应注意以下两个方面。

（1）120 日均线在实际走势中的波动幅度不会太大，在熊市中它会压制市场的走势；在牛市中它会支撑市场的走势。

（2）120 日均线的变向一般应与波浪分析相结合，其有效性才可靠。

（四）250 日均线与 K 线的综合运用

250 日均线是某支股票在市场上某日之前 250 天的平均收盘价格，其意义在于它反映了这支股票 250 天的平均成本。

250 日均线是股票价格走势的牛熊线。实际操作中，250 日均线经常被用于判别股票走势的牛熊转换。250 日均线的趋势转向，股票价格向上突破或向下跌破 250 日均线，都有着重要的技术分析意义。如果市场中有一大批股票出现这样的走势，就说明要有一波行情了，或者市场中就要出现新的炒作题材了。

K 线实战

30 日均线是中长线投资者的保护神和回避风险的有利武器。对于短线投资者来说，30 日均线是选择强势股的标准。当然，投资者也可根据自己的习惯和需要，将 30 日均线变通为 20 日、25 日、35 日和 40 日均线等，但不管用哪一条中期均线，都应坚持不懈地长期运用，切忌来回换。

八、均线系统与 K 线的综合运用

（一）5 日、10 日均线组合与 K 线的综合运用

在空头市场中，特别是当股价从高位暴跌而下，在 5 日、10 日移动平均线之下运行，距离 10 日移动平均线很远时，表明人气散淡，恐慌性抛盘纷纷杀出，此时正是黎明前的黑暗，一波强力反弹即将来临，正是绝佳的买入时机。

在空头市场中，如果股价向上突破 5 日、10 日移动平均线后并企稳，表明短线市场空翻多，买方力量增强，后市上升的可能性很大，是买入时机。

盘整时期，如果 5 日、10 日移动平均线向右上方突破上升，则后市必然震荡走高；如果 5 日、10 日移动平均线向右下方继续下行，则后市必然震荡走低。

在盘整阶段，投资者要密切关注 10 日移动平均线与 5 日移动平均线黏合在一起的状况，此时即使有利好消息，投资者也不可贸然跟进，而是等 10 日移动平均线与 5 日移动平均线分离并上行时，才可视为买入时机，因为这时多方力量才真正增强，后市上升可能性较大。而当 10 日移动平均线脱离缠绕区向下突破时，说明后市还有相当跌幅，是短线卖出时机。

从均线的角度看，如果 5 日和 10 日均线都向上，且 5 日均线在 10 日均线之上时，投资者应考虑买进。一般只要股价不击穿 10 日均线，投资者就可以继续持股，如果 10 日均线被有效击穿且 5 日均线调头向下，则应卖出。因为 10 日均线对于庄家来说非常重要，往往是其持仓成本所在，因此庄家一般不会让股价轻易跌破 10 日均线。

如果 5 日平均线从下向上突破股票价格 K 线图而达到 K 线图上方，但 10 日平均线仍居于股票 K 线图的下方并仍向上方运动时，则表示这是多头市场的回挡，股票回调幅度不会太深，投资者可以持股观望。

如果 10 日平均线在 5 日平均线之后也从上向下交叉突破股价 K 线图并向右下方移动，表明股价日后跌幅会较深，投资者应立即卖出股票。

投资者需要注意的是，虽然不能说所有的 5 日均线下穿 10 日线都是见顶的征兆（如盘整行情在相对低位出现时），但可以说所有的顶部形成必定都有 5 日均线下穿 10 日均线的现象。此后即使还可以有一波升势，但投资者还是以短线出局为好，因为后市可能出现较大的跌幅，出局毕竟能让投资者保存下大部分的胜利果实。

（二）10 日、20 日均线组合与 K 线的综合运用

当 10 日均线由下向上穿过 20 日均线时，表明市场近十天的平均买方力量强于前 20 天买方的力量，日后个股上涨机会较大，投资者可短线介入。

在空头市场中，如 20 日均线也随 10 日均线从上向下穿过 K 线，则后市上涨空间会更为强劲，如果还有利多的基本面配合，投资者可脱离空头思维，反手做多。

（三）5 日、10 日、30 日均线组合与 K 线的综合运用（如图 8-10 所示）

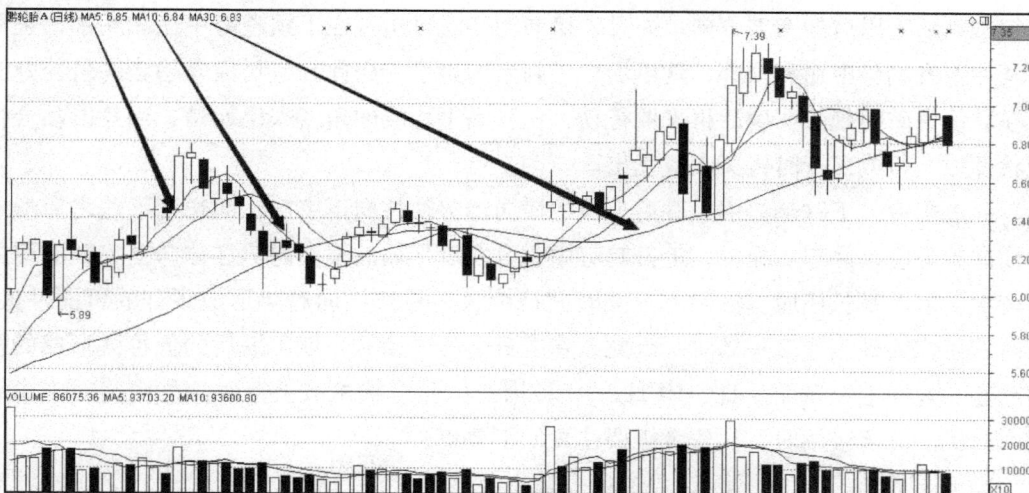

图 8-10　均线的综合运用

投资者最常用的均线组合就是 5 日、10 日、30 日均线组合，该组合具有极强的实用性和可靠性。其中，5 日、10 日均线可用于判断短期的趋势，而 30 日均线则用于中期趋势的判断。当股价向上突破 5 日、10 日均线时，说明该股短期趋势转强；再突破 30 日均线时，中期趋势转强且一般可确认庄家建仓完毕即拉升，而下方三条均线特别是三条均线的黄金交叉点更是股价回挡时的强有力支撑。

综合运用时，投资者应该注意如下要点。

1. 一般来说，当股价向上突破 5 日、10 日、30 日三条均线特别是三条均线呈多头排列时，是最佳买入时机。

2. 股价在 5 日、10 日、30 日三条均线先后形成黄金交叉之后的上涨，成交量应逐步放大，回调成交量应明显萎缩，特别是在突破 30 日均线时应有量的配合。否则，其可靠性降低，至少其上涨幅度会有限。

3. 一般来说，5 日、10 日、30 日三条均线形成黄金交叉后都是在中期底部，后市应有中期上升行情，特别是底部反转形态，如双重底、头肩底，如果突破时伴随三条均线形成黄金交叉则可靠性更高。万一在下降趋势中途三条均线形成黄金交叉后误认为是中期底部，买入后涨幅并不大，股价却很快跌破三条均线且三条均线再形成死亡交叉发散下行，这说明前期仅是反弹而已，跌势尚未结束，投资者在股价跌破 30 日均线时应止损出局。

股价的运行趋势一般有三种：上升、下降和横盘。上升和下降都很容易理解，横盘又称盘整，横盘是指股价在一段时间内波动幅度小、无明显上涨或下降趋势，股价呈牛皮整理，该阶段的行情震幅小。一般来说，上升趋势和下跌趋势由于方向明确，移动平均线呈现多头或空头排列较易判断，而横向趋势由于移动平均线多呈黏合状互相缠绕，则较难判断它以后的突破方向。而且，横向趋势既可出现在下跌趋势中途和底部，也可出现在上升趋势中途和顶部，这更增加了判断的难度。因此，应对横向趋势的最佳办法是在股价突破而趋势明确后再采取行动，从移动平均线的角度来说就是，当其由黏合缠绕状发散上行或下行时再买入或卖出。

一般来说，下跌趋势中急跌后形成的横向趋势往往向下突破，而长期下跌之后形成的横向趋势应是底部。相反，上升趋势中急升之后形成的横向趋势往往向上突破的可能性较大，且多是长庄股。涨幅或上涨时间持续太久后的横向趋势形成顶部的可能性大，有时即使像突破也是多头陷阱。因此，在上升趋势中途和长期下跌后的低价区形成的横向趋势一旦向上突破而 5 日、10 日、30 日均线由黏合状发散上行时，是明确的中短线买入时机。综合应用时，投资者需要注意如下要点。

1. 形成横向趋势的原因有两个：一是在上升趋势中，股价上涨太快，但庄家没有出货或打压的意图，股价在不大的空间内上下波动；二是在下降趋势中，已到相对的低价区，股价下跌动力不足，而多方又暂时找不到买进的理由，多空双方在较长时间里达

成平衡，或者是低位有庄家在逢底耐心吸纳建仓。

2. 投资者需要注意的是，横向趋势的运行时间往往较长，少则 1 ~ 2 个月，多则半年以上。因此，横向趋势需要投资者具有十足的耐心，而且向上突破后的上升往往与横盘一样持久，上升空间是可观的。

3. 横向趋势向上突破和 5 日、10 日、30 日均线发散上行都应有成交量的配合，回调时成交量应明显缩小。

4. 横向趋势向上突破后，发散上行的 5 日、10 日、30 日均线是股价回调的支撑线，股价不应很快跌破三条均线回到横盘区域内，否则就是假突破，仍应止损。

（四）5 日、10 日、20 日均线组合与 K 线的综合运用

在空头市场中，继 5 日均线之后，10 日均线和 20 日均线都从上向下依次突破股价 K 线图，这些信号预示着不久股价将会有较深的跌幅，此时是短线卖出的时机。如果 20 日均线随 5 日均线、10 日均线之后从上向下突破 K 线图，并且向右下方移动，则短期翻多的机会不大，甚至有向下运行的危险，投资者应该短线卖出股票。如果 5 日均线、10 日均线和 20 日均线均位于股票价格 K 线图的上方，且三条均线呈平行状态向右下方运行，则表示空头市场确立，短期内股票价格下跌幅度会继续下探，投资者应立即卖出所有股票，减少损失。

当个股 5 日、10 日和 20 日均线呈收敛状态时，表明股价已有较长时间维持横向震荡，也表明五日、十日和 20 日内买入股票的投资者的平均持仓成本越来越接近。当五日、十日和 20 日内买进股票的投资者平均成本越来越接近时，投资者会发现早买和迟买股票一样都无利可图，空方已明显感到买盘不济，从而用更低的价格抛售股票。空方用低于短期均线的价格大量抛售，致使当日收盘价跌破三条均线。五日、十日和 20 日内买入股票的投资者发现自己已被套牢，纷纷以更低的价格卖出，于是发生多杀多行情。致使股票供应量急剧增加，而需求量急剧减少，最终诱发一轮跌势。

投资者需要注意的是，在股票价格依次跌破 5 日平均线、10 日平均线和 20 日平均线后的一段时间里，如果股票价格回升或反弹，那么 5 日平均线、10 日平均线以及 20 日平均线则变成了股票价格回升的阻力，即使股票价格回升到 5 日平均线之上，这种回升也无法持久。

投资者可以通过 5 日、10 日、20 日三条均线寻找黑马股。如果个股的 5 日、10 日、20 日三条均线在低位黏合金叉向上，则这支股票有可能成为黑马。

5 日、10 日、20 日均线黏合金叉向上的情形往往是股价经长期下跌后，已跌无可跌，不存在下跌空间了，此时主力庄家开始进场打压吸筹，于是就形成 5 日、10 日、20 日均线黏合金叉向上的情形。黏合的时间越长，后市的涨幅就越大。

在实战中，投资者除了观察这三条均线的黏合情形外，还应观察成交量的变化。一

且成交量放大，5 日均线脱离 10 日、20 日均线上扬时，投资者应果断介入，否则会错过最佳买入时机。

第二种是出现在横盘整理期。股价经一段时间的上升后，庄家刻意打压，震仓洗盘，由于洗盘十分干净，5 日、10 日、20 日均线就形成了三合一的黏合情形。

在实战中，如出现这种情形，不可贸然介入。只有在 5 日均线开始上扬，且伴随着成交量放大时，才可介入。

（五）30 日、60 日、120 日均线组合与 K 线的综合运用

股价经过长时间的下跌之后，跌期已超过半年，甚至一年，股价跌无可跌，中长线投资者或者庄家开始入场买进建仓，股价在一定区域内横向波动构筑底部，30 日、60 日、120 日均线的下降速率趋缓甚至有走平的迹象，股价也逐渐向三条均线靠近。最终，股价在成交量放大的配合下，一举向上突破 30 日、60 日、120 日三条平均线，就意味着长期下跌趋势的结束和中长期上升趋势的开始。当股价放量突破三条均线，或回挡不破 30 日均线时，便是中长线最佳的买入时机。

综合运用时，投资者应该注意如下要点。

1. 30 日、60 日、120 日等中长期均线的组合对于中长线投资者更具有指导意义，它可以使我们看到更长远的趋势。股谚道："看大势者赚大钱，看小势者赚小钱，不看势者尽赔钱"，而 30 日、60 日、120 日均线的组合正是对大趋势的一种有效判断方法。

2. 当股价向上突破 30 日、60 日、120 日均线时，就意味着最近 30、60 和 120 个交易日买进该股的投资者都已解套或有盈利，多方占有绝对优势，后市上涨就是自然的事了，且肯定会有庄家进场。

3. 股价向上突破 30 日、60 日、120 日三条均线时必须要有量的配合，而且量的大小将决定股价的上涨动力和上升空间。

4. 本条买入时机特别适用于股价长期下跌，30 日、60 日、120 日均线呈典型空头排列而后股价向上放量突破的股票；对于股价按箱形规律运行的股票，股价会围绕 30 日、60 日、120 日均线上下波动，倒不如运用 5 日、10 日、30 日均线组合波段操作更有效。

K 线实战

将长期、中期与短期移动平均线配合起来运用，这样可以增加获利的机会。一般来说，短期移动平均线所代表的是短期内多空价位的平衡点，变动速度比较快；长期移动平均线所代表的是长期以来多空价位的平衡点，变动速度较慢，图形走势较稳定；而中期移动平均线介于二者之间。因此投资者就可以利用速度快慢不同的移动平均线来决定买进与卖出的时机。

第九章 K线图的综合投资技巧

一、K 线图的位置不容忽视

实战中，投资者会发现，即使是同样的 K 线图形或者是组合形态，出现在不同的位置，其含义有可能会不同。因此，为了能准确研判 K 线图，投资者应该对 K 线图的位置有一定的了解。

在股市实战过程中，所谓位置是指某一支股票（或某个指数）的价格（或指数点位）在某一特定环境条件下和某一特定时间内，在行情发展趋势中所处的某一具体的部位。这一部位的形成，对股票价格（或指数点位）在未来趋势中的方向、波动的频率和幅度的大小，都将产生极大的影响。

从具体的意义来说，K 线图的位置可以分为趋势的位置和形态的位置两类。

（一）K 线趋势的位置

趋势位置指的是在股市实战过程中，一根 K 线或者一种 K 线组合形态在时间、空间和市场环境所形成的原有发展趋势中，出现的某一具体的位置。这种趋势位置的确定，决定着对后市发展影响的力度。

在股市实战过程中，正确地分析、准确地判断出一种图形状态的具体趋势位置，是投资者获利的必要条件，是步入市场赢家行列的最为重要的一个环节。

在股价波动过程中，存在着三种基本趋势：上升趋势、下降趋势、整理趋势，如图 9-1 所示。

1. 上升趋势

上升趋势由连续的一系列涨势构成，每一段涨势都会持续向上穿越先前的高点，中间夹杂的下降走势都不会向下跌破前一波跌势的低点。总之，上升趋势是由高点与低点都不断抬高的一系列价格走势构成的。

在上升的趋势之中，根据各个阶段的不同特点，可将其区分为三个发展阶段：起始段、中继段和加速段。而三个发展阶段之中，又可根据发动行情的时间和状态，再将之细分为三个不同时期：初期、中期和末期。

2. 下降趋势

下降趋势由连续的一系列跌势构成，每一段跌势都持续向下穿越先前的低点，中间

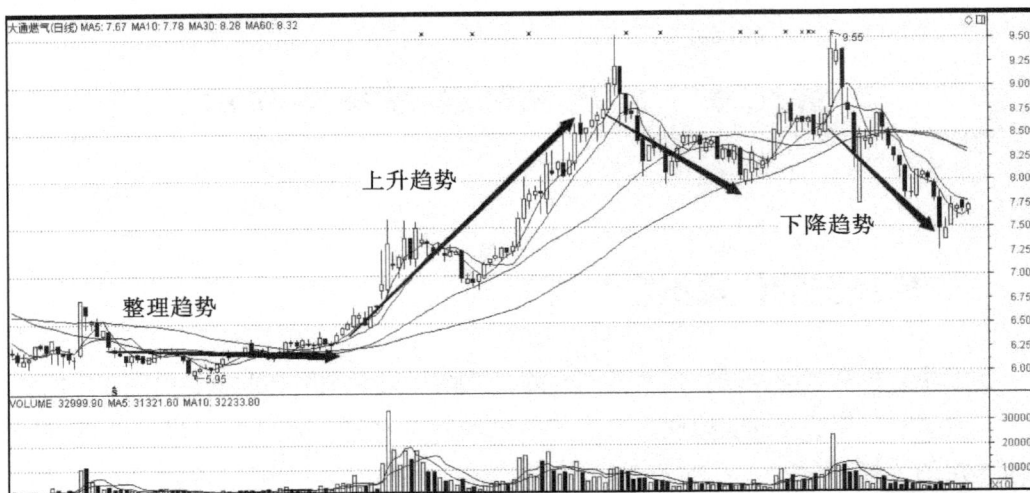

图 9-1　基本趋势

夹杂的上涨走势都不会向上涨破前一波涨势的高点。总之，下降趋势是由高点与低点都不断降低的一系列价格走势构成的。

下降趋势与上升趋势一样，也可以根据其不同时期各个阶段的不同特点，区分为三个发展阶段：起始段、中继段和加速段。而三个不同的发展阶段之中，根据发动行情的时间和状态，又可细分为三个不同时期：初期、中期和末期。

3. 整理趋势

整理趋势指的是股价在一段时间内波动幅度小、无明显上涨或下降趋势，呈牛皮整理状态。

整理趋势主要分为两个不同时期：涨升段和下跌段。这两个时期在整个趋势发展过程之中相互交替出现，在时间和量度上，并没有某种既定的等值。

一般来说，整理趋势涨升段的上挡价格区域，都会存在较大幅度的解套盘、获利盘的压力，这种压力的出现，对股价的涨升造成一种强有力的阻碍作用。这一价格区域即是压力位，压制股价的上升。下跌段的下挡价格区域，也都会存在一种抄底盘和投资买入盘的介入，这些资金的介入对股价的下跌起到了一种阻碍作用，将减缓下跌的速度，并使股价开始回升。

整理趋势的发展，就其本身而言，并无十分明确的方向性，只能算是起某种中介作用的原有发展趋势的催化剂。在原有的上升或者下降趋势之后，经过整理，股价仍然继续原有的发展趋势，整理趋势只是其中的一个中间站。

整理趋势的整理方式，从具体的形态发展上来区分，一般有下列几种情形：三角形整理、矩形整理、旗形整理、楔形整理等，详见本书第四章。

（二）K线形态的位置

K线形态的位置指的是在股市实战过程之中，一根K线图形或者是一种图形组合形态，进入原有趋势的一根K线图形或一种图形组合形态的势力范围后，所深入到达的具体位置。形态位置的确定，对于投资者掌握多空力量强弱对比，从而判断、分析后市行情发展有极大的益处。

K线实战

在实战中，任何主力资金介入一支股票，都是为了获取巨额的利润。在操作过程中，这些资金对于自己控制势力范围内其他力量的介入程度，都会有一个能够容忍的限度，一旦其他力量的介入程度超出了控盘主力机构的最大心理承受限度，必将会招致后者的有力反击，以遏制事态的发展，维护既得利益。因此，把握市场上控盘主力机构的最大心理随限度，应是投资者在实战过程中必须细心揣摩、仔细领悟的。

二、含义深刻的上下影线

（一）上影线的深层分析

在K线图中，从实体向上延伸的细线叫上影线，如图9-2所示。在阳线中，它是当日最高价与收盘价之差；在阴线中，它是当日最高价与开盘价之差。

图9-2 上影线

一般来说，产生上影线的原因是空方力量大于多方而造成的。股票开盘后，多方上攻无力，遭到空方打压，股价由高点回落，形成上影线。

1. 利用上影线分析股票的方法

一般来说，大盘和个股的每个交易日形成的K线多数都有上影线，但是，其中绝大多数对分析后市的意义不大，只有一些极端现象对后市有一定的研判作用。

（1）没有上影线。此时K线上呈现出来的必然是光头阳线或者光头阴线。如果当天开盘价就是最高价，即光头阴线，这意味着市场存在强大的做空力量，今后市场继续下探走低的概率极大；而光头阳线则是当日最高价与收盘价相同，即当天以最高价位收盘，意味着后市还有持续做多的动能，值得继续看好。

（2）一条线的形态。即当天就只有一个价位，这种情况往往是全天涨停（如何追进涨停股）或者跌停，也意味着今后会持续上涨或下跌。

一般来说，利用上影线分析股票时，需要特别关注长上影线。上影线是预示大盘或者个股股价趋势即将出现向下扭转的K线。最为经典的就是当市场或者股价已经经历了较大上涨之后，股指（股价）高开后冲高但之后大幅下跌，收出一根长上影线的阴线，这种情况就表明当前市场将随时可能出现趋势的扭转，进入下降通道。当然，有时市场也可能出现长上影线的十字星，其功能和作用也是一样的，只要是上影线明显长于下影线，就表明市场当天强烈的上涨欲望被彻底粉碎，后市进一步下跌的概率在加大，所以怎样利用上影线分析股票对投资股市有很大的意义。

2. 庄家操纵的上影线

一般来说，上影线长，表示阻力大，但是由于市场内大的资金可以调控个股价位，影线经常被庄家用来进行骗线，上影线长的个股，并不一定有多大抛压。因此，投资者应见机行事。下列上影线，就很可能是被庄家操纵所产生的，投资者应格外留意。

（1）试盘型的上影线

有些主力拉升股票时，操作谨慎，在欲创新高或股价行进至前一高点时，均要试盘，用上影线试探上方抛压，称"探路"也可。

如果投资者认为上影线长有大的抛压而卖出，事后有可能被证明是个错误的决策。上影线长，但成交量未放大，股价始终在一个区域内收带上影线的K线，很可能是主力试盘。如果在试盘后该股放量上扬，则可安心持股，如果转入下跌，则证明庄家试出上方确有抛压，此时可跟庄抛股，一般在更低位可以接回。注意，当一支股票大涨之后拉出长上影线，最好马上退出。

（2）震仓型上影线

震仓型上影线经常发生在一些刚刚启动不久的个股身上，有些主力为了洗盘、震仓，往往用上影线吓出不坚定持仓者，吓退欲跟庄者。针对这种主力，投资者可以结合K线组合来研判，而不要太关注单日K线。

投资者需要注意的是，大资金机构可以调控个股的涨跌，但在市值不断增大的市场

内，没有什么可以调控大盘的机构，所以如果大盘在阶段性高位或低位出现了长上影线或下影线，那么指导意义较强。对影线的判断，投资者一定要谨慎、辩证地看，庄家用影线做文章的个股不是个别的。

（二）下影线的深层分析

在 K 线图中，从实体向下延伸的细线叫下影线，如图 9-3 所示。在阳线中，它是当日开盘价与最低价之差；在阴线中，它是当日收盘价与最低价之差。一般来说，产生下影线的原因是多方力量大于空方力量而形成的。股票开盘后，股价由于空方的打压一度下落，但由于买盘旺盛，使股价回升，收于低点之上，产生下影线。

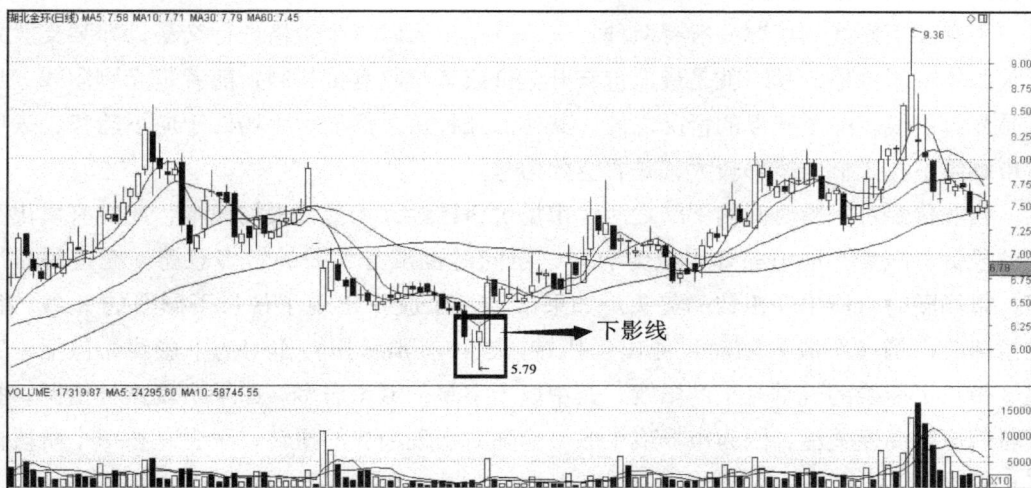

图 9-3　下影线

1. 下探性影线和止跌性下影线

下影线可以分为下探性影线和止跌性下影线两类。下探性影线指的是股价将循着下影线所指的方向继续下跌，属于下跌抵抗型；止跌性下影线指的是股价已经探明底部，即将见底回升，属于反攻转势型。

区别这两种下影线的方法如下。

（1）从所处的位置进行判断。如果股价高企，且已露出调整端倪，若出现较长的下影线，并不能证明股价已止跌，只说明由于主力机构存货尚多，他们必须制造震荡或稳住股价，以便逐步卖出手中的筹码。故这种下影线属于下探性影线的居多，股价随后还将继续下跌。

而止跌性下影线所处的位置从大盘的角度来看，若是大级别调整，其股指跌幅若超过30%，且出现长下影线的话，则止跌信号较可靠；若是中小级别的调整，股指跌幅在15%～25%，若出现较长下影线也基本可以认为是止跌信号。

（2）从紧跟在后面的两根K线组合进行判断。长下影线的K线出现后，应仔细分析紧跟在后面的两根K线组合，一般来说，紧根的第二根K线可以是小阴小阳，关键是第三根，如果是阳线，则证明带长下影线的K线属于止跌性K线，如果是阴线，且阴线实体较长，则属于下探性K线。

2. 利用下影线分析股票的方法

在日常K线图中，经常有下影线出现，其实，多数有下影线的K线并没有太大的分析价值，一般只有少数下影线具有特殊意义，分析这类下影线的K线图，对指导后市投资具有较大作用。

不存在下影线的情况一般有两种：其一就是全天以一个价格进行交易，即某支股票全天跌停或者涨停；其二就是最低价与开盘价或者与收盘价相同，前者是光脚阳线，后者是光脚阴线。除了涨停的情况之外，其他的几种情况都显示市场处于向下趋势，表明后市继续下探走低的概率较大，是看空的信号。

当股价经过一段时间的下跌之后，市场价格已经大大低于平均成本，此时有卖出意愿的投资者减少，抛出的筹码极为有限，但同时也没有太强的做多意愿。在这种状况下，市场随时可能出现扭转的势头。如果市场（个股）出现了带长下影线的K线，往往意味着市场（个股）随时可能出现扭转。这种有预示扭转作用的下影线，包括十字星、带长下影线的近乎光头的阳线，其中以十字星的形态居多。如果出现这种情况，投资者就应该高度关注，因为市场或个股可能随时出现趋势的扭转，至少是在一个阶段内不再看空了。

K线实战

投资者需要注意的是，在使用上影线来预测后市走势时，也有两大前提：一是市场本身已经有了一定的涨幅（或者是大牛市中的疯狂或者是大熊市中的反弹），这样才会积累下跌能量；二是要注意具体情况具体分析，不能过于牵强。有时出现长上影线的时候市场并没有马上就此下跌，而是还出现一波上涨。但总体而言是一种风险提示，在多次出现此种信号后最终会开始下跌，进入到新的趋势当中。

出现带长下影线的K线预示着市场（个股）底部的到来，但其前提是市场（个股）经历了相当幅度的下跌，带长下影线的十字星或者阳线才能成为具有典型意义的止跌信号，表明市场（个股）在探底之后又被拉起，做多的意愿增强。但并非出现这种形态市场（个股）就能立即企稳，有的时候还需多次出现才会真正完成趋势扭转。与此同时，投资者需要结合市场其他信号综合分析，不要单凭一种信号就武断地做出判断。而且，这种形态如果出现在上升通道中则没什么意义，横盘中的意义也不大。

三、与牛市相伴的K线形态

身怀六甲K线形态往往与牛市相伴，身怀六甲又名"母子线""孕线"，由一长一短的两根K线组成，如图9-4所示。第一根K线较长大，第二根K线较短小，第二根K线的最高价和最低价均未超过第一根K线的幅度。身怀六甲K线还包括两种具体形态，一种是"十字胎"K线形态，后一根短K线是十字星；另外一种是严格意义上的K线形态，后一根短K线不仅被前一根K线的最高价和最低价所包容，还被前一根K线的开盘价和收盘价包容。

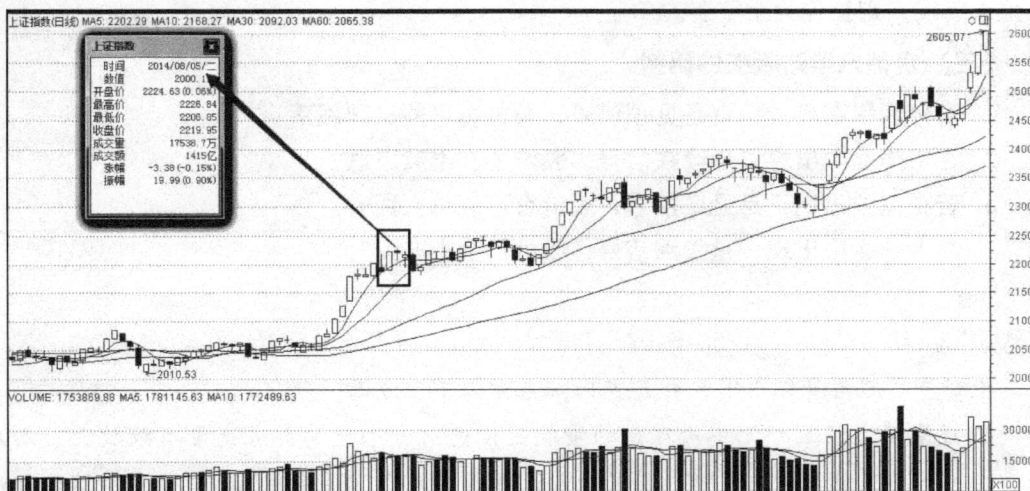

图9-4　身怀六甲K线

（一）历史上大盘形成的身怀六甲K线

一般来说，身怀六甲形态预示着市场上升或下跌的力量已趋衰竭，随之而来的很可能就是大盘或股价的转势。严格意义上的身怀六甲K线形态出现的次数并不多，在大盘指数上只出现过30多次，但是其反转信号的预示作用非常强，从历史行情分析，在股市处于极度低迷时期出现身怀六甲K线形态后不久，大盘往往会形成急速上升的牛市行情。例如：

1994年7月11日，股指形成身怀六甲K线形态，14个交易日后，大盘出现了上涨200%多的牛市；

1997年2月19日，大盘出现身怀六甲K线后的第二天行情随即启动，连涨三个月，从870点一直涨到1510点；

1999 年 5 月 11 日，大盘形成身怀六甲 K 线，几天后，著名的"5·19"行情启动；

2002 年 6 月 18 日，大盘形成身怀六甲 K 线，两天后爆发了"6·24"行情；

2007 年 4 月 19 日，大盘形成身怀六甲 K 线，之后大盘一路上涨到 6000 点；

2014 年 8 月 5 日，大盘形成身怀六甲 K 线，之后大盘一路上涨到 3200 点。

（二）身怀六甲的形态特征

1. 身怀六甲可出现在股价走势的不同部位。

2. 由一根较长的 K 线和一根较短的 K 线组合而成，较短的一根 K 线实体被较长的一根 K 线实体完全包容。

3. 后面一根 K 线可以是小阳线、小阴线或十字线。如果身怀六甲中较短的 K 线是一根十字线，则被称为十字胎。

（三）身怀六甲对股市的研判

1. 身怀六甲在高位出现是见顶信号，股价有可能见顶回落。

2. 在下降途中出现，是续跌信号，股价还会继续下跌。

3. 若在低位出现，是见底信号，股价有可能见底回升。

4. 在上升途中出现，是续涨信号，股价仍会上升。

K 线实战

投资者在运用身怀六甲 K 线形态时应注意以下几方面问题。

1. 成交量。该 K 线形态最理想的量能变化是前一个交易日成交量有效放大，而后一个交易日成交量又迅速萎缩，并且如果行情继续调整，则量能也随之减少，这表示后市行情出现反转的可能性较大。

2. 股价或指数。出现该 K 线形态后，走势上一般会有一个短期整理的过程，使得原来大幅震荡的走势逐渐平稳，然后再寻求突破方向，投资者在方向确认后介入比较稳妥。

3. 市场的环境。身怀六甲 K 线形态如果是出现在极度低迷的弱市中时，往往更容易形成强烈的反转行情。

四、分时 K 线战法

（一）15 分钟 K 线战法

当大盘不稳定时，投资者不宜以日 K 线做参考进行股票操作，可以根据自己的情况来选择分钟 K 线图来进行操作。下面是 15 分钟 K 线的应用技法。

15分钟K线战法指的是投资者依据个股走势15分钟形成一根K线的K线图进行操作的方法。15分钟K线战法是日线操作的一个缩小版。

投资者利用15分钟K线进行研判的目的不是为了赚大钱，15分钟K线起到的作用只是在大环境充满变数的情况下，让投资者对熟悉的个股加深感觉。并且通过小波段的操作，牢牢抓住该股，赚取小差价，减少长期持有该股所产生的成本。

15分钟K线的具体应用方法如下。

1. 利用均线。投资者可以在15分钟K线图上设置一根20日均线及一根5日均线，当5日均线上穿20日均线时，就是买入信号。卖出信号则有两种：一般情况下，看到5日均线下穿20日均线就要坚决离场；特殊情况下，如该股的日线KDJ的J值达到100，那么看到股价小于5日均线时就可以考虑卖出离场了。

2. 利用操盘手分析软件，看到B点进，见S点一定出。

在运用15分钟K线进行操作时应该注意以下几个方面。

1. 这种操作在同一天内发生买进又要抛出的概率并不大，但是如果真的发生了，第二天一定要坚决止损离场。

2. 15分钟K线图战法只适合用总资金的一小部分进行操作，且只用于大盘不稳定的情况下。

3. 投资者需要注意的是，该种方法的操作纪律很重要，投资者不能违背自己定下的纪律，否则后果很严重。

（二）30分钟K线战法（见图9-5）

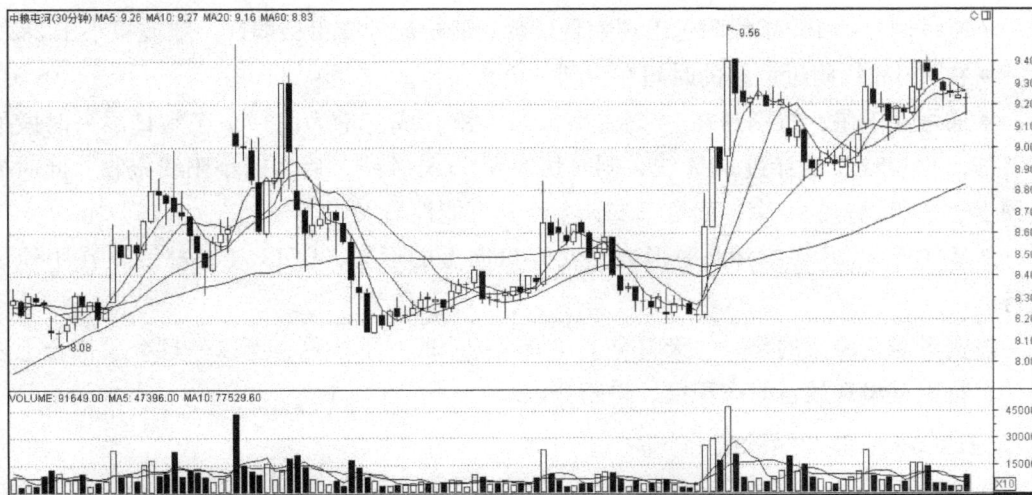

图9-5　30分钟K线

1. 30 分钟 K 线的特点

短线投资者都比较习惯用 30 分钟 K 线图来研判短期大盘和个股，这是因为 30 分钟 K 线具有如下几个方面的特点。

（1）兼具超短线和短线的优点，是联系超短周期和短周期的有力武器。

（2）30 分钟线把一天分成八个部分，正好是一个神奇数字，也是我国周易八卦的数字，一个艾略特完整波浪循环的波浪数。

（3）对于庄家控盘的股票，30 分钟线可分析出庄家的意图。庄家对于股票当天的走势控制无外乎两种情况：计划内的，计划外的。庄家一般一天只能做一次计划的改变。

（4）也是判断大盘的利器之一。

2. 30 分钟 K 线的应用

（1）参数设定

30 分钟均线的参数可以设定为：24M、80M、160M（M 代表数据统计的周期数，24M 就是之前 24 个 30 分钟 K 线的平均收盘价）。

如果某股调整开始后，股价先后跌破 24M、80M 线，那么说明调整在逐步加深，此时投资者应该谨慎操作。而当股价调整到 160M 线时，投资者应给予密切关注，特别是观察股价变动幅度和成交量在此时的变化，因为该区域走势是个股调整能否结束的最关键阶段。如果股价变动幅度变小，说明短期调整有望结束。

（2）观察与选股

运用 30 分钟 K 线图进行分析，被选对象要符合以下几个条件。

- 首先要仔细观察，准确判断出该股的走势是否只是短期调整。
- K 线调整到 160M 线附近出现缩量横盘，股价波动变得微弱，一般波幅小于 2%。
- 在 160M 线附近调整的时间在两到三个交易日。
- 通常在下午，特别是在 14 时左右放量上涨，成交量为前一个交易日同一时段的 3 ~ 5 倍；收盘时 K 线穿过 80M 线，同时切换到 60 分钟线，后者以小阳线报收。此时放量预示着个股调整的结束，而且第二天上涨的可能性最大。
- MACD、KDJ 等指标此时形成交叉开口向上的形态，BOLL（布林线）在中轨区运行。

投资者需要注意的是，每天符合上述情况的个股并不多见，所以一旦个股符合上述条件，特别是出现放量时应积极、果断介入。

（三）60 分钟 K 线战法

1. 60 分钟 K 线图在短线操作中的运用

60 分钟 K 线图比 15 分钟、30 分钟 K 线图更具有稳定性，且本身也具有一定的迅捷性，下面是 60 分钟 K 线图在实际操作中的一些经验。

第一，股价从阶段高位向下，经一轮完整的子浪调整，MACD 出现底背离，K 线组合中出现标志性 K 线，此时应观察 EXPMA 指标状态。

MACD 指标是一项利用短期（常用为 12 日）移动平均线与长期（常用为 26 日）移动平均线之间的聚合与分离状况，对买进、卖出时机做出研判的技术指标。EXPMA 指标是一种趋向类指标，其构造原理是对股票收盘价进行算术平均，并根据计算结果来进行分析，用于判断价格未来走势的变动趋势。

在 60 分钟 K 线图中，通常将 EXPMA 指标快速线时间参数设定为 12，慢速线时间参数设定为 50。从指标上可直观看出股价、快速线和慢速线之间的相互运动关系，其使用方法与均线系统的使用方法类似，该指标在多头市场中成功率较高，可达 85% 以上，而在空头市场中应用此指标须注意防止多头陷阱，因其反应速度较慢，成功率约为65%。该指标用于中短线选股选时介入，具有较高的参考价值。

随机指标 KDJ 是以最高价、最低价及收盘价为基本数据进行计算，得出的 K 值、D 值和 J 值分别在指标的坐标上形成一个点，连接无数个这样的点位，就形成一个完整的、能反映价格波动趋势的 KDJ 指标。它主要是利用价格波动的真实波幅来反映价格走势的强弱和超买超卖现象，在价格尚未上升或下降之前发出买卖信号。

第二，股价上穿 10 小时线后，升势会快速展开，10 小时线向上的角度越陡，股价上涨的力度越强，MACD 的红柱出现高位峰，仓位较重、已获利丰厚的资金，可在 MACD 的红柱缩短并伴随 KDJ 出现高位死叉时，部分离场进行战术撤退，不参与调整。

第三，当股价向下靠近 10 小时线时，此时不管是平台整理，还是单边下跌，只要 MACD 没有出现顶背离，就要在 10 小时线上挡价位，用前期离场资金迎头围歼。最后的升势会在出现急速放量（庄家对敲吸引跟风盘）的上标志性 K 线，或长上影线，或长阴线，股价上涨而 MACD 的峰位比前峰低（顶背离）时结束，EXPMA 指标出现死叉，从而完成五浪。此时此刻，如果 K 线组合出现第二根 K 线的最高价，低于前一根 K 线的最高价，MACD 的红柱第一次缩短，立刻在第一时间内向买三或更低价派单，清仓离场，撤出战斗。投资者需要注意的是，不要挂单在卖盘等，否则会导致利润的降低。

第四，股价在高位第一次向下跌破 10 小时线时，为了防止被套，不要买入股票。

2. 60 分钟 K 线图对卖点的研判

剧烈震荡的异动或者盘中上行能量不足，在 60 分钟 K 线图表上，具体会表现出如下特征。

（1）一般来说，K 线图中出现常态的上涨阳线和常态的下跌阴线，股价都会向原方向前进，投资者可以安心持股或止损。一旦某日出现剧烈的震荡或者是带量下跌，在60 分钟 K 线上表现为长上影、长下影、长上下影、一小时内跌幅较大的阴线，同时量能大于均量，此类 K 线称为"异动 K 线"。

（2）在经过一段时间的放量涨升后，上行能量开始减退不足，显示上攻乏力或者准备进入较长时间的调整，在60分钟K线图上表现为短期均量线下破长期均量线，显示短期量能释放的平均程度开始萎缩。

当以上两种情况出现任何一种甚至两种同时出现时，投资者必须准备卖出状态，密切跟踪，随时准备根据后面的演化而短线出局。

在出现上述情况的前提下，如果某日出现下面三种情况中的一种，甚至是三种情况中的任意两种复合情况，那么下跌的概率非常大。

（1）良性量能指的是上涨阳量大于下跌阴量，当某小时上涨阳量小于下跌阴量，同时随后出现的下跌阴量仍然在放大时，显示多空力量开始转化，空方占优，同时价格跌破5单位（五个60分钟）均线，指标在技术高位形成死叉，为卖出信号。

（2）某小时下破5单位均线后，接着两个小时内都被均线压制，无法站回均线，5单位均线向下拐头，结合指标的技术位置判断，多为卖点。

（3）股价突然没有任何征兆地下跌，技术指标快速下滑至20以下超卖区时，投资者应耐心等待其技术反抽，在指标重新反抽到技术高位时，为卖点。

投资者需要注意的是，当出现（1）、（2）卖点时，如果价格已下滑到重要均线支撑位或者指标下滑到超卖区，可不必急忙卖出，应等待其进行技术反抽。

K线实战

由于庄家做盘的手法各异，个股的走势形态都各不相同，所以要想用好30分钟图，最关键的还是要多观察、多总结，不断积累经验。

1.关注成交量。当股价调整到160M线时，走势将面临转机，此时成交量最为关键。某些个股的成交量有时是在下午14时左右放量，但也有在第二天上午出现拉高放量的情况。

2.结合大盘走势。大盘连续下调并出现衰竭，此时个股如果在160M线处出现横盘，则适用性最强。

五、周K线战法

从实战角度来说，日K线经常被机构、庄家利用来做骗线，这是因为日K线是一天一根线，机构很容易操作，所以投资者应该投入时间多研究周K线。

（一）利用周K线做好波段投资

波段操作指的是投资者在低位买入股票，在高位卖出股票的投资方法。波段操作是针对目前国内股市呈波段性运行特征的有效的操作方法。波段操作虽然不是赚钱最多的

方式，但始终是一种成功率比较高的方式。这种灵活应变的操作方式还可以有效回避市场风险，保存资金实力和培养市场感觉。

　　波段操作既包含了鱼身理论的获利模式，又体现了低吸高抛的股市精髓，所以成为了多数投资者的投资之道。鱼身理论指的是股价在低价区时，由于情况不明朗，风险较大，视为鱼头；当股票进入明确的上升阶段后，风险较小，赢面较大（此为鱼身）时应该介入；在股价上升的后段，虽然仍可能有上升空间，但风险已较大，就像鱼尾，也不宜介入。

　　投资者要想做好波段应尽量多使用周K线系统。

　　周K线反映的是一周多空双方的博弈结果。对于普通投资者来说，日K线往往由于突发性事件容易产生太多杂乱的信息而无法准确反映市场的中长期趋势；月K线所表达的信息相对比较滞后，它所反映的是较长期的股市运行轨迹，而周K线过滤了绝大多数的偶然因素，能够真正代表市场的中线波段，是普通投资者需要特别关注和认真学习的技术指标。

　　周K线系统包括周K线、周均线、周成交量等技术指标，周均线使用10周均线再搭配MACD指标，在实战中效果非常好。使用周K线系统判断大盘中期走势的方法很简单：10周均线拐头向上，同时MACD指标在低位形成"金叉"，代表着大盘将有一波中期的行情；10周均线拐头向下，则意味着大盘中期走弱，尤其是如果MACD同时在高位形成"死叉"，则中线向下调整趋势不可避免。

　　上述使用方法简单地说就是：指数站在10周均线之上才可以买入股票，指数在10周均线之下应空仓等待。

（二）常见的周K线形态（见图9-6）

图9-6　周K线

1. 全秃周线

该周线的特征是没有上下影线并多为大阳线或大阴线，说明市场运动较为激烈，主动方完全控制了股价的运行，但在实际走势中却十分罕见，即使略微放宽标准，出现频率也非常低。

2. 略带影线的周线

此类周线的外观特征是，实体较长而上下影线短小，且实体中心与K线图的中心值非常接近，一般划分为短小型与长大型。短小型的阳线或阴线说明多空尚处于均衡状态，长大型证明市场波幅很大，并可能构成重要的转折点，而出现的位置、次数与邻线变化则是研判关键。

3. 长上影周线

这类周线的特征是短小的实体位于周中心值之下。长长的上影显示抛压很重，说明卖方占有较大优势，其中阴线可能预示即将出现大滑坡。阳线则显示买方尚有一定的抗衡能力，预示涨跌幅度都不会太大，高抛低吸因而成为首选策略。

4. 长下影周线

这类周线的特征是较短的实体位于周中心值之上，尾部形成了很长的下影。一方面显示下挡支撑十分有力，另一方面却表明空方周内一度占据上风，所在位置和周波幅等因而显得更加关键。当出现阳线和短小型的阴线时，市场很可能还处于拉锯战之中，投资者可考虑以"高沽低揸"来应对，但若出现长大形阴线时，股价则很可能会大幅下滑。

5. 收盘秃影线周线

此类周线的特征是实体较长，收盘为周内的一个极端价位，显示主动方优势极为明显且进攻欲望强烈，因而属于一种强势买卖信号，特别是在较前一根周线略长的情况下，发出的信号就更为强烈一些。但若形成于较长时期的趋势运动之后或K线图本身过大时，就意味着优势方能量消耗过大，至少短期内出现大幅反向运动的可能加大，所以当慎重行事。

6. 开盘秃影线周线

此类周线的特征是实体较长，开盘便是周内的一个极端价位，说明优势方几乎始终控制着市场的运行，而被动方则无力进行反击，证明市场延续上攻或阴跌局面的可能较大，即预示下周有望再收类似的周线形态，通常也属于强势买卖信号，除非出现在较长的趋势运动后，或K线图本身过大且日线已有转折信号之时。

（三）分析周K线时应注意的要点

日K线是对一个交易日的记录，由于变化太快，极易出现技术性陷阱，而周K线反映的是一周的交易状况，短期K线上出现的较大波动在周K线上一般都会被过滤或

熨平。投资者可以将周K线与日K线综合运用，这样效果会更好。

周K线的分析在应用一般K线分析的基础上，还应该注意以下几点。

1. 在上涨行情中，如果周K线呈现出量价齐增的态势，则下一周应该还有新的高点出现。这时若周初盘中出现低点，一般不需依照日K线的提示考虑卖出，反而应当视为较好的短线介入时机而考虑短线买入。

2. 在连续的下跌行情中，对周K线而言，要等到较长的下影线和成交量极度萎缩同时出现时才可以考虑是否介入，而不应仅靠日K线的分析来判断操作时机。

3. 周K线在连续出现阴线而超跌时，在出现两根以上的周K线组合表明有止跌迹象后，一般表示其后可能会有力度较大的反弹或反转行情出现，这时买入后可不必依照日K线的分析过早卖出，可以适当增加持股的时间。

4. 如果周K线在连续上涨后出现了较长的上影线，同时成交量也出现明显放大，则表明行情即将进入调整，此时通常可以看作是卖出的信号，投资者应当在下周初及时出局，而不一定等到日K线发出卖出信号时再做决定。

5. 如果行情在下跌后出现转暖迹象，在有理由认为反弹不会演变成为反转的情况下，周K线若出现了实体较大的光头光脚的大阳线，一般应该是见顶回落的信号，其后多数情况下，周K线会出现一两根的阴线，因此，这种情形下周K线出现的大阳线，也应当作为卖出信号来对待。

K线实战

由于周K线的时间跨度要大于日K线，在同样的K线组合出现的情况下，周K线所预示的买卖信号的可信度要远远高于日K线。此外，如果能把对周K线的分析和其间的股价形态分析结合起来，分析的效果会更佳。

六、月K线战法

投资者可以通过月K线（见图9-7）的研判来捕捉中长期潜力股，具体操作步骤及注意事项如下。

1. 可将三根月K线的均线参数设定为6、12、18，当上述三条均线呈多头发散黏合向上时，投资者可重点关注。

2. 关注月K线形态呈矩形、圆弧底及双底形态的个股。这类股票一般筑底时间较长，主力有充足的时间进行底部换手，以便吸足低价的筹码。底部横盘时间越长，低位筹码锁定越多，中长线潜力越大。

3. 在关注个股月K线及其组合形态的同时，投资者也应关注月K线对应的成交量

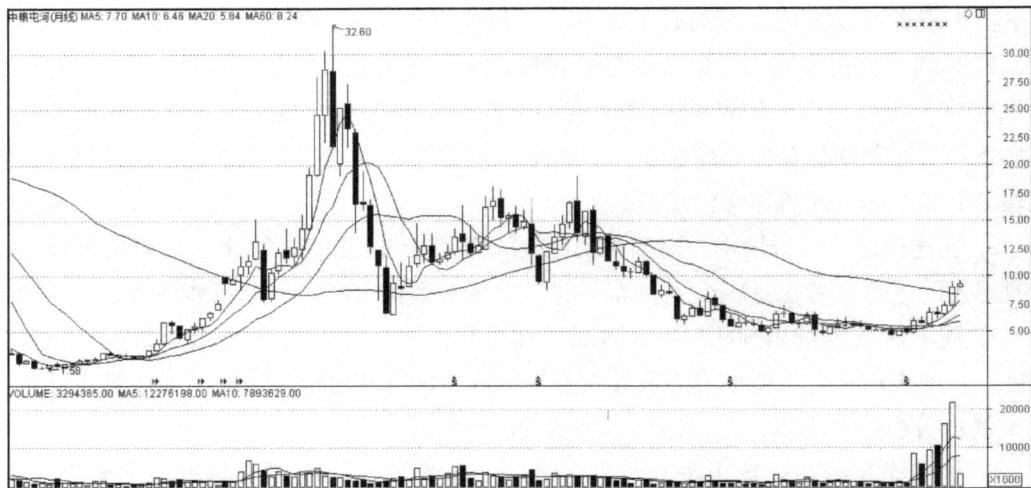

图9-7 月K线

的变化。月K线若在底部放出大的成交量，则证明庄家在底部进行积极吸纳。

投资者需要注意的是，用月K线来选择个股进行中长线投资时，应结合均线、形态和量价的变化，及时把握主力的动向和主力吸纳的迹象，在形态的突破点上及时介入庄股，以便达到盈利的目的。

K线实战

月K线可以用来判断长期下跌的股票。例如，在某股月K线图上如果出现一根"十字星"和上影线很长的"射击之星"或"倒锤头"，而这根"倒锤头"K线又是在大涨之后出现的，则预示着该股在今后很长一段时间内将阴跌不止，途中偶有反弹后也会继续下跌，直到大行情发动前的起步位置。

参考文献

1. 徐子城. 盘口点金: 在 K 线变幻中玩转黑马股 [M]. 上海: 上海财经大学出版社, 2009.

2. 伍朝辉. 道破 K 线天机: 实战版 [M]. 广州: 广东经济出版社, 2008.

3. 范江京. 股市 K 线实战技法 [M]. 北京: 中国宇航出版社, 2008.

4. 罗铁鹰. 价量分析: 四维 K 线谱 [M]. 上海: 上海交通大学出版社, 2007.

5. 尹宏. 游刃有余: 股市 K 线应用 [M]. 北京: 中国科学技术出版社, 2006.

6. 铁手. K 线形态操练 [M]. 合肥: 黄山书社, 2009.

7. 钟文翔. 线形玄机: 透析 K 线与线形波形 [M]. 北京: 地震出版社, 2007.

8. 尹飞. 狂: 决胜一万点 [M]. 北京: 华夏出版社, 2008.

9. 邱太钦. K 线技术实战精髓 [M]. 北京: 地震出版社, 2008.

10. 周家勋. K 线之窗: 股票实战跟踪 [M]. 北京: 中国科学技术出版社, 2006.

11. 翁富. K 线金印组合交易秘诀 [M]. 北京: 地震出版社, 2006.

12. 王强. 异动 K 线 [M]. 北京: 中国科学技术出版社, 2009.

13. 赵博. 股市 K 线战法: 炒股要懂 K 线图 [M]. 北京: 企业管理出版社, 2009.

14. 皖城. K 线戏法: 股市逃顶与抄底技巧 [M]. 上海: 上海财经大学出版社, 2010.

15. 陈进郎. 股市大赢家: 我用 K 线写日记 [M]. 汕头: 汕头大学出版社, 2009.

· 好书推荐 ·

《股票投资百年经典译丛》

时间筛选出的百年股市精品

专业人士立足 A 股市场的全新解读

散户股民稳定获利的必读之作

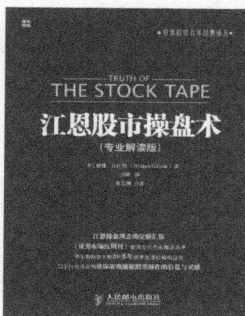

江恩操盘理念的完整汇集
准确捕捉股票操作的信息与灵感

书名：《江恩股市操盘术（专业解读版）》
作者：【美】威廉·D. 江恩　译者：唐璐　点评：张艺博
书号：978-7-115-37286-4

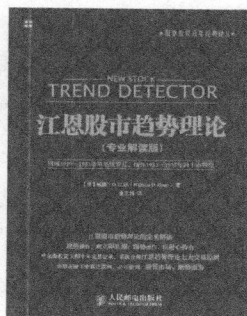

华尔街投资大师 10 年投资记录完美解读
系统诠释江恩趋势理论七大原则

书名：《江恩股市趋势理论（专业解读版）》
作者：【美】威廉·D. 江恩　译者：张艺博
书号：978-7-115-37621-3

江恩一生投资策略的总结之作，告诉你股市周期循环的每个细节

书名：《江恩华尔街 45 年（专业解读版）》
作者：【美】威廉·D. 江恩　译者：段会青　袁熙　点评：袁熙
书号：978-7-115-38664-9

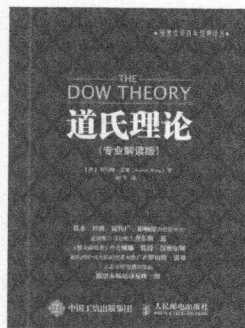

道琼斯公司创始人查尔斯·道、
《股市晴雨表》作者威廉·彼得·汉密尔顿、
道氏理论伟大的研究者和推广者罗伯特·雷亚三者市场智慧的结晶

书名：《道氏理论（专业解读版）》
作者：【美】罗伯特·雷亚（Robert Rhea）　译者：谢飞
书号：978-7-115-39921-2

《华尔街日报》资深编辑一生的著名作品
道氏理论的典藏之作

书名：《股市晴雨表（专业解读版）》
作者：【美】威廉·彼得·汉密尔顿　译者：张艺博
书号：978-7-115-36989-5

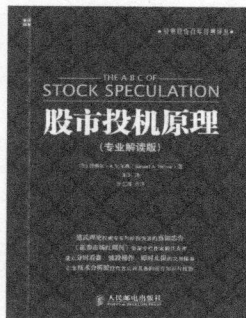

分时看盘、波段操作、立即止损
直指股市本质的投资箴言

书名：《股市投机原理（专业解读版）》
作者：【美】萨缪尔·尼尔森　译者：朱玥　点评：张艺博
书号：978-7-115-37768-5

编辑电话：010-81055647　　读者热线：010-81055656　010-81055657